중국공산당 100년(1921~2021)

중국공산당이 세운 신중국!
중화민족에 빠지다

이 저서는 2018년 대한민국 교육부와 한국연구재단의 지원을 받아 수행된 연구임.
(NRF-2018S1A3A2075531)

중국공산당 100년(1921~2021)

중국공산당이 세운 신중국!
중화민족에 빠지다

박범종 공봉진 이강인 김태욱

장지혜 박미정 조윤경

지음

들어가는 말

중국에 대한 한국의 인식, 한국에 대한 중국의 인식 차이는 심하다. 특히 중국에서 일고 있는 중화민족주의는 한국 사람들이 중국에 대한 반감을 갖게 하였다. 한국전쟁에 대한 중국의 인식이 알려지고, 김치와 한복에 대한 중국의 인식이 한국에 알려지면서 중국에 대한 반감은 더욱 커지고 있다. 이는 사드 배치로 인해 발생한 한국과 중국 간의 관계 소원과 갈등보다 더 심각하다.

2021년 7월 1일은 중국공산당이 창당된 지 100년이 되는 날이다. 엄격히 말하면 2021년 7월 23일이 중국공산당이 창당된 지 100년이 되는 날이다.

중국공산당을 바라보는 한국의 시각은 어떨까? 한국사회에서는 중국공산당 창당 100주년 기념에 대한 시각은 두 가지 시선이다. 한 시선은 한국 분단에 직접적인 영향을 준 중국공산당이란 점이고, 다른 시선은 중국공산당이 아닌 중국이라는 국가를 보는 시선이다.

그러다보니 한국에서 중국공산당 100주년을 축하한다는 인사말에 한국 내에 의견충돌이 적지 않았다. 많은 사람들이 한국을 분단국가로 만든 중국공산당을 왜 축하해야 하는가라고 묻는다. 한국에서는 중국 때문에 남북이 분단되었다고 여기는데, 중국은 그렇게 생각하지 않는다. 한국에서의 중국에 대한 인식이 달라지기 시작한 시기는 한·

중 수교를 맺은 1992년 8월 24일부터라고 할 수 있다. 물론 그 이전부터 문화와 체육 교류가 있기는 하였지만, 본격적이고 전방위적인 교류를 한·중 수교부터이다. 그런데 우리는 기억하고 있어야 한다. 중국이 한국과 "전략적 동반자 협력 관계"를 맺었다고 해서, 중국이 한국에게 우호적이라는 생각은 버려야 한다. 이는 이미 사드 배치에서 경험 하였다. 현재에도 중국과 미국의 관계 속에서 조금이라도 한국이 미국 편에 선다고 생각하면 한국에 대한 중국의 조치는 강경하다.

한국에서 중국의 역사와 문화에 대한 인식과 해석은 비판적 시각으로서 접근해야 한다. 왜냐하면 중국이 강조하는 "중화민족의 위대한 부흥"이라는 국가 슬로건에는 한국의 역사와 문화를 왜곡하는 경향이 짙기 때문이다.

2002년부터 시작되었던 동북공정이 여전히 진행 중이다. 2020년 연말에 제기된 김치에 대한 중국의 시선, 2021년 초에 제기된 한복에 대한 중국의 시선은 갑자기 등장한 것이 아니라 2002년 이래로 지속되어 왔다. 특히 민족정체성에 대한 중국의 인식은 한국의 민족 정체성뿐만 아니라 역사와 문화까지도 부정하거나 왜곡하고 있다. 윤동주 시인에 대한 중국은 시선은 "중화민족의 일원인 조선족 애국시인"이라는 것이다. 고대 한국 역사에 대한 왜곡뿐만 아니라 근현대 역사까지도 왜곡하고 있다.

중국에서는 "중국공산당이 없었으면 신중국도 없었다."고 말한다. 1949년 중국이 건국할 당시에 언급했던 말이다. 그런데 지금도 시진핑 국가주석은 2049년 현대화된 사회주의 국가 완성을 위해서는 중국공산당이 중국을 이끌어가야 한다고 강조한다. 그리고 중국인들에게 애국심을 갖도록 호소하며, 중화민족을 강조하고 있다.

2021년 7월 1일 중국공산당 창당 100주년 기념식에서 시진핑은 "중화민족은 인류문명 진보에 불멸의 공헌을 하였다"고 평가하였다. 그런 뒤, "사회주의 현대화 강국 전면 건설"이라는 제2의 100년 목표를 제시하였다.

중국에서의 중화민족의 개념은 국족의 개념으로 자리 잡고 있다. 한족과 소수민족의 구분을 없애려 하고 있는 것이다. 이는 이미 1988년부터 시작되었고, 1994년 애국주의 교육을 실시하면서 교육을 통해 자리 잡았다. 2000년대에 들어와서 여러 프로젝트를 진행하면서 중국의 역사와 문화를 더욱 강조하고 있다.

중국은 경제적으로는 G2의 지위에 올라섰지만, 중국 내 인권문제 등은 여전히 매우 낙후되어 있다. AI를 통한 소수민족 및 중국을 비판적 시각으로 바라보는 사람들을 감시하고 있다. 중국공산당 중심의 중국 체제를 위협하는 세력들을 사회통제를 통해 감시하고 있다.

한국은 중국을 더 이상 경제통상의 주요 교역국으로서만 중국을 바라봐서는 안 된다. 한국의 많은 부분을 위협하는 일본만큼 중국을 견제해야 한다.

지금 중국이 두려워하는 것은 중국 체제를 무너뜨릴 다양한 요소가 중국에서 자라지 못하도록 하는 것이다. 인권에 대한 시각, 자유민주주의에 대한 시각 등을 견제하고 있다. 그래서 위구르족이나 티베트인들의 민족운동을 강경하게 진압하고 있다. 중국 정부를 비판하는 교수나 유튜버(Youtuber) 등을 구속하고 있다. 홍콩에서의 민주화운동을 강경하게 진압하는 이유도 중국 특색의 사회주의 체제를 도전한다고 보는 것이다.

한국에서는 경제통상 중심의 연구자가 많이 나오는 반면, 중국 민족이나 문화에 대한 비판적 시각을 가진 연구자는 상대적으로 적은 편이다. 어떤 이유 때문일까? 과거 일부 교수들은 중국으로 가지 못할

까봐 중국을 비판하지 못한다고 말한다. 한국에서 중국을 비판하는 것조차 힘들다면, 중국 내 중국인들은 더욱 쉽지 않을 것이다.

중국공산당이 창당된 지 100년이 되었다. 1950년 한국전쟁에 개입한 중국공산당을 잊어서는 안 되지만, 오늘날 중국을 알려면 마냥 중국을 비판해서도 안 된다. "지피지기면 백전불태"라고 하였다.

중국을 알아야 중국을 대처할 수 있다. 중국공산당, 중국 헌법, 중국 역사, 문화 등 중요하지 않은 것이 없다. 특히 중국의 문사철(文史哲)은 기본적으로 알아야 하는 분야이다. 그런데 한국에서의 상황은 어떠한가? 실용적인 것을 강조하면서부터 중국 관련 많은 학과에서 문사철을 등한시한 지 꽤 오래되었다. 또 경제 통상 등을 연구하는 사람들도 중국의 문사철을 알려고 하는 사람이 많지 않다. 가장 기본적인 것을 소홀히 하다 보니, 중국을 제대로 알 수 없는 것이다. 현대중국을 알려면 중국공산당 역사부터 알아야 한다. 좀 더 나아가서는 청말 이후의 중국 지식인들의 각성과 서구 문물의 도입 등부터 알면 더욱 좋다.

중국공산당이 변하고, 중국 체제가 완전히 변한다면, 과연 중국은 어디로 향해 가고 있을까?

신해혁명 이후 중국의 많은 성들이 독립을 선언하였다. 중화민국 성립, 군벌 등장, 중국공산당 창당, 국민당과 공산당의 대립 등의 역사를 통해 현대중국을 알 수 있다. 현대중국을 공부할 때 알아야 할 몇 개의 분기점이 있다.

1921년 7월 23일 중국공산당 창당

1934년 10월 장정 시작

1946년 국내전

1949년 10월 1일 중화인민공화국 건국

1966년 5월 16일 문화대혁명 발발

1978년 12월 제11차 3중전회 개혁개방 천명

1988년 중화민족 개념 등장

1989년 6월 4일 천안문 사건

1992년 덩샤오핑의 남순 강화

1994년 애국주의 교육 실시

1997년 덩샤오핑의 사망

2001년 WTO 가입

2002년 동북공정 시작

2012년 시진핑 총서기가 되다

2021년 중국공산당 창당 100주년

이러한 분기점은 중국을 바꾸는 시작점이라 할 수 있다. 중국을
한 분야씩 한 분야씩 아는 것도 중요하지만, 동시에 여러 분야의 책을
읽어가며 중국을 알아가야 한다. 그리고 중국 주요 지도자들이 강조
한 내용들을 기억해야 한다. 특히 그들이 강조한 슬로건에 담긴 의미
가 단순히 중국의 문제인지 아니면 한국에도 영향을 주는 것인지도
분별해야 한다.

한국과 중국이 우호적 관계를 유지하는 것도 일본을 견제하는 주요
수단이 된다. 일본의 중국 침략으로 인해 중국에서의 일본에 대한
인식도 좋지 않다. 홍콩과 대만에 대한 시각도 민간에서는 중국의
눈치를 볼 필요가 없다. 중국의 커다란 시장으로만 보다 보면 중국의
눈치를 봐야 하겠지만, 이를 별개의 문제로 생각해야 할 것이다.

이 책에서는 중국공산당 창당, 유지, 발전, 신중국 건설, 신시대의
중국 등과 관련된 몇 개의 분야를 살펴본다. 먼저 제1부는 "중국공산

당! 신중국을 세우고 사회주의 길을 걷다"라는 제목으로 "교육으로 당과 국가체제 강화, 구중국 변화를 주도한 신문학, 부패(腐敗)의 그림자, 민영기업과 중국공산당의 관계"를 주요 내용으로 하고 있다. 제2부는 "강대국으로 가는 중국! 중화민족을 내세우다"라는 제목으로 "중국을 강대국으로 만든 외교전략의 변화, 헌법 강화로 중국 특색의 사회주의 길을 가는 중국, 중화민족 만들기를 강화하는 중국, 비물질 문화유산과 중화문화력 강화"를 주요 내용으로 하고 있다.

끝으로 출판을 할 수 있게 도움을 주신 경진출판 양정섭 대표님께 감사드린다.

2022년 1월
저자 일동

제2부 강대국으로 가는 중국! 중화민족을 내세우다

제 1 부

중국공산당!
신중국을 세우고 사회주의 길을 걷다

중국공산당! 교육으로 당과 국가체제 강화

공봉진

1949년 9월 22일 『인민일보』의 「구중국은 멸망하였고, 신중국이 탄생하였다(舊中國滅亡了, 新中國誕生了)」라는 제목의 사론에서, 중국인민정치협상회의 개막과 관련된 기사가 보도되었다. 이때 1945년의 구 정치협상회의가 오늘날의 중국인민정치협상회의에 이르렀고, 두 개의 근본적으로 서로 다른 역사 시기를 구분하였다.

주요 내용은 "짧은 3년간의 역사사실은 마지막으로 중국의 대지주가 자산계급의 흉악무도하다는 것을 증명하였다. 중국인민의 유일한 출로임을 증명하였는데, 이는 바로 중국공산당 영도 하에 인민 혁명을 거행하여 제국주의와 봉건주의 및 관료자본주의의 반혁명통치를 전복하였다. 그리고 중화인민공화국을 건립하는 것이다. 이는 반동파의 구중국은 필연적으로 영원히 멸망하고, 인민의 신중국은 필연적으로 영원히 승리한다는 것을 증명하였다."는 것이다.

구중국은 보통 1842년 아편전쟁 이후부터 1949년 10월 1일 중국 건국 이전까지로 얘기한다. 이는 중국공산당이 주도하여 건국한 중화인민공화국에 대비하여 부르는 것이다.

2021년 6월 24일 중국 국무원 신문판공실은 「중국공산당의 인권 존중과 보장의 위대한 실천」이라는 제목의 인권백서를 발표하였다. 백서는 약 2만 4천 자에 9개 부분으로 구성되었는데, 서문에서 "중국공산당은 중국 인민을 이끌어 '제국주의, 봉건주의, 관료 자본주의'라는 '3개의 큰 산(三座大山)'을 무너뜨리고 중화인민공화국을 수립하였고, 신민주주의 혁명과 사회주의 혁명을 완성하였다. 인민의 각종 권리와 자유를 효과적으로 보장하기 위하여, 근본적인 정치적 여건과 견고한 제도적 기반을 다졌다"고 평가하였다.

1. 21세기 신시대를 여는 중국공산당

1) "중국공산당 역사"를 평하다

2018년 시진핑(習近平)은 "교육은 국가의 대계이고 당의 대계이다"라고 하였다. 시진핑뿐만 아니라 역대 지도자들도 교육을 매우 중요하게 여겼다. 특히 시진핑은 중국공산당의 역사 배우기를 강조하며, 중국공산당의 초심과 사명을 지속적으로 강조하고 있다.

2021년은 중국공산당이 창당된 지 100년이 되는 해이다. 중국 정부가 슬로건으로 삼았던 '2개의 100년' 중 첫 번째에 해당하는 전면적인 샤오캉(小康) 사회를 건설하고자 하는 해가 2021년이다. 이에 시진핑은 중국공산당의 '초심'과 '사명'을 얘기하고 있다. 이를 위해 시진핑은 애국주의와 중화민족주의를 강조하고 있고, 중국공산당이 나아갈 길을 말하고 있다.

중국공산당은 2021년 초부터 약 9,514만 당원을 비롯한 중국인에게 중국공산당 역사를 교육하고 있다. 중국공산당 중앙위원회 당사와 문헌연구원(黨史和文献研究院, 일명 '중앙당사문헌연구원')이 출간한 책 중 『중국공산당 역사를 논하다』는 시진핑의 중국공산당 역사에 관한 중요한 원고 40편을 수록한 것으로, 일부 내용은 처음으로 공개되었다. 그리고 『마오쩌둥(毛澤東), 덩샤오핑(鄧小平), 장쩌민(江澤民), 후진타오(胡錦濤) 중국공산당 역사 논술 발췌 편집』과 『중국공산당 간사』를 출간하였다. 중국공산당 100년과 관련된 책을 보면, 시진핑이 차지하는 비중이 다른 지도자에 비해 높음을 알 수 있다.

시진핑의 정치적 지위가 높아졌다는 것은 중국에서 시진핑을 지칭하는 명칭에서 알 수 있다. 중국에서는 시진핑을 "신시대의 인도자" 혹은 "당과 국가를 이끄는 조타수"라고 일컫고 있다. 그동안 '조타수'라는 명칭은 마오쩌둥에게만 보인다. 중국에서는 마오쩌둥을 가리켜 "위대한 영수" 혹은 "인민의 조타수"라고 하였다. 이러한 점을 보면 시진핑을 마오쩌둥과 동일한 중국공산당 역사와 정치적 지위에 올린 것으로 보고 있다.

2021년 3월 15일 「당사학습교육용출판사좌담회 및 주제발표 선전설명 동원회」가 개최되었다. 이때 중앙정치국 상무위원과 중앙서기처 서기인 왕후닝(王滬寧)이 참석하여 "시진핑 총서기의 당사학습교육 동원대회에서 강조한 연설정신을 심도 깊게 학습하고 관철해야 한다."고 강조하였다. 또 "'4개의식(四個意識)'을 증강하고, '4개자신(四個自信)'을 굳건히 하며, '2개옹호(兩個維護)'를 실천해야 한다."고 강조하였다.

왕후닝은 "전당이 전개하는 당사 학습교육은 시진핑 동지를 핵심으로 하는 중앙이 내 놓은 중대한 결책"이라고 하였다. 또 "당원과 간부는 시진핑의 『중국공산당 역사를 논하다』, 『마오쩌둥, 덩샤오핑, 장쩌민, 후진타오 중국공산당 역사 논술 발췌 편집』, 『시진핑 신시대 중국 특색 사회주의 사상 학습 문답』, 『중국공산당 간사』를 열심히 학습해야 한다."고 강조하였다.

중앙당사문헌연구원은 「중국공산당 100년 대사기(1921.7~2021.6)」를 발표하였고, 이 내용을 『인민일보』에 게재하였다. 중국공산당이 창당된 1921년 7월부터 2021년 6월까지 중대 역사 사건과 이에 대한 간략한 평가를 덧붙였다. 이는 시진핑 시대의 중국공산당에 대한 공식적인 역사 해석이라고 할 수 있다. 중국공산당 창당과 관련하여, 1941년 6월 「중앙의 중국공산당 탄생 20주년과 항전4주년 기념에 관한 지시」에서 7월 1일을 중국공산당 성립 기념일로 삼았다는 내용을 덧붙였다.

중앙당사문헌연구원은 6·25 참전을 "항미원조(抗美援朝) 전쟁"이라고 밝히고 있다. 이 부분은 한국에서의 역사해석과는 다른 시각이다. 한국은 중공군의 참전으로 인해 남북이 분단되는 결과를 초래하였다고 본다. 중국에서는 처음엔 참전하지 않았다고 하였지만 이는 중국이 숨긴 것이었다.

중국은 6·25 사변(한국전쟁)을 '항미원조전쟁'이라고 해석하면서 중요한 의미를 부여하고 있다. 중앙당사문헌연구원은 6·25 참전을 "항미원조 전쟁은 위대한 승리로 중국 인민이 세계 동방에 우뚝 섰다는 것을 알린 선언서이자 중화민족이 위대한 부흥으로 나아가는 중대 이정표"라고 기술하였다. 이는 시진핑이 2020년 10월 23일 베이징 인민대회당에서 열린 중공군의 항미원조 전쟁 참전 70주년 행사에서 강조하였던 내용이다. 당시 시진핑은 "중국군의 항미원조 전쟁 참전은 '정의로운 행동(正義之擧)'이었다"며 "위대한 항미원조 전쟁 승리 정신을 영원히 기억해야 한다."라고 말하였다. 또 "항미원조 전쟁의 위대한 승리는 중국 인민이 떨쳐 일어나(站起來) 세계 동방에 우뚝 섰음을 선언한 것이자, 중화민족이 위대한 부흥으로 나아가는 중요한 이정표로 중요한 의미를 지닌다."고 말하였다. 시진핑은 "위대한 항미원조 정신은 시대와 공간을 초월해 갈수록 새로워지고 영원히 계승되고 대대로 전해져야 한다."고 말하였다.

한국전쟁에 대한 시진핑의 역사관과 중국공산당의 역사관은 자국의 역사관이지만, 한국과는 엇갈리는 부분이다. 한국에서는 중국에서 해석하는 역사를 알아야 한다. 앞으로 이 부분은 중국과 많이 대립될 내용이기 때문에, 중국의 역사와 문화 해석을 간과해서는 안 되고 항상 경계해야 하며 중국 정책에 관심을 가져야 한다.

2021년 7월 1일 베이징 천안문 광장에서 개최된 중국공산당 창당 100주년 경축 대회에서 시진핑은 "당과 각 민족의 분투를 통해 우리는 첫 번째 100년 목표를 달성하였고, 중화 대지에 전면적인 샤오캉 사회를 실현하였다."고 밝혔다. 그리고 "역사적으로 절대빈곤 문제를 해결하였으며 사회주의 현대화 강국 전면 건설이라는 제2의 100년 목표를 향해 힘차게 매진하고 있다."고 밝히면서 "이는 중화민족, 중국 인민, 중국공산당의 위대한 영광"이라고 강조하였다.

2021년 제19차 6중전회에서 「중공중앙의 당의 100년 분투의 중대 성취와 역사 경험에 관한 결의(中共中央關於黨的百年奮鬪重大成就和歷史經驗的決議)」에서 시진핑의 치적을 과도하게 치켜세웠다는 지적이 제기되었다. 이번 '역사결의'는 중국공산당 역사상 세 번째 '역사결의'이다.

'역사결의'에서 '개인숭배 금지'와 '집단 지도'라는 표현이 사라졌는데, 이는 시진핑 중심의 1인 통치체제가 굳어질 것임을 예고한다고 할 수 있다. 게다가 중국공산당 중앙위원회는 '역사 결의'를 통해 "시진핑 신시대 중국 특색 사회주의 사상은 당대 중국 마르크스주의,

---

2021년 11월 제19차 6중전회

2021년 11월 11일 제19차 6중전회가 폐막하였다. 이 회의에서 「중공중앙의 당의 100년 분투의 중대 성취와 역사 경험에 관한 결의(中共中央關於黨的百年奮鬪重大成就和歷史經驗的決議)」가 통과되었다.

중국공산당은 3만 6000여 자 분량의 '역사결의' 전문을 공개하였는데, 이번 역사결의는 1945년 1차와 1981년 2차에 이어, 3번째 '역사결의'다.

'역사결의'는 "서언, 1. 신민주주의혁명의 위대한 승리 쟁취, 2. 사회주의 혁명 완성과 사회주의 건설 추진, 3. 개혁개방 진행과 사회주의 현대화 건설, 4. 중국 특색의 사회주의 신시대 창립, 5. 중국공산당 100년 분투의 역사결의, 6. 중국공산당 100년 분투의 역사경험, 7. 신시대의 중국공산당"으로 구성되어 있다.

시진핑 국가주석의 집권 1기부터 현재까지 통치 여정을 담은 '중국특색의 사회주의 신시대 창립' 부분은 전체 내용의 절반이 넘는 1만 9,200여 자를 차지하고 있다.

반면, 마오쩌둥이 이끈 '신민주주의 혁명 시기'와 '사회주의 혁명 완성과 건설 시기'는 합쳐서 5,500여 자, 덩샤오핑이 시작하여 장쩌민·후진타오가 이어간 것으로 규정한 '개혁개방과 사회주의 현대화 건설의 시기'는 4,100여 자에 그쳤다.

중국공산당은 '역사결의'에서 최초로 6·4 천안문 사건에 대해 평가를 내렸다. "당과 정부가 동란에 반대해 사회주의 국가 정권과 인민의 근본 이익을 수호했다"고 하였고, "국제사회 반(反)공산주의·반사회주의 적대 세력의 지지와 선동으로 인해 국제적인 큰 기류와 국내의 작은 기류는 1989년 봄에서 여름으로 가는 시기에 엄중한 '정치 풍파'를 초래했다"고 기술하였다. 중국공산당은 천안문 사건을 한차례 '정치 풍파'이자 '동란'으로 규정하였다. 그리고 문화대혁명에 대해서는 "마오쩌둥 동지는 당시 국내 정세, 당과 국가의 정치 상황에 대해 완전히 잘못된 예측을 했고 문화대혁명을 일으키고 이끌었다"고 지적하였다.

21세기 마르크스주의, 중화문화와 중국 정신의 시대적 정수로 마르크스주의 중국화의 새로운 도약을 이뤄냈다"고 평가하였다.

2) 교육은 새로운 중국을 여는 대계

중국에서는 2019년부터 2035년에 사회주의현대화를 기본적으로 완성하기 위해 「중국교육현대화2035」를 실시하고 있고, 「신애국주의교육」을 실시하고 있다. 이때 시진핑은 소년과 청년의 역할을 강조하고 있다. 소년과 청년의 강조는 미래 중국을 이끌고 갈 주인공이기 때문에 강조한다고 볼 수 있다. 이러한 소년과 청년의 역할이 중요하다는 것을 2021년의 중국에서만 강조하였던 것은 아니다. 1900년대 전후로 청이 열강으로부터 공격을 받고 있고, 새로운 국가를 건국해야 한다고 주장한 지식인이나 청의 변화를 요구하는 지식인들에게서도 강조되어 왔다.

"구중국이 늙었으니 새로운 중국이 필요하다."

이러한 인식에서 강조된 것이 '소년중국'이다. 새로운 중국이 만들어지기 위해서는 소년과 청년들의 역할이 중요하다는 의미이기도 하지만, '소년중국'에 새로운 중국을 의미하기도 한다. 봉건체제가 아닌 새로운 체제의 국가의 건립인 것이다.

이러한 인식은 1911년 10월 10일 신해혁명이 발생한 뒤에도 더욱 강하게 표출되었다. 신해혁명이 발생한 뒤에 새로운 사회가 도래할 것이라고 믿었지만 군벌의 등장으로 중국은 다시 혼란의 시기로 접어들었다.

1912년 1월 1일 쑨원(孫文)이 난징(南京)에서 중화민국 건국을 선포하였다. 이때 청이 멸망한 것은 아니다. 청의 공식적인 멸망은 1912년

2월 12일, 청나라 조정의 마지막 조회가 열린 날이다. 이날 "공화정 도입을 위해 황실의 통치권을 포기하다"는 내용을 담은 푸이(溥儀)의 퇴위 조서가 발표되면서 청은 공식적으로 멸망하였다.

1912년 3월 10일 위안스카이(袁世凱)가 중화민국의 임시 총통이 되었고, 1913년 10월 정식으로 초대 총통이 되었다. 하지만 새로운 국가가 건국되었지만 중국은 여전히 혼란에 빠져 있었다.

1915년 위안스카이는 12월 11일에 황제로 초대되었고, 12일에는 중화제국을 선포하였다. 그러나 여러 지역의 군벌들이 위안스카이의 황제 즉위에 반대하였다. 동년 12월 25일에는 윈난성이 독립을 선포하면서 중국 각지에서 전쟁이 일어나고, 군벌들도 동참하기 시작하였다. 이러한 이유 때문에 12월 31일 황제에 즉위하였던 위안스카이는 1916년 3월 22일에 황제 즉위를 취소하고, 중화민국 총통으로 복귀하였다.

혼란을 목도하던 당시 지식인들은 중국을 구해야 함을 주장하였다. 1910년대에 발생한 신문화운동은 이른바 구중국의 모순을 없애고 새로운 중국을 만들고자 하였다.

한편, 1900년 양계초(梁啓超)는 『청의보(淸議報)』에 기고한 『소년중국설(少年中國說)』에서 "소년이 강하면 나라가 강하고 소년이 성장하면 나라도 성장한다."고 하였고, 청년들에게 대한 기대감을 보였다. 그리고 혼란스러운 중국에서 벗어나 새로운 중국을 건설해야 하는데, 이때 청년들에 대한 역할을 중요시 여겼다. 이때 소년은 청년을 의미하기도 하지만, 국가 혁신의 이미지를 표상하기도 한다. 『소년중국설』에 "붉은 해가 솟아오르니 길을 환히 비춘다(紅日初昇 其道大光)."라는 말이 나온다. 이 말을 시진핑이 2018년 9월 3일 중국—아프리카 협력포럼 개막식 연설에서 인용하였다.

청나라 말부터 많은 지식인들이 해외로 유학을 떠났고, 서구의 문물을 목도하였다. 특히 1910년대에 들어와 유럽, 러시아, 일본, 미국으로 유학을 떠난 청년들이 많았다. 그 중에서 프랑스로 갔던 근공검학(勤工儉學) 청년지식인들은 중국공산당 창당과 활동에 많은 영향을 주었다.

중국에서는 중국 건국 이래로 시대에 따라 교육현대화를 강조하였다. 중국 건국 이후, 마오쩌둥을 대표로 하는 중국 공산당원은 전 당과 전 인민을 이끌며 중국 국정에 적합한 사회발전전략을 제정하였고, 적극적으로 중국교육현대화의 길을 모색하였다. 1983년 덩샤오핑은 베이징 경산학교(景山學校)에 "교육은 현대화를 향하고 세계와 미래를 향해야 한다"는 표어를 내렸다. 1985년의 「중공중앙 교육체제개혁에 관한 결정」에서 한층 더 "교육이 반드시 현대화, 세계, 미래를 향해야 한다."고 명확하게 요구하였다. 2010년에는 「국가중장기교육개혁과 발전규획 요강(2010~2020)」의 전략목표에서 "기본적으로 교육현대화를 실현하고, 학습형 사회를 형성하고, 인력자원강국의 행렬에 진입해야 한다."는 목표를 확정하였다.

2. 중국공산당의 길에 청년이 있다

1) 20세기의 청년

신해혁명 이후, 혼란스러운 중국을 구하기 위해 많은 청년들이 외국으로 떠났다. 이 당시 청년들은 무정부주의, 사회주의 등 서구의 여러 사조에 관심을 가졌다.

역대 중국지도자들의 이력을 살펴보면, 중국 건국에 많은 영향을 준 저우언라이(周恩来)와 덩샤오핑은 유럽과 러시아에서 유학하였고, 류샤오치(劉少奇)는 러시아에서 유학을 하였다. 특히 프랑스에서 근공검학을 하였던 청년 지식인들은 중국공산당 창당과 중국공산당 혁명에 지대한 역할을 하였다.

해외로 가서 세계 변화를 목도한 중국 청년들은 중국이 처한 상황을 극복하기 위해서는 어떻게 해야 하는지를 고민하였다. 이때 1917년 러시아에서 무산계급 혁명이 일어났고, 유럽에서 유학을 하면서 사회주의를 접하게 된 청년들 중 일부는 사회주의로 전환하게 되었다.

차이허선(蔡和森)은 프랑스에서 유학을 할 때, 1920년에 마오쩌둥에게 편지를 보내 "중국공산당을 창당해야 한다."고 하였다. 차이허선이 마오쩌둥에게 보낸 편지 내용에는 공산당의 필요성을 설명하면서, 중국공산당을 정식으로 성립시키자고 주장하였다. 당에 대한 성질, 지도사상 등의 문제에 대해 주장을 펼쳤다.

내용은 "첫째는 이 당은 반드시 무산계급혁명 정당이어야 하고, 무산계급의 '선봉대, 작전부'여야 한다. 둘째, 이 당은 반드시 마르크스주의를 지도사상으로 삼아야 한다. 셋째, 이 당은 반드시 철저한 혁명 방법을 얻어야 하고, 개량주의를 반대한다. 넷째, 이 당은 반드시 군중과 밀접하게 연계해야 하고, 군중운동의 조직자와 지도자가 되어야 한다. 다섯째, 이 당은 반드시 철저한 기율이 있어야 한다"고 하였다. 마오쩌둥도 이에 동의하였다. 그리고 그 뒤 중국공산당은 1921년 7월 23일 상하이 프랑스 조계지 왕즈루(望志路) 106호에서 제1차 전국대표대회를 개최하였다. 이 대회에서 당의 명칭을 '중국공산당'이라고 확정하였고, 당의 강령을 "무산계급혁명군대가 자산계급을 전복하는 것이다"라고 정하였다. 이때 천두슈(陳獨秀)가 초대 중앙총서기로 선출되었다.

프랑스로 근공검학을 했던 청년들은 중국으로 돌아와 국민당 혹은 공산당에서 주요 활동을 하였고, 정치와 문학 등의 여러 분야에서 주요 활동을 하였다. 중국공산당에서 활동을 한 인물들 중에는 우리가 잘 아는 정치가인 저우언라이와 덩샤오핑이 대표적이다. 그밖에 리리싼(李立三), 자오스옌(趙世炎), 차이허선, 리웨이한(李維漢), 천옌녠(陳延年), 샹징위(向警予)가 있다. 1923년 3월 프랑스에서 근공검학을 하던 천옌녠과 자오스옌 등 12명은 러시아 모스크바로 보내어졌고, 동방노동대학에서 공부하였다.

러시아와 미국 등의 나라로 유학을 하였던 청년들은 러시아와 미국의 서적을 번역하여 중국에 소개하였고, 이러한 책들은 청년들에게 많은 영향을 주었다. 뤄푸(洛甫)라 불리는 장원텐(張聞天)은 일본과 러시아 및 미국의 샌프란시스코에서 유학을 하였다.

중국공산당 초기 창건 시기의 당원 및 초기 고위층을 기본적으로 4개 부류로 나눌 수 있다.

첫째는 천두슈, 리다자오(李大釗), 리다(李達), 리한쥔(李漢俊), 동비우(董必武), 린보취(林伯渠), 펑파이웨이(彭湃爲)를 대표하는 초기 일본 유학생이다.

둘째는 취츄바이(瞿秋白), 왕밍(王明), 뤄이눙(羅亦農), 왕이페이(王一飛), 류샤오치, 런비스(任弼時) 등의 러시아에서 교육을 받은 혁명 주요 인물이다.

셋째는 차이허선, 저우언라이, 자오스옌, 리웨이한, 리푸춘(李富春), 샹징위를 대표로 하는 유럽의 근공검학 학생이다.

넷째는 장궈타오(張國燾), 덩중샤(鄧中夏), 마오쩌둥, 허슈헝(何叔衡), 천탄츄(陳潭秋) 등 유학 경험이 없는 국내 선진 지식인이다.

유학을 갔다가 귀국한 학생들은 중국공산당 초기 고위 지도층의 4분의 3을 차지하였을 뿐만 아니라, 상당한 수의 유학생들은 장기적으로 당과 국가의 주요 영도 직무를 맡았다. 그들은 중국공산당의 투쟁 과정에서 중대한 영향을 주었다.

민주혁명(民主革命) 시기에, 모스크바 중산대학, 국제아동원 및 소련의 기타 학교에서 졸업을 한 유학생들이 공산당에 가입하였고, 혁명 과정에서 지속적으로 주요 역할을 하였다. 사회주의 건설(社會主義建設) 시기인 1950년대의 소련과 동부 유럽 유학생들은 개혁개방 시기까지 활동을 하였으며, 그들은 중국 현대화 추진 과정에서 중요한 역할을 하였다.

유학생과 중국공산당의 관계는 밀접한 관계가 있다. 외국으로부터 새로운 사상을 받아들인 유학생들은 최초로 건당(建黨) 활동을 하였다. 근대 중국의 수십만의 유학생 중에서 공산주의를 신봉하는 사람들은 일부였지만, 그러나 그들은 오늘날 세계에서 최대 정당을 만드는 과정에서 중요한 역할을 하였다. 그들은 서방의 마르크스레닌주의를 중국에 널리 퍼지게 하였다.

2) 시진핑! 청년들에게 애국심을 호소하다

오늘날 시진핑은 사회주의 현대화 건설이 완성하려면 청년들의 역할이 매우 중요하다는 것을 강조하였다. 2035년의 기본적인 사회주의 현대화 국가 건설을 위한 교육정책에서도 잘 나타나고 있다.

2016년 12월 시진핑은 전국고등교육(대학)사상정치공작회의에서 "교육이 강해야 곧 국가가 강하고, 대학교육발전의 수준이 국가발전의 수준과 발전 잠재력의 중요한 표상"이라고 강조하였다. 또 "중화민족의 위대한 부흥을 실현하려면 교육의 지위와 역할을 홀대하여서는 안 된다"고 강조하였다. 시진핑은 "대학은 당 영도 하의 대학이고, 중국 특색의 사회주의의 대학이다. 대학이 잘 되려면 마르크스주의 지도를 견지해야 하고, 당의 교육방침을 전면적으로 관철해야 한다. 선생과 학생은 사회주의 핵심가치관을 굳건히 믿는 사람이 되어야 하고 적극적으로 전파하고 모범적으로 실천하는 사람이 되어야 한다. 특히 교사는 인류영혼의 기술자이고, 신성한 사명을 담당해야 한다."고 강조하였다. 이때 시진핑은 대학은 당 지도에 충실한 기지로 변해야 함을 강조하고 있는 것이다.

시진핑은 5·4운동 100주년 기념식과 신중국 건국 70주년을 앞두고 애국주의를 강조하였다. 2019년 5·4운동 100주년 기념식에서 시진핑은 "신시대 중국 청년은 당의 말을 따라야 하고 당을 따라가야 한다."고 말하였다. "사람마다 애국하지 않고, 심지어는 조국을 속이고 배반하면 자신의 국가와 세계에 모두 매우 창피한 일이고 발을 붙이고 살 곳이 없게 된다."라고 말하였다.

시진핑은 "모든 중국인에게 애국은 본분이고 책임이며, 마음의 끈이고 사랑의 귀속이다."라고 하였다. 또 시진핑은 "신시대 중국 청년에게 조국을 열렬히 사랑하는 것은 입신의 본분이고 인재 육성의 기초이다."라고 하였고, "당대 중국의 애국주의 본질은 애국과 애당(愛黨)을 견지하는 것이고, 고도로 통일된 사회주의를 사랑하는 것이다."라고 강조하였다. 시진핑은 기념식 연설에서 '애국'이라는 단어를 18차례 사용하였는데, 시진핑이 강조한 애국은 '공산당에 복종하는 애국'이었다.

현대중국에서 실시하고 있는 중요한 교육정책 중의 하나가 1994년에 실시한 애국주의 교육이다. 이러한 교육을 받고 2020년에 애국주의를 강하게 표출하는 세대들을 '분노청년(憤怒靑年, 분청)' 혹은 '소분홍(小粉紅: 당과 국가, 지도자를 사랑한다는 의미)'이라고 부른다.

3. 중국공산당에서 신중국으로

1) 건국 이후~개혁개방 이전의 교육정책 변화

1949년 12월 23일부터 31일에 걸쳐 개최된 제1차 전국교육공작회의에서 교육부는 공동강령의 취지에 입각하여 신민주주의 교육 건설 방안을 제시했다. 즉 "노(老)해방구의 교육경험을 바탕으로 구교육 중 유용한 경험을 흡수하는 한편 소련경험을 수용하여 신교육, 즉 신민주주의 교육을 건설한다"는 방안이었다. 이때 회의에서 1951년부터 시작하여, 전국규모의 '식자운동(識字運動, 문맹퇴치운동)'을 진행하기로 하였다. 농촌 사람들은 겨울의 농한기를 이용하여 '동학(冬學)'을 조직하였고, 이는 농촌사람들의 문맹을 없애는 중요한 방법 중의 하나였다. '식자운동'이 진행되기 한 해 전인 1950년 9월 중국공산당과 정부는 전국농공교육회의를 개최하면서 식자운동을 통한 문맹 퇴치가 바로 농공 교육의 기본 과제임을 밝혔다.

1950년 8월, 중앙인민정부 교육부는 「중학잠행교학계획(초안)」을 반포하였다. 이것은 신중국의 첫 번째 중학교학계획(中學敎學計劃)이 었다. "초안"에서 구중국의 '당의(黨義)', '동자군(童子軍)', '군사훈련(軍事訓鍊)' 등의 교과목을 취소하였다. 중학교에 "정치(政治), 어문(語文), 수학(數學), 자연(自然), 생물(生物), 화학(化學), 물리(物理), 역사(歷史), 지리(地理), 외국어(外語), 체육(體育), 음악(音樂), 미술(美術), 제도(制圖)"

등 14과목을 만들기로 결정하였다. '계획'에서는 또 정치과정을 단독으로 설치하였고, 학생들에게 신민주주의(新民主主義) 교육을 강화하였다. 동시에, '어문'은 중국 건국 이전의 '국문(國文)'과 '국어(國語)'를 대체하였다.

1952년, 중국 교육부는 공업건설 인재와 교사 인력 양성에 중점을 두고 전국 대학 학과 조정을 실시하였다. 그리고 1954년 제1차 전국인민대표대회 1차회의에서 통과된 「중화인민공화국헌법」 제94조에서 "중화인민공화국 공민은 교육을 받을 권리가 있다."라고 규정하였다. 국가는 각종 학교와 기타 문화교육기관을 점차적으로 설립하고 확대하여 공민들이 교육을 받을 수 있는 권리를 보장하였다.

1958년 「중공중앙과 국무원의 교육공작에 관한 지시」에서도 "당의 교육 업무 방침은 교육이 무산계급 정치를 위해 이바지하고, 교육이 생산 노동과 서로 결합하고, …… 교육의 목적은 사회주의적 의식을 지닌 문화적 노동자를 길러내는 것이다."라고 명시하였다. 이는 신민주주의 교육 방침이 사회주의 교육 방침으로 전환되었고, 신중국의 교육이 사회주의 교육 사업의 길로 들어섰음을 의미하였다.

1961년부터 1963년까지, 당중앙은 「대학 60조(高校六十條)」, 「중학 50조(中學五十條)」, 「소학40조(小學四十條)」를 반포하였고, 대중소학교의 교육임무와 양성목표를 제출하였다.

1977년 11월, 정치적 이유로 폐지되었던 가오카오(高考, 대학입학시험)가 정식으로 재개되었다. 1978년 6월, 단지 몇 명에서 그치는 것이 아닌 수 천 수 만 명의 유학생을 파견하라는 덩샤오핑의 발언으로 교육 대외 개방 사업이 시작되었다. 이로써 신중국 건국 이후 대규모의 해외유학생 파견이 이루어졌다.

2) 개혁개방~WTO 가입 이전: 인재 육성과 교사 역할

신중국이 성립한 이래로 당과 국가는 끊임없이 교육정책을 조정하였고, 사회주의 건설과 인민 군중의 요구에 따랐다. 특히 개혁개방이래로 당중앙과 국무원은 교육에 대해 중요한 전략을 제기하였고, 교육개혁의 임무를 선명하게 제기하였다. 개혁개방 이래로, 국가와 전사회는 교사를 중시하였다. 그래서 중국 정부는 교사의 지위를 높이기 시작하였다.

덩샤오핑은 1983년 국경일을 앞두고 '현대화·세계화·미래화 지향'이라는 교육 방침을 제시하였다. 덩샤오핑은 베이징 경산학교 격려의 글로 "'교육은 현대화, 세계화, 미래화의 방향으로 나아가야 하며'를 견지해야 한다"고 하였다. 그리고 "'유학을 지지하고, 귀국을 장려하며, 입출국 자유'의 정책을 견지해야 한다"고 하였다. 이러한 인식은 그 이후에도 지속적으로 이루어졌고. "다양한 유학 채널을 마련하며, 인재 귀국을 유도하여 창업을 하도록 지원하며, 인재들이 나라를 위해 복무하도록 격려한다."라는 구체적인 업무 지침을 제시하였다.

1985년 1월, 제6차 전국인민대표대회 상무위원회에서 매년 9월 10일을 '교사의 날'로 정하였다. 동년 5월, 당 중앙에서는 개혁개방 이후 첫 번째 전국교육업무회의를 개최하였다. 그리고 여기서 「교육 체제 개혁에 관한 결정」을 발표하고, 9년제 의무 교육을 단계적으로 시행할 것임을 밝혔다. 1986년 4월에는 「중화인민공화국 의무교육법」이 통과되어 9년 의무교육 제도가 공식화되었다.

1993년 중공중앙과 국무원은 「중국 교육개혁과 발전 요강」을 인쇄 발행하였다. 그리고 동년 「중화인민공화국 교사법」의 실시를 반포하였고, 국가는 '특급교사'라는 칭호를 만들었다. 대부분의 교사들이

"전국교육의 모범"과 "전국우수교사"라는 칭호를 얻도록 격려하였다.

1995년 11월, 국무원의 승인을 거쳐 「'211공정' 총체적건설규획」이 발표되었다. '211공정'은 21세기를 겨냥해 100여 개의 중점대학 및 중점학과를 만드는 계획이었다. 이는 "과학과 교육을 통해 국가를 부흥시키는 전략"을 위한 조치였으며, 관련 인재를 양성하여 다음 세기를 대비하기 위한 것이었다.

1999년 6월, 중국공산당 중앙위원회와 국무원은 「전인 교육의 전면적 추진을 위한 교육개혁 심화에 관한 결정」을 발표하였다. "결정"에서 전인 교육을 전면적으로 추진하여 21세기 현대화 건설에 적합한 사회주의 인재를 배양할 것을 선언하였다.

3) WTO 가입 이후 인재 육성과 교사의 역할

(1) 인재 육성 계획

2001년 WTO에 가입을 한 이래로 중국은 고등교육기관(대학교), 고등학교와 취학전 교육의 중외 합작 학교경영을 개방하였다. 쌍방 간의 인문교류 시스템을 완성하였는데, 이때 중국과 러시아, 중국과 미국, 중국과 유럽, 중국과 영국, 중국과 프랑스, 중국과 인도네시아, 중국과 독일, 중국과 인도 등과 중외 인문교류 시스템을 만들었다. 중국은 교육이 국가의 대외전략능력을 지속적으로 높일 수 있게 진행하였다.

이를 통해 많은 교육 이론과 실천 방식을 중국에 소개하였고, 많은 학교와 국외 학교와의 우호학교를 맺었다. 그리고 학교·교사·학생의 대외 상호 방문을 상시화하였고, 대외교류의 많은 항목을 만들었다.

중앙 인재 업무팀은 2008년 말부터 「해외 고급인재 유치 계획 천인계획(千人計劃)」을 제정하고 실시하여 해외 고급 인재 및 사회적으로 긴급하면서도 부족한 전문가를 유치하였다. 이때 이미 1,492명이 "천인계획"의 일원으로 선발되었다.

2010년 중공중앙과 국무원은 「국가중장기교육개혁과 발전규획요강(2010~2020)」을 발표하였고, 2012년 제18차 전국대표대회에서는 「교육영역종합개혁심화」의 요구를 제기하였다.

2015년 10월, 국무원은 「세계 일류대학·일류학과 건설 추진 방안」을 발표하였다. 이는 일류 교원 확보, 창조적 인재 선발 및 양성, 연구 수준 제고, 우수한 문화의 전승 등을 목표로 삼아 세계적 인재 모집, 제도 개혁, 연구 환경 개선, 전통문화 및 사회주의 가치관 연구 강화, 국제적 대학 및 학술 단체와 교류 등을 실현하여 중국이 교육 대국에서 교육 강국으로 나아가도록 만들었다.

2017년 중공중앙 판공청과 국무원 판공청은 「교육체제 시스템 개혁 심화에 관한 의견」 등을 인쇄 발행하였다. 문건에서는 "개혁창신이 교육발전의 강한 원동력임을 명확히 하였고, 교육은 발전을 해야 하는데, 근본적으로 개혁에 의지해야 한다."고 하였다. 그리고 개혁의 임무에서는 "인재 육성 체제 개혁에 집중해야 하고, 현대학교제도를 건설하고, 교육의 대외개방을 확대해야 한다."고 하였다.

2018년 9월, 시진핑은 전국교육대회에서 교육이 국가의 대계이며 당의 대계임을 강조하며 교육개혁에 대한 새로운 요구를 하였다. 또 중국에 교육이 뿌리를 박도록 해야 함을 강조하였다.

시진핑은 "개방 속에서 중국교육을 강하게 하고, 개방 속에서 전지구적인 인재를 육성하고 초청해야 한다"고 하였다. 개방 속에서 세계교육을 위해 중국의 지혜로운 중국 방안이 공헌을 해야 하고,

개방 속에서 일대일로를 도와 국가외교 전략의 능력을 높일 수 있도록 해야 한다는 것이었다.

중국에서는 "당의 영도 하에 중국 교육은 '9개 견지(九個堅持)'를 따라야 하고 사회주의제도의 우월성과 중국 교육체제 제도의 선진성을 발양하며, 공전의 위대한 역사적 성과를 얻었다."고 평가하고 있다. 그러면서 "신시대에 시진핑 동지를 핵심으로 하는 당중앙 주위를 긴밀하게 단결하여, 인민이 만족하는 교육을 잘 이행해야 하고, 중화민족의 위대한 부흥을 위해 더욱 큰 공헌을 해야 한다."고 강조하고 있다.

2020년 중공중앙과 국무원은 「신시대 교육평가 개혁을 심화시킬 총체적 방안」을 인쇄 발행하였다.

(2) 교사의 역할 강조

장기적인 중국의 혁명 투쟁과 건설 과정에서 중국공산당은 시종 교사를 신뢰하였고 중시하였다. 교사 중시는 교육사업과 혁명사업에 발휘한 기초적인 역할을 하였다. 그리고 마르크스엥겔스 교육과 무산계급을 따르는 것을 기본적인 교육 철학으로 삼았고, 청년 교사와 많은 선진지식인을 당의 예비군으로 삼았다. 이후에 교사 중에 선진지식을 갖춘 적극적인 지식인들을 당에 입당하도록 하여 선진적인 역할을 발휘하도록 하였다.

시진핑은 "장기간 많은 교사들이 당의 교육방침을 관철해야 하고, 지식을 가르치고 인성을 길러주도록 해야 한다"고 강조하였다. 또 "피땀을 흘리고 묵묵히 봉사하며, 국가발전과 민족 진흥을 위해 중대한 공헌을 해야 한다."고 강조하였다.

2018년까지 중국과 46개 국가와 지역에서는 학위 상호 인정 협의서에 서명하였다. 그 중 '일대일로'의 연선국가가 27개이다.

2018년 12월에는 중공 중앙과 국무원이 「중국교육현대화2035」를 발표하여 교육 현대화의 방향과 목표를 제시하였다. 문건에서 제시한 교육현대화 목표에는 시진핑 신시대 중국 특색의 사회주의 학습, 세계 일류 수준의 중국적 교육 발전, 교육 수준의 양적·질적 향상, 기본적인 공공 교육 서비스의 균등화, 평생 교육 체제 구축, 일류 수준의 인재 양성, 정보화 시대에 맞춘 교육 혁신 등이 포함되어 있다.

제18차 전국대표대회 이래로, 시진핑은 교사들에게 "네 가지를 가진 좋은 교사(四有好老師)가 되기"를 요구하였다. 여기서 네 가지를 가진 것이란 "이상신념(理想信念), 도덕정조(道德情操), 견고한 학문과 지식(扎實學識), 사랑하는 마음(仁愛之心)을 가져야 한다."는 것이다. 그리고 "이들은 지식과 이상 및 진리를 전파하고, 신인(新人, 새로운 사람)을 만들어내어야 한다."는 것이다. 시진핑은 "학생은 품격(인품)을 단련하고, 지식을 학습하며, 사유를 혁신하고 조국에 봉사하도록 이끄는 사람"임을 강조하였다. 또 "지식을 가르치고 인성을 길러주도록 서로 통일성을 견지해야 한다."고 강조하였다. 그리고 "교사의 정치적 지위, 사회적 지위, 직업적 지위를 높일 수 있도록 노력해야 한다."고 강조하였다.

시진핑은 "인민교사의 최고의 영광, 교사마다 이러한 영광과 직업을 소중히 여겨야 하고, 자신에게 엄격하게 요구해야 하고 끊임없이 자신을 완전하게 해야 함"을 강조하였고, "교사는 지식을 가르치고 인성을 길러주도록 집중해야 한다."고 강조하였다. 또 "교육의 긍정을 사랑해야 하고, 명예와 이익에 욕심이 없어야 한다."고 하였을 뿐만 아니라, "인민을 위한 교육, 조국의 다음 세대를 위해 더 커다란 공헌을 해야 한다."고 강조하였다.

4. 중국공산당 체제 유지: 1990년대 애국주의 교육

1994년 8월 23일 장쩌민 정부는 「애국주의 교육실시강요」를 발표하였다. "강요"에서는 애국주의 교육을 진행하는 매우 중요한 의의를 논하였고, 교육의 기본원칙, 주요 내용, 중점대상 및 구체적인 조치를 소개하였다. 강요에서는 "애국주의와 사회주의는 본질적으로 일치한다."고 단정지었다.

1) 애국주의 교육을 왜 실시하였나?

중국정부가 애국주의 교육을 실시하게 된 이유는 1980년대 말과 1990년대 초에 발생하였던 중국 내 사회 현상과 국제사회의 변동 때문이었다. 대내적으로는 티베트의 민족운동이 지속적으로 일어났고 민주화운동이 발생하였다. 특히 1989년의 천안문 사건은 학생과 지식인들의 자각으로서 중국 건국 후 대규모로 발생한 최초의 민주화운동이었다. 대외적으로는 동부 유럽 공산국가의 분열과 소련의 붕괴였다. 이러한 현상을 목도하던 중국공산당은 정치적 안정을 위해 애국주의 교육을 단행하였다. 중국정부는 중국 특색의 사회주의를 건설하기 위해서는 애국주의 교육이 매우 중요하다고 강조하였다. 「애국주의 교육실시강요」의 원칙은 중국 특색 사회주의 건설에 기여해야 한다는 것이고 중점대상이 청년이었다. 그리고 중화민족의 역사와 전통문화를 강조하였고, 중국공산당의 현대화를 강조하였다.

또 1988년에 제기된 중화민족에 대한 개념의 변화는 1990년대에 들어와 민족사 집필 등 중화민족을 국족의 개념으로까지 확대하려는 움직임이 보이기 시작하였다. 이렇게 애국주의 교육과 중화민족주의 이데올로기가 결합하면서 애국주의를 기반으로 한 중화민족주의 교육이 확산되기 시작하였다.

1990년 각지 각급 교육 행정부서와 학교에서는 아편전쟁 150주년을 주제로 한 각종 행사를 실시하였는데, 이때 초중고생을 대상으로 애국주의 교육을 전개하였다. 1991년에도 각지 교육행정부서와 초중고 학교에서 중공 중앙과 국가교위 당조의 관련지시에 따라 중국공산당 창당 70주년, 신해혁명 80주년, 경자배관(庚子賠款, 1903년에 있었던 1900년 의화단사건(義和團事件)의 배상금) 90주년, 9·18사변 60주년 등 주요 기념일을 둘러싸고 중국공산당이 중점으로 하는 애국주의 교육 활동을 한층 더 심도 있게 전개하였다.

이와 관련하여, 1991년 4월 국가교육위원회 판공청은 「초중고생들의 진일보된 애국주의 교육 활동 전개에 관한 의견」을 발표하였다. 교육활동의 주요 내용과 요구로는 "첫째, 중국공산당 탄생, 신해혁명, 경자배관, 9·18사변 4개의 중대한 역사의 주요 역사적 사실을 이해하게 한다. 둘째, 중국공산당이 인민투쟁을 영도한 혁명사를 이해하게 하고, 노선배의 무산계급혁명과 공산당원의 혁명정신을 학습하도록 한다. 중국공산당의 영도 하에 사회주의신중국의 위대한 성과와 여러 전선의 우수공산당원의 업적을 이해하도록 한다. 학생들에게 민족자신감과 자긍심을 일으키도록 하고, 학생들에게 공산당이 없었으면 신중국도 없었음을 알도록 한다. 사회주의현대화 건설에 반드시 중국공산당의 영도가 있어야 함을 알도록 한다." 등이다.

한편, 중국 바이두(baidu)에서 애국주의 교육은 "조국을 열렬히 사랑하고, 그것을 위해 헌신하는 사상교육이다. 애국주의 교육은 사상정치교육을 주요 내용으로 한다. 애국주의는 가장 호소력 있는 기치를 갖추었고, 중화민족의 우수한 전통이다."라고 밝히고 있다. 그리고 중국애국주의 교육의 특징은 "고군분투(艱苦奮鬪), 근면노동(辛勤勞動), 끊임없이 중화민족의 물질문화자원의 풍부와 발전, 민족분열 반대"라고 밝히고 있다.

2) 애국주의 교육 확산 방안

중국정부는 애국주의 교육을 확산하기 위해 애국주의 교육과 관련된 도서를 출판하기 시작하였고, 100권을 선정하여 수업에 활용하였다. 또 애국주의를 소재로 한 영화 100편과 노래 100곡을 선정하여 학교교육에서 활용하였다. 노래 중에는 「공산당이 없으면 신중국도 없다」, 「중화인민공화국 국가(國歌)」가 대표적이다.

1995년 3월 민정부(民政部)는 첫 번째 애국주의 교육기지 100곳을 확정하였다. 동년 5월 중선부(中宣部), 국가교육위원회, 문화부, 뉴스출판서와 공청단 중앙은 「전국 초중등학교에 대한 100종의 애국주의 교육 도서 추천에 관한 통지」를 발표하였다. 100종의 애국주의 교육 도서와 100편의 애국주의 영화, 100곡의 애국주의 가곡(歌曲)을 선정하여, 초중고생을 대상으로 애국주의 교육을 진행하였다.

1996년 10월 10일 장쩌민은 제14차 6중전회에서 "우리의 사업을 계속해서 전진해 나가기 위해서는 전 인민이 특히 청소년이 진일보된 애국주의 교육을 실시해야 한다. 우리가 견지하는 애국주의와 협의의 민족주의는 본질적으로 구별된다. 우리 인민들이 이해해야 하는 것은 대외개방을 견지하고, 세계 각 민족의 장점을 열심히 배우고, 선진적인 과학기술과 경영관리경험을 적극적으로 받아들여, 우리의 자력갱생 능력을 증강시켜야 한다. 그리고 조국의 발전을 빠르게 하는 것이 바로 애국주의의 주요 내용이다."라고 밝혔다. 또 "각 종의 생동적이고 활발한 형식을 통해 광범하고 심도 깊으며 지속적인 애국주의 교육과 선전을 강화해야 하고, 전 인민의 민족자존심과 자부심을 제고해서, 전 사회가 조국을 열렬히 사랑하고 전 역량을 조국 건설에 공헌하는 것이 커다란 영광이고, 조국의 이익과 존엄에 손해를 주는 것은 가장 치욕적이다."라고 하였다.

이때 소학교 27권, 중등학교 42권, 고등학교 31권이 선정되었다. 주로 신해혁명 이후의 주요 정치인과 문학가, 그리고 중국공산당 지도자들의 전기가 다수를 이루었다.

1996년 10월 중국정부는 사회주의 정신문명건설을 본격화하기 시작하였는데, 이때 애국주의가 사회주의 건설과정에서 사회주의 공민이 갖추어야 할 덕목 중의 하나임을 밝혔다. 이 시기에, 장쩌민은 애국주의가 중화민족의 오랜 전통의 산물이라고 강조하였다.

중국인들에게 애국심을 고양시키기 위해 중국정부는 전국에 애국주의 교육기지를 선정하였다. 애국주의 교육기지의 대부분은 중국공산당 혁명과 관련된 인물과 지역이고, 중화민족의 역사와 문화와 관련이 있는 곳이다. 즉 국가와 민족에 대한 애국심과 민족정신을 고양시키기 위한 인물과 장소를 애국주의 교육기지로 삼았다.

1996년 11월 국가교육위원회, 민정부, 문화부, 국가문물국, 공청단 중앙, 해방군 총정치부는 공동으로 「100개 애국주의 교육기지의 명명과 전국 초중등학교에 대한 추천에 관한 통지」를 하달하였다. 그리고 1997년 7월 중선부는 1차 애국주의 교육시범기지 100개를 공포하였다. 이때 공포한 100개의 시범기지 중에는 중화민족의 유구한 역사문화를 담고 있는 것이 19개, 근대중국 시기 제국주의 침략과 침략에 대한 중국 인민의 저항과 투쟁에 관한 내용을 반영한 것이 9개, 현대 중국인민혁명투쟁과 사회주의 건설 시기의 내용을 반영한 것이 75개였다.

2001년 6월 11일 중선부는 당의 영화로운 역사를 주요 내용으로 한 2차 애국주의 교육시범기지 100개를 공포하였다. 2005년 11월 20일 중선부는 3차 전국애국주의 교육시범기지 66개 명단을 공포하였다. 2009년 5월 중선부는 4차 전국애국주의 교육시범기지 87곳을 공포하였다. 진일보된 애국주의 교육기지건설의 추진은 더욱 좋은 애국주의 교육기지의 역할을 발휘하도록 하기 위함이다. 그리고 군중성 애국주의 교육활동을 더욱 심도 있게 전개하여 애국열정을 끓어오르게 하고, 인민의 역량의 응집시키며, 민족정신을 기르고자 한다. 중국은 애국주의 교육시범기지를 선정하여 중화민족주의와 사회주의에 대한 선전과 교육활동을 하는 장소로 활용하고 있다.

2016년 중공 교육부 당조(中共敎育部黨組)는 「중공교육부 당조의 교육계통 심도 깊은 애국주의 교육의 전개 실시에 관한 의견」을 발표하였다. 이때, 각급 각 학교에서는 애국주의 교육을 심도 깊게 전개해야 하는데, 시진핑 총서기의 주요 연설 정신을 심도 깊게 관철하여 교육계통에서 애국주의 교육을 심도 깊게 전개해야 한다고 하였다.

5. 기본적 사회주의 현대화 건설을 목표로 삼다

1) 인재양성과 「중국교육현대화 2035」

2019년 2월 23일 중국은 「중국 교육 현대화 2035」를 발표하였다. 그리고 「교육 현대화의 가속 추진 실시방안(2018~2022)」을 발표하였다.

「중국교육현대화 2035」의 교육 지침은 2035년까지 '학습대국'과 '인재강국'을 건설할 목적으로 고등교육의 경쟁력을 확실히 향상하도록 명기하였다. 이와 관련해 지침은 향후 '10년 전략'을 제시하였으며, 첫 번째로 시진핑의 지도사상을 철저히 학습하라고 촉구하였다. 또한 지침은 '애국주의'와 '정치적 자각'을 고양하도록 적시하였다. 「중국교육현대화 2035」에서 추진하는 10대전략 임무 중 가장 강조되고 있는 부분은 "'시진핑 신시대 중국 특색의 사회주의 사상'을 학습하는 것은 교육현대화를 추진하는 근본적인 방법"이라고 하였다.

「중국교육현대화 2035」에서 제기한 교육현대화의 지도사상은 "시진핑 신시대 중국 특색 사회주의 사상"을 중심으로 하여, 당의 19대와 19차 2중전회 3중전회 정신을 전면적으로 관철한다고 하였다. 그리고 '5위1체(五位一體)'의 구조를 통합적으로 추진하고, 4개 전면 전략 구조를 협력하여 추진하고, '4개 자신감'을 견지한다고 하였다. 또 당의 굳건한 영도 하에 전면적의 당의 교육방침을 관철하고, 마르크스 지도 지위를 견지하고, 중국 특색의 사회주의 교육발전의 길을 견지한다고 하였다. 여기에는 시진핑의 '5위1체'가 언급되었다. '5위1체'는 '경제, 정치, 문화, 사회, 생태문명 건설'을 내용으로 하고 있다.

「중국교육현대화 2035」에서 교육현대화를 추진하는 8대 기본 이념는 "도덕, 전면발전, 인재, 평생학습, 개인의 소질에 맞는 교육, 지식과 행동의 일치, 융합발전, 공동건설과 공동향유 중시"라고 하였다. 그리고 7대 기본 원칙은 "당의 영도 견지, 중국 특색 견지, 우선 발전 견지, 인민을 위한 복무 견지, 개혁 창신 견지, 법에 의한 교육 관리 견지, 통합 추진 견지"라고 하였다.

중국 교육현대화는 중국공산당이 전면적으로 영도하는 현대화이다. 중국공산당의 역대 지도자들은 중국인민의 끊임없는 분투를 이끌었고, 국가경제사회와 문화 및 교육 현대화를 실현하기 위해 노력하였다.

「중국교육현대화 2035」는 중국이 교육 현대화를 최초로 주제로 정한 중장기 전략 계획이다. 「중국교육현대화 2035」의 지도 사상은 중화민족의 위대한 부흥에 이바지하는 것을 사명으로 정의하고, 공산당의 치국(治國)을 위해 힘쓰며 사회주의 제도를 공고히 할 것을 명시하였다. 교육을 우선적으로 발전시키기 위한 교육이념, 체계, 제도, 내용, 방법을 추진하고 교육의 질 향상에 주안점을 두어 교육의 평등을 촉진하고 교육 구조를 개선하여 전면적으로 샤오캉 사회를 건설하고 중국 특색의 사회주의 발전을 위한 기반을 다진다는 내용이다.

시진핑 정부가 주도하는 현대화 교육은 "'사람이 중심(以人爲中心)'이고, 사람을 고도로 관리하는 교육"이라고 하였다. 교육현대화의 중요임무는 사회주의 핵심가치관을 실행하고 민족부흥을 담당할 수 있는 시대의 새로운 사람(新人)을 배양하는 것이고, 국가발전을 위해 충분한 인재보증을 제공해야 한다는 것이다.

2) 신시대 애국주의 교육! 중화민족주의를 강화하다

2019년에 들어와 중국 정부가 애국주의를 더욱 강조하고 있는 가운데, 동년 11월에 「신시대 애국주의 강요」가 발표되었다. 시진핑은 중화민족주의에 내포되어 있는 핵심적인 내용이 애국주의라고 강조하였다.

2019년 11월 12일 중국 중앙인민정부 홈페이지에 「중공중앙국무원이 발표한 '신시대 애국주의 교육실시강요'」가 실렸다. "강요"에서 "애국주의는 중화민족의 민족 마음이고 민족혼이며, 중화민족의 가장 중요한 정신적 재산이고 중국 인민과 중화민족이 민족독립과 민족존엄을 보호 유지해야 하는 강대한 정신적 동력이다."라고 하였다. 또 "애국주의는 중화민족의 마음속 깊게 새겨져 있고, 각 민족의 단결과 통일을 유지해야 하고, 후손들은 조국 발전번영을 위해 노력하며 분투해야 한다.”고 하였다. 그리고 “신시대에 애국주의 교육을 강화하여, 민족정신을 분발하고 민족역량을 모아 전면적 샤오캉 사회를 건설하고, 신시대 중국 특색의 사회주의의 위대한 승리를 거두어야 하고, 중화민족의 위대한 부흥이라는 중국의 꿈을 실현하는 중대하고 심원한 의의를 지닌다.”라고 하였다.

중국공산당과 정부는 신시대 애국주의 교육이 전면적 샤오캉 사회와 중화민족의 위대한 부흥이라는 중국의 꿈을 실현하기 위해서 필요하다고 결론지었다.

신시대애국주의 교육의 기본 내용은 8개 방면으로 정리되어졌다. 첫 번째는 시진핑 신시대 중국 특색 사회주의사상으로 전 당을 무장하고, 인민을 교육하며, 간부들에게 시진핑 신시대 중국 특색의 사회주의사상을 견지하도록 지도하는 것이다. 그리고 새로운 기상을 보여주고, 새로운 활력을 불어넣으며, 학습교육의 성과를 애국보국(愛國報國)으로 전환하는 실천적 행동으로 이끌도록 유도하는 것이다.

두 번째는 중국 특색의 사회주의와 ‘중국의 꿈’ 교육을 심층적으로 진행하는 것이다. 역사와 현실, 국제 및 국내의 대조 속에서 중국공산당이 왜 “할 수 있는(能)” 것인지, 마르크스주의가 왜 “훌륭한(行)” 것인지, 중국 특색 사회주의가 왜 “좋은(好)” 것인지, 그리고 당이 개척한 중국 특색 사회주의를 더 소중히 여기고, 끊임없이 ‘노선 자신’, ‘이론 자신감’, ‘제도 자신’, ‘문화 자신’을 강화시킨다는 것이다.

세 번째는 국정교육과 상황 정책교육을 심층적으로 실시하여, 사람들이 중국의 새로운 역사적 측면과 사회에서 주요 모순의 변화를 이해하도록 돕고, 위대한 투쟁에서 사람들이 애국주의의 정신을 더욱 발전시킬 수 있도록 유도하는 것이다.

네 번째는 애국주의를 핵심으로 하는 민족정신과 개혁혁신을 핵심으로 하는 시대정신을 강력히 고취시키고, 민족부흥의 커다란 임무를 담당하는 시대의 신인을 육성하고, 사회주의 핵심가치관을 육성하고 실천하며, 사람들의 사상적 인식, 도덕적 수준, 문명적 소양을 높이는 데 초점을 맞추는 것이다.

다섯 번째는 당사(黨史), 국사(國史), 개혁개방사 교육이 광범위하게 진행되어, 역사와 인민이 중국공산당을 선택하고 마르크스주의를 선택하고 사회주의의 노선을 선택하고 개혁개방을 선택하는 역사의 필연성을 깊이 인식하게 하여, 개혁개방을 끝까지 추진할 수 있는 강력한 힘을 모으는 것이다.

여섯 번째는 중화의 우수한 전통문화를 전승하고 발전시켜, 사람들이 정확한 역사관, 민족관, 국가관, 문화관을 확립하고 고수하도록 이끌며, 중화민족의 소속감, 정체성, 존엄성, 명예를 지속적으로 강화시켜 나가는 것이다.

일곱 번째는 조국통일과 민족단결을 위한 진보교육을 강화하고, 모든 민족집단이 "세 가지를 분리할 수 없다(三個離不開)"라는 생각을 확고히 하고, '5가지 정체성(五個認同)'을 지속적으로 강화하여, 각 민족이 호흡, 운명, 마음의 연대를 가진 영광스러운 전통을 세대에 걸쳐 전파할 수 있도록 하는 것이다. 여기서 '5개의 정체성'은 시진핑 총서기가 제시한 이론으로, 중화민족공동체 의식을 각인시키는 핵심으로, 구체적인 내용은 "위대한 조국, 중화민족, 중화문화, 중국공산당, 중국 특색의 사회주의를 동일시하는 것"이다.

여덟 번째는 국가안보교육과 국방교육을 강화하고, 간부들이 국가안보를 자각하도록 이끌고, 모든 국민을 위한 국방관념을 강화하는 것이다.

시진핑은 중앙정치국 회의에서 "애국주의가 전체 인민의 굳건한 신념이 되도록 해야 하고, 정신역량과 자각행동이 되도록 해야 한다. 모든 과정을 통해 모든 사람들을 양육하고, 많은 청소년들에게 심층적이고 지속적이며 생생한 애국주의 교육을 전개하여, 애국주의정신이 뿌리 내리도록 해야 한다."고 하였다.

한편, 중앙선전부 책임자는 청소년에 대한 애국주의 교육의 구체적인 조치와 관련하여 "애국주의 교육의 최우선과제"라고 하였고, 4가지를 언급하였다. 첫 번째는 교실교육의 주요 채널 역할을 하는 것이다. 학교교육의 전 과정에 걸쳐 애국주의의 정신을 전파하고, 애국주의의 교육, 교육 자료, 마음의 발전에 기여하게 하는 것이다. 두 번째는 학교사상정치 이론 수업을 잘 운영하고, 청소년기의 '발표기(拔節孕穗期)'를 단단히 파악하는 것이다. 그리고 사상정치 이론 수업의 혁신을 추진하고, 학생의 주체적인 역할을 수행하며, 교육의 주체와 침묵 속에서 학생들을 국가 의식으로 이끌고 애국심을 증진시키는 것이다. 세 번째는 애국주의 내용이 반영된 고품질의 독서를 도입하여, 다양한 연령대와 성장 단계에 맞게 애국주의 내용의 질 높은 출판물을 제작하여, 청소년들이 스스로 애국주의를 수용할 수 있도록 하는 것이다. 네 번째는 광범위하게 실천활동을 조직하여, 애국주의 내용을 다양한 주제교육활동에 통합하고, 다양한 캠퍼스 문화 활동을 조직하여 애국주의 교육의 학교 밖 실천영역을 풍부하게 확장하고, 초중고생들에게 국가적 여건에 대한 이해를 높이고 책임성을 강화하도록 유도하는 것이다.

"강요"에서 신시대의 애국주의 교육을 전개하기 위한 방안으로, 새로운 상황과 관행에 초점을 맞추면서 5가지 구체적인 조치를 제안하였다. 첫 번째는 애국주의 교육기지와 국방교육기지를 구축해, 애국주의 교육과 홍색교육 기능을 강화하는 것이다. 두 번째는 의식예절을 활용하여, 국기법, 국징법(國徽法), 국가법 등을 성실히 시행하고, 국가의식과 집단관념을 강화하는 데 주력하는 것이다. 세 번째는 중대한 기념일 활동을 조직하여, 주요 기념일과 주요 역사적 사건에 내재된 애국주의 교육 자원을 충분히 발굴하여, 일련의 축하 또는 기념행사 및 대중 주제 교육을 조직하는 것이다. 네 번째는 전통과 현대의 축제의 함축적 기능을 발휘하고, 중화 전통축제 활성화 사업을 적극적으로 시행하고, '우리의 축제'라는 주제를 심화시켜, 중화문화에 대한 인식을 높이고, 국내의 정서를 증진시키는 것이다. 다섯 번째는 자연인문경관과 주요 프로젝트 전개에 대한 교육, 여행 관광에 대한 애국주의 교육, 강산의 웅장함을 이끌어내고, 아름다운 중국 건설에 대한 투신하게 하는 것이다.

2019년 9월 「신시대 애국주의 교육 실시 강요」를 심의한 이후, 중앙은 '초심과 기억의 사명(초심을 잊지 말고, 사명을 기억하자)'이라는 주제의 교육영도소조는 「초심을 잊지 말고, 사명을 기억하자'라는 주제의 교육에서의 애국주의 교육 강화와 애국주의 정신 고취에 관한 통지」를 발표하였다. 그리고 중앙은 '초심을 잊지 말고, 사명을 기억하자'라는 주제 교육에서 "애국주의 교육을 강화해야 하고, 애국주의정신을 널리 알려야 하며, 광대한 당원간부와 인민군중의 애국열정을 자극하여, 신시대의 기세를 집중하여야 한다."라고 하였다. 그리고 10월 1일 건국 70주년 대회에서 시진핑 총서기는 한층 더 국가 위아래로 향한 애국심의 열기를 더욱 자극하였다.

애국주의를 전체 중국인민들에게 굳건한 신념, 정신역량과 자각행동으로 삼게 하기 위해서는 '4개 의식(四個意識)'을 증대하고, '4개 자신(四個自信)'을 굳건하게 하며, '2가지 옹호(兩個維護)'를 하는 것을 교육으로 관철하여야 한다는 것이다. 그리고 주제 선전에 적용하고, 구체적인 업무에 실행하며, 일상생활 속에 실천하게 한다는 것이다.

'4개 의식'은 정치의식(政治意識), 대국의식(大局意識), 핵심의식(核心意識), 일치의식(看齊意識)을 말한다. '4개 의식'은 2016년 1월 29일 중공중앙정치국 회의에서 가장 먼저 제기되었다. 이후 중국공산당 95주년 기념식에서 시진핑은 "전 당 동지들은 정치의식, 대국의식, 핵심의식, 일치의식을 증가해야 하고, 당에 충성하고, 당을 위해 걱정해야 하며, 당을 위해 책임을 지고 당을 위해 최선을 다해야 한다."고 강조하였다.

제18차 6중전회에서 통과한 「새로운 형세 하의 당내 정치생활에 관한 약간의 준칙」에서 "전 당은 반드시 '4개 의식'을 확고히 해야 하고, 사상과 정치 및 행동에서 당과 고도의 일치를 해야 한다."고 하였다. 정치의식은 정치적으로 문제를 보고 분석하고 처리하는 것을 의미한다. 대국의식은 대국을 위주로 문제를 보고 대국적인 국면에서 일을 위해 생각하고 위치를 정하며, 정확하게 대국을 인식하여 스스로 대국에 순응하고 대국을 수호한다는 것이다. 핵심의식은 사상적으로 핵심을 받아들이고 정치적으로 핵심을 위주로 하고 조직에서 핵심에 순응하며 행동함에 있어 핵심을 수호한다는 것이다. 일치의식은 당 중앙에 대한 당의 이론과 노선지침 정책의 일치를 요구하고, 당 중앙의 의사결정 배치를 지켜보며 당 중앙이 추진하는 단호한 대응, 당 중앙의 결정의 단호한 집행, 당 중앙의 금지한 것은 하지 말 것을 요구하는 것이다.

'4개 자신'은 "중국 특색의 사회주의의 노선자신(道路自信), 이론자신(理論自信), 제도자신(制度自信), 문화자신(文化自信)"을 가리키는 것으로, 시진핑이 중국공산당 95주년 기념식상에서 제기한 것이다. 2016년 7월 1일 시진핑은 "중국공산주의자는 '초심을 잊지 말고, 계속해서 전진할 것을 견지해야 한다(堅持不忘初心、繼續前進)'."고 강조하면서 '4개 자신'을 견지해야 한다고 강조하였다. 한편, '두 가지 옹호'는 "시진핑 총서기를 당 중앙과 전당의 핵심지위에 단호히 옹호하는 것이고, 당 중앙의 권위와 집중·통일적 영도를 단호히 옹호하는 것이다."라는 내용이다.

6. 사회주의 핵심가치관! 교육의 주요 내용이 되다

1) 사회주의 핵심가치관을 강조하는 시진핑의 문예 강화

시진핑은 문예 강화(文藝講話)에서 사회주의 핵심가치관을 강조하고 있는데, 사회주의 핵심가치관이 중국의 학교교육에서 주요 내용으로 가르치고 있는 지는 이미 오래되었다. 시진핑의 문예 강화 내용이 중국 학교와 사회 전반에 미칠 영향은 매우 크다. 게다가 중국공산당이 문학예술 활동에 주도적인 역할을 할 것으로 보인다.

2014년 10월 15일, 시진핑은 베이징에서 문예공작좌담회를 개최한 후, 약 2시간에 걸친 「문예공작좌담회상의 강화」를 발표하면서 "당의 문예공작에 대한 영도를 강화하고 개선하여야 한다."는 내용을 강조하였다. 시진핑은 "문예가 시장경제의 소용돌이 속에서 방향을 잃어서는 안 되고 시장의 노예가 되어서도 안 된다."고 밝혔다. 시진핑은 "문학예술계가 사회주의가치관을 발양하는 역할을 충실히 수행해야 한다."고 강조하였다. 당 간행물도 '계급투쟁'과 '인민민주독재'를 부각하는 글을 차례로 실었다. 시진핑 지도부는 민주주의와 자유 등 서구가치관에 철저히 맞서겠다는 노선을 명확하게 밝혔다.

문예공작좌담회에 중국 최고지도자가 참석한 것은 1942년 마오쩌 둥이 주재한 「옌안(延安) 문예좌담회」 이래로 처음이었다. 『베이징청 년보(北京靑年報)』는 "중국공산당이 시종 사상 선전과 문예공작을 대 단히 중시했다"며 "시진핑 국가주석이 사상면에서 큰 영향을 끼치는 문예계를 활용하여 이데올로기 통제를 시도한 마오쩌둥의 수법을 따 라한다"고 보도하였다. 시진핑은 특히 서방 가치관의 영향을 강하게 받는 인터넷에 관해 "여론 전쟁의 주전장터"로 간주하였다.

2015년에도 시진핑은 문예공작좌담회에 참석하여, "중국공산당의 문예계에 대한 지도를 강화해야 한다."고 하였다. 신화사는 "시진핑 국가주석이 사회주의 문화와 예술의 지향점을 제시했다"고 밝혔다. 시진핑은 "문화예술사업은 당과 인민의 중요한 사업이며, 문예 전선 은 당과 인민의 주요전선"이라며 중국의 문예 발전방향을 다섯 가지 로 설명하였다.

첫 번째는 중화민족의 위대한 부흥을 실현하기 위해서는 문화 번영 홍성이 필요하다는 것이다. 시진핑은 "중화민족은 5000여 년의 문명 사를 지니고 있다. 근대 이전의 중국은 세계 최강 국가의 하나이다. 몇 천 년의 역사 변화 속에서, 중화민족은 순탄하지만은 않았고 수많 은 고난에 부닥쳤다. 하지만 모두 고난을 헤쳐 나왔다. 고난을 극복할 수 있었던 중대한 이유는 대대손손 중화민족 후손들이 독특한 특색과 심오한 중화 문화를 육성하고 발전해 왔기 때문이다. 중화민족은 고 난의 극복과 끊임없이 이어오기 위해 강대한 정신지주를 제공하였다. 2개의 100년이라는 목표를 실현하고, 중화민족의 위대한 부흥이라는 중국의 꿈을 실현하는 것은 위대한 사업이다. 위대한 사업은 위대한 정신이 필요하다."고 하였다. 시진핑은 이러한 위대한 사업을 실현하 려면 문예의 역할은 대체불가이고 문예 공작자는 전도가 매우 유망하다고 보았다.

두 번째는 시대에 부끄럽지 않은 우수한 작품을 창작해야 한다는 것이다. 우수한 문예작품은 국가와 민족의 문화창조 능력과 수준을 반영해야 하고, 중화문화가 해외로 진출하려면 반드시 좋은 작품이 있어야 한다는 것이다. 그리고 좋은 작품을 만들어내기 위해 노력해야 하고, 작품을 통해 당대 중국 가치 관념을 전파하고, 중화문화정신을 체현하도록 해야 한다는 것이다.

세 번째는 인민을 중심으로 하는 창작방향을 견지해야 한다는 것이다. 시진핑은 "사회주의 문예는 본질적으로 말하면 인민의 문예이다."라고 하였다. 그리고 역대 지도자들을 언급하며 다음과 같이 말하였다. 시진핑은 "마오쩌둥 동지는 옌안문예좌담회에서 '사람의 문제는 근본적인 문제이고 원칙의 문제이다'라고 하였다. 덩샤오핑 동지는 '우리의 문예는 인민에 속한다. 인민은 문예공작자의 어머니이다.'라고 하였다. 장쩌민 동지는 문예공작자에게 '인민의 역사창조 중에서 예술의 창조를 진행하고, 인민의 발전에는 예술의 발전이 있다.'라고 요구하였다. 후진타오는 '인민을 마음속에 최고 위치에 두어야만 원히 인민과 함께 할 수 있다. 인민을 중심으로 한 창작 방향을 견지해야만, 예술이라는 나무는 비로소 늘 푸를 수 있다.'"라고 하였다.

네 번째는 중국정신은 사회주의 문학의 영혼이라고 강조하였다. 시진핑은 "사회주의 핵심가치관을 반드시 아로새겨야 한다."며 "사회주의 핵심가치관을 교육하고 발전시키는 데 있어서 문화예술이 중요한 작용을 한다."고 말하였다. 2014년 2월 중앙정치국에서 시진핑은 사회주의 핵심가치관을 배양과 홍양하려면 집체학습을 진행해야 한다고 말하였고 전 사회에 요구하였다. 시진핑은 "5·4 청년절에 나는 베이징대학교에 가서 대학 교사와 학생에게 이러한 문제를 말하였다.

5월 말에 나는 상하이를 시찰할 때 지도간부에게 사회주의 핵심가치관의 홍양과 실행을 요구하였다. 6·1 아동절 전날 밤, 나는 베이징 하이뎬구(海淀區) 민족소학 교사 학생들과의 좌담회에서 이러한 문제를 말하였다. 9월 교사절 전날, 나는 베이징 사범대학 교사 학생들과의 좌담회에서 재차 이러한 문제를 강조하였다. 오늘 나는 문예계에 이러한 방면에 대해 요구한다. 왜냐하면, 문예는 사회주의 핵심가치관방면을 육성하고 홍양하는 데 있어서 독특한 역할을 하기 때문이다. 매 시대마다 매 시대의 정신을 갖고 있다. 나는 일찍이 중국의 꿈을 실현하기 위해 반드시 중국의 길을 가야 하고, 중국정신을 홍양해야 하며, 중국 역량을 응집해야 한다. 핵심가치관은 민족이 의지하고 믿는 정신 유대이고, 국가공동의 사상도덕의 기초이다. 만약 공동의 핵심가치관이 없으면 민족도 국가도 정착할 곳이 없고, 의지할 곳도 없다."라고 말하였다.

다섯 번째는 공산당의 문예 공작에 대한 지도 강화와 개진이다. 시진핑은 "공산당의 영도는 사회주의 문예발전의 근본적인 보증이다. 당의 근본 종지는 전심전력을 다해 인민을 위해 봉사하는 것이며, 문예의 근본 종지 또한 인민을 위해 창작하는 것이다. 문학예술의 근본이념 역시 인민을 위한 창작이다."라고 강조하였다. 시진핑은 "이러한 점을 파악해야만, 당과 문예의 관계는 정확하게 처리할 수 있고, 당성과 인민성의 관계, 정치입장과 창작 자유의 관계를 정확하게 처리할 수 있다. 당의 문예공작에 대한 지도를 강화하고 개진하려면, 두 가지를 파악해야 한다. 하나는 광대한 문예공작자를 의지해야 하고, 다른 하나는 문예 규율을 존중하고 잘 따라야 한다."고 강조하였다.

2) '2개의 100년' 완수를 위한 문예작품 활동

시진핑은 2015년 9월 공산당 정치국회의를 주재하며 「사회주의 문예 번영·발전에 관한 의견」을 심의 통과시켰다. 이 의견은 "문예 종사자들은 인민과 사회주의 핵심가치관에 중점을 두고 작품 활동을 해 나아가야 한다."고 강조하였다. 시진핑의 문예 강화에서 강조하는 주된 내용은 사회주의 핵심가치관이다. 시진핑은 "2개의 100년을 실현하기 위해 필요한 정신으로, 중국 정부가 정해 놓은 규칙을 문예공작자들은 잘 따라야 한다."고 강조하였다.

2021년 문화 및 여유부는 「중국공산당성립100주년 경축 무대예술정품 창작공정」을 시작했고, 3월 29일 300편의 우수 무대예술작품을 내놓을 것이라고 하였다. 여기에는 「'백년백부'창작계획('百年百部'創作計劃)」, 「'백년백부'전통정품재제작계획('百年百部'傳統精品複排計劃)」, 「'백년백부'소형작품창작계획('百年百項'小型作品創作計劃)」이 포함되었다. 그중에는 민족가극 『백모녀(白毛女)』, 발레 무용극 『홍색낭자군(紅色娘子軍)』, 교향합창 『장정조가(長征組歌)』 등 "홍색 경전작품"이 포함되어 있다. 이는 "당사이야기를 새로 만들어, 백년간의 풍화를 찾아본다"는 취지이다. 중국공산당의 문예정책에 의해 만들어지는 '무대예술정품'은 국제 주류사회로부터 인정받지 못하고 있다.

1942년 5월, 중국공산당의 옌안 정풍운동 때, 마오쩌둥은 「연안문예좌담회상의 강화(在延安文藝座談會上的講話)」를 발표하였다. "강화"는 크게 두 개 부분으로 구분하는데 하나는 개막식할 때의 '서언'이고 다른 하나는 회의가 끝날 때 결론을 짓는 연설이다. 이를 통해 "문예는 당을 위해 봉사하고, 정치를 내걸어야 한다."고 하였다. 이후 이는 중공 문예정책의 핵심이 되었다. 하지만, 후펑(胡風, 1902~1985) 등은 사상이나 정치를 예술보다 중시하거나 생활을 왜곡시키는 경향을 '문예상의 교조주의(敎條主義)'라고 비판하였다.

후펑은 1942년 충칭(重慶)에서 중화전국문예계항적협회이사회(中華全國文藝界抗敵協會理事會)를 위해 기초한 「문예사업의 발전과 그 노력 방향」을 발표하였다. 후펑은 1945년에 『희망(希望)』의 창간호에 슈우(舒蕪)의 「주관을 논함(論主觀)」을 게재하였다.

한편, 1945년 1월 충칭 문예계는 좌담회를 개최하여 마오둔(茅盾) 등이 「주관을 논함」을 비판하였다. 동년 8월 후챠오무(胡喬木)가 직접 후펑과 슈우를 방문하여 「주관을 논함」 관점을 비판하였다. 동년 연말이 되자 충칭 문예계는 저우언라이의 지시에 따른 여러 차례의 좌담회를 통해 후펑과 슈우를 비판하였다. 중국이 건국한 이래로 후펑에 대한 비판은 날이 갈수록 심해졌다. 1951년 11월 전국문련상임위원회(全國文聯常任委員會)는 확대회의를 열어 문예정풍(文藝整風)을 시작하기로 결정하였고, 문예계는 '후펑문예사상토론회(胡風文藝思想討論會)'를 열어 후펑을 비판하였다. 1956년 말 후펑 등 78명이 '후펑반혁명집단(胡風反革命集團)'으로 규정되었다. 후펑은 1965년 1월에 14년형을 선고받았다가 1969년에는 무기형을 선고받았다. 후펑은 1978년이 되어서야 석방되었고, 1988년에 명예회복을 하였다. 하지만, 후펑은 1985년에 이미 사망하였다.

2017년 7월 1일부터 중국 영화관에서는 영화 상영 전, 「영광과 꿈, 우리의 중국몽(光榮與夢想——我們的中國夢)」이라는 공익광고가 등장하였다. 출연 배우만 32명에 이르며, 중국 특색의 사회주의 노선을 걸고, 중국 특색의 사회주의 이론을 견지하며, 민족정신을 고취할 것을 목적으로 3분 41초간 방영된다. 중국에서는 "중국인이 지구를 구한다"는 내용의 〈유랑지구(流浪地球)〉 등 중국의 힘을 과시하는 애국주의 영화가 잇달아 흥행하였다. 시진핑은 중앙정치국 회의에서 "애국주의는 중화민족 정신의 핵심"이라고 강조했다.

7. 중국공산당! 여시구진할 수 있을까?

1) 중국공산당의 초심을 강조하다

시진핑은 애국주의를 강조하면서 "초심을 잃지 말고 사명을 깊이 기억한다(不忘初心 牢記使命)"를 지속적으로 강조하였다. 시진핑은 2017년 제19차 전국대표대회 보고에서 "중국 인민의 행복을 도모하고, 중화민족의 부흥을 도모"하기 위해 "공산당원의 초심과 사명"을 강조하였다. 중국공산당이 창당할 상황을 기억하고, 중화민족의 위대한 부흥이라는 중국의 꿈을 실현해야 한다는 역사적 사명을 실현해야 한다는 것이다.

2019년 7월 1일에 출간된 『구시』 제13기에서 시진핑은 「'초심을 잃지 말고 사명을 깊이 새기자'라는 주제교육공작회의에서의 연설」을 발표하였다. 이때 시진핑은 "중국 인민을 위한 행복을 도모하고, 중화민족을 위해 부흥을 도모하는 것이 중국공산당원의 초심이고 사명이다."라고 하였다.

2) 인권백서: 중국공산당은 인민을 생각하는가?

시진핑 정부가 들어선 이래로 중국공산당의 영도가 더욱 강조되고 있고, 날이 갈수록 심화되고 있다. 그런데 그러한 과정에서 사회를 통제하는 상황이 더욱 심각해지고 있다. 이러한 시대적 상황은 20세기 초 중국이 처한 상황과는 다르지만, 청년들은 생각을 다시 해보아야 하지 않는가라는 생각이 든다.

2021년 6월 24일에 발표한 인권백서는 중국공산당이 일반적인 인권 원칙과 중국의 상황을 결합해 인민의 생존권과 발전권을 최우선 과제로 삼아 인권 정책을 펼쳤다고 설명하였다. 백서는 "중국공산당은 취업 문제를 경제·사회 발전의 최우선 순위에 두고 취업 전략을 펼쳤다."고 강조한 뒤 "노인 보호와 의료보장 등을 포함한 세계 최대 규모의 사회보장체계를 구축했고, 보장 수준도 계속 향상되고 있다."고 밝혔다. 법치와 인권보장의 유기적인 결합에 따라 모든 과정에 사회주의 법치국가 건설을 적용할 것이라고 하였다.

백서는 "중국공산당의 영도가 없으면 사회주의 제도가 없고, 사회주의 제도가 없으면, 전체 인민의 근본적인 이익을 보장하는 법이 없다. 인권에서 중국공산당은 정치적 원칙은 인민이 주인이 되는 것이다. 인민이 주인이 되는 것은 민주 자유 평등 등의 권리를 획득하고 실현하는 것에서 나타난다. 이것은 사회주의 핵심가치관의 주요 내용이다."라고 강조하였다.

백서는 결론에서 "중국공산당이 없었으면, 신중국은 없었다. 중국공산당이 없었으면, 중국 인권사업의 끊임없는 발전은 없었다. 중국공산당은 중국인권사업발전과 중국인민이 향유하는 인권보장을 영도한다."라고 하였다. 또 "중국공산당은 인민과 함께 중화민족의 위대한 부흥이라는 중국의 꿈을 실현하기 위해 노력하고 있다."며 "신중국 건국 100주년(2049년)이 되면 중국은 부강한 민주 문명이자 화해(和諧)롭고 아름다운 사회주의 현대화 강국이 될 것"이라고 하였다. 그리고 "그때가 되면 중국 인민의 각종 권리는 반드시 더 높은 수준으로 보장을 받고, 중국 인민은 더 높은 존엄과 자유 및 행복을 향유할 것이다. 그때에 세계는 중국으로 인해 더 번영하고 발전할 것이며 중국은 세계 인권사업의 발전에 커다란 공헌을 할 것이다."라고 주장하였다.

중국에서 발표한 『인권백서』에 대해 세계는 다른 관점으로 본다. 미국, 영국, 독일 등 40여 개국은 6월 22일(현지시간) 유엔 인권이사회에서 발표한 공동 성명을 통해 "중국에서 위구르인과 소수민족 구성원을 겨냥한 광범위한 감시와 기본적인 자유에 대한 제약이 있다."며 중국의 인권 문제를 비판하였다.

「신장의 인구 발전」 백서 발표(2021년 9월 26일)

중국 국무원 신문판공실은 2021년 9월 26일 「신장의 인구 발전(新疆的人口發展)」이라는 제목의 백서를 발표하였다.

이 백서는 신장의 발전 역사와 인구 현황, 인구 추세 등 위구르족의 인구 동향을 중심으로 기술하였다. 2020년 제7차 전국인구조사에서 신장 지역의 총인구는 2585.23만 명이었다. 이 중 한족은 1092.01만 명, 소수민족은 1493.22만 명이었다.

중국이 백서를 발간한 이유는 미국 등 서방 진영의 신장 위구르 인권 탄압 및 집단 학살 주장 때문이다. 국무원 신문판공실이 신장 위구르족 인구와 관련한 백서를 발간한 것은 이번이 처음이다.

백서는 경제가 발전하면서 신장 지역 위구르족의 결혼이 늦어지고 출산도 감소했다고 강조하였다. 백서를 통해 중국 당국은 미국 등 서구에서 주장하는 위구르족에 대한 인권 탄압과 강제 불임 및 대량 학살 등으로 인구가 감소하였다는 것을 반박하였다.

3) 중국이 변하려면! 청년이 바뀌어야 한다

2021년 2월 20일 「당사학습교육동원대회」가 베이징에서 개최되었다. 이때 시진핑은 "전당이 당사 학습교육을 전개하는 것은, 당중앙이 당의 100년 역사 새로운 출발점을 세우는 것이다. 중화민족의 위대한 부흥을 총괄하는 것이다. 전면적 사회주의 현대화 국가를 건설하기 위한 중대한 결책이다."라고 강조하였다. 시진핑은 사회주의 현대화 건설을 완성하기 위해서는 청년들의 역할이 매우 중요하다는 것을 강조하고 있다.

시진핑은 제16차 전국대표대회에서 확립된 과학교육흥국(科教興國) 전략사상을 계승발전하고, 2개의 100년을 실현하기 위해서 교육을 강조하였는데, "교육은 중화민족의 위대한 부흥'을 실현하기 위한 과정에서 중요한 지위일 뿐만 아니라 중요한 역할을 한다."고 하였다. 시진핑은 2014년 교사절 전날 베이징사범대학 교수와 학생 대표 좌담회에서 "교육은 인민의 종합 소양을 제고하고, 사람들의 전면적 발전을 촉진하는 중요한 길이고, 민족진흥과 사회진보의 중요한 초석이고, 중화민족의 위대한 부흥을 위해 갖추어야 할 사업이다."라고 강조하였다.

2017년 1월 19일, 중국 국무원은 「국가 교육사업 발전 13·5 규획」을 발표하였다. 주요 내용은 고등교육기관의 혁신시스템 수립 강화와 현대 산업에서 필요로 하는 인재를 양성하는 것이다. 그리고 학생의 혁신창업정신과 능력을 배양하고, 인터넷+교육을 발전시킨다는 것이다. 인터넷과 AI를 활용한 과학기술의 시대에 필요한 인재를 양성하겠다는 의미를 지니고 있다.

여시구진(與時俱進)이라고 하였던가! "시대의 변화에 따라 끊임없이 발전하다"라는 의미를 갖고 있는 여시구진!

지금 중국이 필요로 하는 시대의 변화는 시진핑 지도부가 생각하는 사회주의 현대화 국가의 완성인지, 아니면 중국 정치 개혁을 요구하며 '인민을 중심'으로 하는 국가가 변해야 한다고 목소리를 높이는 사람들의 국가로 나아가야 하는지! 이는 지금 중국 국민들이 선택해야 하는 문제이다. 개혁개방 이후 경제가 발전하면서 중국인들의 삶의 수준은 그 이전보다 높아졌다. 외국 문물을 접하면서 이데올로기가 지배하는 시대가 아니라는 것을 많은 청년들은 알고 있다.

2021년을 살아가는 중국에서, '분노청년', '소분홍'이라 불리는 애국주의로 무장한 젊은이가 있는가 하면, 중국의 개혁을 부르짖는 젊은이도 있다. AI를 활용하여 사회통제를 하는 상황이 심각해지고 있고, 시진핑 사상을 학습하도록 요구하는 정치적 교육적 상황은 시대를 역행하는 상황으로 치닫고 있다.

사회주의 현대화를 완성하기 위해 청년들에게 요구하는 시진핑 사상이 과연 여시구진을 하는 데 적합한지 청년 자신들에게 되물을 필요가 있다. 미래 중국을 짊어지고 나갈 청년들은! 20세기 초 양계초가 말한 『소년중국설』이 담고 있는 것은 무엇이었는지? 근공검학을 갔던 청년지식인들이 바랬던 중국의 모습이 이데올로기로 점철해 있는 중국이었는지! 이데올로기가 지배하던 시대에는 어쩔 수 없는 일이라고 말하더라도, 이미 그 시대가 지나고 세계 공영의 시대이고, 인민이 중심이 된 시대라고 한다면, 정치인들도 변화해야 한다는 사실을 잊지 말아야 한다.

참고문헌

공봉진, 「중국 '신시대(新時代) 애국주의'에 관한 연구: '신시대 애국주의 교육'을 중심으로」, 『국제정치연구』 22(4), 동아시아국제정치학회, 2019, 109~145쪽.

공봉진·김창경, 「시진핑 시대 중국 교육정책에 관한 연구」, 『동북아문화연구』 65, 동북아시아문화학회, 2020, 285~300쪽.

공봉진·김혜진, 『G2시대, 중국과 미국을 이끈 지도자들』, 경진출판, 2021.

"三會一課"的歷史沿革 https://han.gl/oXjGk (검색일: 2019.11.05)

"三會一課"制度 https://han.gl/DcaWE (검색일: 2019.11.05)

"新時代e支部": 構築新時代的堅强堡壘 https://han.gl/WzfNd (검색일: 2019.11.15)

≪求是≫ 雜誌發表習近平總書記重要文章 ≪在"不忘初心、牢記使命"主題教育工作會議上的講話≫ https://han.gl/AeQyZ (검색일: 2020.10.12)

≪中國教育現代化2035≫: 引領大國教育强起来 http://www.centv.cn/p/333330.html (검색일: 2020.10.22)

≪中國教育現代化2035≫: 推進教育現代化的八大基本理念是什麽? http://www.173edu.com/news_270.html (검색일: 2020.10.12)

≪中國教育現代化2035≫發展目標與我國教育發展現狀 orl.kr/uj (검색일: 2020.10.22)

≪中國教育現代化2035≫的"四個里程碑" https://www.sohu.com/a/305840104_243614 (검색일: 2020.10.01)

≪輝煌中國≫ http://www.12371.cn/special/hhzg/ (검색일: 2019.11.12)

2020, 全面建成小康社會之年 https://han.gl/KEBJc (검색일: 2020.10.01)

加強新時代愛國主義教育 http://m.sohu.com/a/345494765_100126692/
(검색일: 2019.11.15)

加強新時代愛國主義教育凝聚奮進新時代實現民族復興的磅礴偉力——中央
宣傳部負責人就≪新時代愛國主義教育實施綱要≫答記者問
https://han.gl/fIvvZ (검색일: 2019.11.16)

加強新時代愛國主義教育的"三個維度"
https://han.gl/btHQu (검색일: 2019.11.15)

關於開展2019年全國大中專學生志願者暑期文化科技衛生"三下鄉"社會實踐
成果遴選活動的通知
http://sxx.youth.cn/zytz/sxxtz/ (검색일: 2019.11.15)

關注 l 習近平提出中國2035年基本實現社會主義現代化
https://www.sohu.com/a/198734095_99978839 (검색일: 2020.10.01)

教育回望: 1950年"語文"替代"國文"
https://han.gl/wmOvY (검색일: 2021.02.19)

國家教委關於貫徹≪愛國主義教育實施綱要≫的通知
https://law.lawtime.cn/d492603497697.html (검색일: 2020.10.01)

國家教委辦公廳關於在中小學進一步開展愛國主義教育活動的意見
https://www.66law.cn/tiaoli/142343.aspx (검색일: 2021.4.11)

國務院關於印發國家教育事業發展"十三五"規劃的通知 國發〔2017〕4號
https://han.gl/qlSuI (검색일: 2020.10.01)

國務院新聞辦發表≪新疆的人口發展≫白皮書
https://han.gl/JiEZz (검색일: 2021.11.19)

國務院印發中國教育現代化2035 推進十大戰略任務
https://han.gl/rmlLw (검색일: 2020.10.12)

兩個維護具體內容是什麼, 什麼是四個意識, 什麼是四個自信

http://www.chusan.com/zhongkao/93523.html（검색일: 2020.10.12）

厲害了, 我的國 https://han.gl/qYEQd（검색일: 2019.11.12）

瞭望｜從黨史學習教育中汲取智慧和力量——學習習近平總書記≪論中國共
産黨歷史≫ https://han.gl/HsmpS（검색일: 2021.07.09）

媒體關注: 中國發表新疆人口發展白皮書
https://han.gl/Apdrr（검색일: 2021.11.19）

四個意識 https://han.gl/ZgLlR（검색일: 2019.11.01）

四個自信 https://han.gl/CJEzm（검색일: 2019.11.01）

社會主義核心價值觀 https://han.gl/sLMbA（검색일: 2019.11.05）

教育回望: 1950年"語文"替代"國文" https://han.gl/tuqJL（검색일: 2021.02.19）

習近平: 堅持中國特色社會主義教育發展道路 培養德智体美勞全面發展的社
會主義建設者和接班人 https://han.gl/ezpIN（검색일: 2020.10.12）

習近平: 在紀念五四運動100周年大會上的講話
https://han.gl/NrpOV（검색일: 2019.11.05）

習近平: 在紀念中國人民志愿軍抗美援朝出國作戰70周年大會上的講話
https://han.gl/CaxbI（검색일: 2020.10.01）

習近平教育思想指引中國教育改革和發展前進方向
https://han.gl/rdLZk（검색일: 2020.10.02）

習近平對王繼才同志先進事跡作出重要指示 強調要大力倡導愛國奉獻精神
https://url.kr/drzon3（검색일: 2019.11.05）

習近平在中國共産黨第十九次全國代表大會上的報告
orl.kr/vj（검색일: 2020.10.01）

習近平主席2016年新年賀詞(雙語全文)
orl.kr/wj（검색일: 2020.10.01）

習近平指出, 中國特色社會主義進入新時代是我國發展新的歷史方位

https://lrl.kr/d6vh (검색일: 2019.11.05)

視頻回放: ≪感動中國2018年度人物頒獎盛典≫

https://url.kr/z9wqka (검색일: 2019.11.05)

新時代e支部 v2.7.6 安卓版

http://www.downcc.com/soft/363666.html (검색일: 2019.11.15)

新時代愛國主義教育"新"在何處

https://lrl.kr/cqrG (검색일: 2019.11.05)

深刻把握"四個服務"的科學內涵

https://lrl.kr/dGup (검색일: 2020.10.12)

十九大提出的進入新時代三個"意味著", 回擊了哪些針對中國的謬論?

https://www.jfdaily.com/news/detail?id=70988 (검색일: 2019.11.5)

愛國情, 中國心——我院暑期"三下鄉"社會實踐隊開展愛國主題教育活動

http://www.zttc.cn/info/1071/16134.htm (검색일: 2019.11.15)

愛國主義教育(思想教育)

https://url.kr/8q7vlj (검색일: 2019.10.31)

五個認同 https://url.kr/xkaq78 (검색일: 2019.11.16)

五位一體 https://han.gl/bjPkM (검색일: 2020.10.12)

爲了共産黨人的使命 https://han.gl/xhqzB (검색일: 2019.11.05)

以"三個結合"加强新時代愛國主義教育

https://lrl.kr/cqrI (검색일: 2019.11.15)

人民日報微視頻≪爲了共産黨人的使命≫

https://lrl.kr/dGur (검색일: 2019.11.05)

在"不忘初心、牢記使命"主題教育 總結大會上的講話

https://han.gl/aoYMQ (검색일: 2020.10.12)

全國高校思想政治工作會議12月7日至8日在北京召開

https://lrl.kr/b0qQ (검색일: 2020.10.02)

中共教育部黨組關於教育系統深入開展愛國主義教育的實施意見

　　https://han.gl/cJShV (검색일: 2021.04.11)

中共中央關於黨的百年奮鬪重大成就和歷史經驗的決議

　　https://han.gl/bGSfW (검색일: 2021.11.19)

中共中央 國務院印發≪新時代愛國主義教育實施綱要≫

　　https://han.gl/NKBMb (검색일: 2020.10.12)

中共中央政治局召開會議　審議≪新時代愛國主義教育實施綱要≫和≪中國共

　　産黨黨校(行政學院)工作條例≫ 中共中央總書記習近平主持會議

　　http://www.sohu.com/a/343438970_114911 (검색일: 2019.11.05)

中共中央辦公廳印發≪關於培育和踐行社會主義核心價値觀的意見≫

　　https://han.gl/PoIbc (검색일: 2020.10.01)

中共中央辦公廳印發≪關於在縣處級以上領導幹部中開展"三嚴三實"專題敎

　　育方案≫ https://han.gl/GTixs (검색일: 2020.10.01)

中國共産黨人的初心和使命是什麼?

　　https://han.gl/sFqJN (검색일: 2020.10.12)

中國共産黨一百年大事記(1921年7月－2021年6月)

　　https://han.gl/rTQeW (검색일: 2021.07.09)

中國共産黨尊重和保障人權的偉大實踐 orl.kr/oj (검색일: 2021.07.01)

中央批準的10家習近平新時代中國特色社會主義思想研究中心(院)相繼成立

　　https://han.gl/BzXlS (검색일: 2020.10.02)

中華人民共和國主席令(第三十四號) https://vo.la/oRnyi (검색일: 2019.11.01)

初心和使命一以貫之 https://vo.la/TIGbM (검색일: 2019.11.01)

祝靈君, "兩個維護"的理論邏輯、歷史邏輯、政治邏輯

　　https://vo.la/beLPi (검색일: 2019.11.01)

七張圖讀懂≪中國敎育現代化2035≫(附詳細解讀)

　　https://www.sohu.com/a/297905593_99955671 (검색일: 2020.10.12)

把社會主義核心價値觀融入社會發展各方面

　　https://vo.la/eTHNg (검색일: 2020.10.01)

辦好新时代學校思想政治理論課 https://vo.la/fv3Ga (검색일: 2020.10.12)

學校思想政治理論課敎師座談會一周年ㅣ紀錄電影≪一堂思政課≫槪念片正

　　式上線 https://vo.la/NfjJp (검색일: 2020.10.12)

學習强國快速得分攻略 https://vo.la/CwvXY (검색일: 2019.06.05)

紅色尋根網 http://www.hsxgw.gov.cn/n2582/ (검색일: 2019.11.05)

弘揚英雄模范忠誠執著朴實的鮮明品格

　　https://vo.la/BRdzB (검색일: 2019.11.01)

中國共産黨尊重和保障人權的偉大實踐

　　https://vo.la/hUuEf (검색일: 2021.07.01)

구중국 변화를 주도한 신문학

: 현대문학 간략사

이강인

1. 중국공산당 창당과 중국 현대문학의 출발

중국공산당은 1919년 공산주의 조직의 5·4운동의 결과로 1921년 7월 상하이(上海)에서 창당되었다. 당시 중국공산당의 세력은 크지 않았지만 반제국주의, 반봉건주의 등의 계급투쟁 강령을 중심으로 창당이 이루어졌다. 당시 문학가이면서 정치가였던 천두슈(陳獨秀), 리다자오(李大釗), 마오둔(茅盾) 등이 초기 구성원이었다. 이들은 당시 코민테른의 지도를 받아, 1920년 8월, 상하이에서 천두슈 등이 공산주의 조직을 만들었고, 1920년 10월, 베이징(北京)에서 리다자오 등이 공산주의 조직을 만들었다. 그리고 이후 중국공산당은 전국 각지에서 시위와 파업을 주도해 가면서, 중화소비에트공화국과 대장정을 거쳐 1949년 10월 1일 중화인민공화국을 건국하였다.

이러한 중국공산당의 창당과 관련하여 보면 이를 이루어내었던 인물들이 대부분 당시 문학가들이었다는 것에 주안점을 둘 필요가 있다. 이들은 서구의 문물과 사상을 일찍 받아들여 당시 부패한 중국을 새롭게 건설할 염원이 담겨져 있었던 것이다. 이에 중국공산당과 중국의 현대문학은 그 출발점이 매우 비슷하다는 것이다. 이러한 점에서 본 글은 중국 현대문학사의 큰 흐름을 서술하고자 한다.

먼저, 정치사적인 관점에서 중국 현대의 시작을 봉건왕조가 무너지고 공화제에 입각한 새로운 국가체제가 등장한 1911년으로 본다면, 문학사적인 관점에서의 중국 현대문학은 많은 의견들이 있지만 대체적으로 1907년에 출발한 것으로 보는 경향이 많다. 현대문학은 '태평천국운동'이 제시했던 문학에 대한 혁신적인 주장과 조치로부터 비롯되어 청일전쟁에 패배한 중국이 전통 자체에 대한 심각한 회의에 빠짐으로써 지식인들 사이에 전개되었던 '시계혁명(詩界革命)'이나 '소설계혁명(小說界革命)', '신문체운동(新文體運動)' 등으로 이어지며 새로운 시기의 시작을 알리고 있다.

민족의식 고취, 토지개혁, 남녀평등, 유교윤리 배척 등의 급진적 개혁 강령들을 주창했던 태평천국운동은 문학적으로는 문언문(文言文)의 권위를 인정하지 않고 일반 대중들이 쉽게 알 수 있는 언어와 문체의 필요성을 강조하였다. 또한 청일전쟁의 패배로 인해 중국의 전통을 상징하는 것으로 생각해 온 고전시를 중심으로 한 중국 전통문학에 대해 지식인들은 깊은 회의에 빠지게 되었고, 이러한 시대 상황 속에서 문학의 근본적 변화와 변혁에 대한 주장들이 일시에 쏟아져 나왔다. 이러한 주요한 움직임들 속에서도 량치차오(梁啓超)가 주장한 '시계혁명'은 중국 전통문학의 핵심이었던 시에 대한 질적 변화를 주장한 운동으로 황준셴(黃遵憲)의 "내 손은 내 입이 말하는 대로 쓴다(我手寫我口)"라는 주장 아래 이전까지는 사용되면 안 되었던 일상 속의 속어와 새로운 단어들을 자유롭게 사용하고 그 주체사상은 서구로부터 들어온 신사상으로 담아내려고 하였다. 당시 이러한 변화의 움직임은 파격적이었으나, 실질적으로 전통적인 시체(詩體)는 그대로 유지하면서 부분적인 변화의 시도에만 그쳤기 때문에 중국 고전시는 문학의 점진적 변화와 발전을 통해 현대로 넘어오지 못하고, 1910년 후반 신문학의 등장과 함께 문학의 뒷전으로 밀려나게 된다. 또한 량치차오의 '소설계혁명'은 당시 대중적인 인기를 누리고 있던 소설을 변혁운동과 연관시켜 소설의 정치적·사회적 기능을 강조하고자 하였고, 이러한 움직임으로 인해 이 시기 많은 견책소설들이 많이 나오면서 대중들이 좋아하게 되었다.

20세기 진입 이후 이러한 변혁의 움직임들은 서구문학의 대량유입, 전통문학에 대한 다각적인 비판의 전개, 문학을 통한 계몽활동과 정치참여 활동의 전개 등의 과정을 통해 본격적인 현대문학으로 들어서기 시작하였다.

2. 중국 현대문학의 역사적 배경

1) 5·4운동과 신문화운동

1919년 베이징 대학생들의 애국 시위에서 비롯된 5·4운동을 분기점으로, 중국은 '신민주주의 시기'에 돌입하였다. 5·4운동은 반봉건·반제국주의의 신문화운동이었다.

신해혁명이 변질되고 위안스카이(袁世凱)가 죽자 중국은 극도의 혼란에 빠졌다. 1914년 제1차 세계대전이 발발하자 서구의 세력들이 침략을 늦추게 되었고 이를 계기로 중국 내 민족공업이 어느 정도 발전하면서 자산계급, 노동계급도 성장하였다. 이와 더불어 정치적, 사상적 민주주의를 제창하면서 민중을 계도하는 계몽운동이 전개되었다. 이러한 운동의 중심 역할을 한 것이 1915년에 창간된 『신청년(新青年)』이라는 잡지였다.

당시 창간인이었던 천두슈는 당시 민주주의를 옹호하려면 공자의 교리, 예법, 정치를 반대해야 하고, 과학을 옹호하려면 국수주의와 낡은 문학을 반대해야 한다고 주장했다. 이는 그가 당시 중국공산당의 창립 구성원으로서의 공산주의자, 그리고 코민테른 혁명가였기 때문이다. 그리고 1917년 러시아 혁명이 일어나자 리다자오는 중국에 과학적 사회주의를 선전하기 시작했다. 1918년에는 첸쉬안퉁(錢玄同), 리우반농(劉半農), 후스(胡適) 등이 『신청년』편집사업에 참여하였다.

1917년 1월과 2월, 『신청년』은 후스와 천두슈의 문학 논문 「문학계량추의(文學改良芻議)」와 「문학혁명론(文學革命論)」을 발표하였다. 이 두 글은 당시 문학혁명운동의 출발을 알리는 신호탄이었다. 「문학개량추의」는 '팔불주의(八不主義)'를 제기했고, 「문학혁명론」은 '삼대주의(三代主義)'를 내용으로 문학혁명을 주장하였다. 공통된 사상적 기초는 언어형식에서 사상내용에 이르기까지 개혁의 뜻을 주장하였다는 점이다. 이들의 이론적 지침은 문학진화론으로, 문학 창작에서 고인의 모방을 반대한 것에서 알 수 있다. 현대사회의 언어를 사용해 사회의 상황을 사실적으로 써낼 때만이 비로소 현대의 문학이 될 수 있다고 하였으며, 백화문을 정통으로 삼자고 주장하였다. 차이점은 후스는 언어형식 개혁이 위주인 데 반해 천두슈는 사상 내용의 개혁(민주주의가 깃든 주제 사상, 노동 인민과 새로운 지식인 등의 인물 형상, 개성해방)이 중점적이라는 것이다. 후스는 유연하고 타협적인 색채를 띤 반면 천두슈는 철저한 혁명정신을 지니고 있어서 나름 둘의 주장은 다르면서도 공통점을 지니고 있었다.

당시 5·4문학혁명은 어느 정도 한계를 지니고 있었다. 이는 당시 철저한 반봉건주의, 반제국주의라는 이념 아래 오랜 시절 전해 오던 중국 고대문학의 유산을 지나치게 부정하거나 서양문물에 대하여 서양 근대문학을 깊이 분석하지도 않은 채 급하게 받아들이려한 것이라 하겠다.

현대문학 초기에 두 문학 사단이 큰 영향을 끼쳤는데 바로 '문학연구회'와 '창조사'이다. 먼저 문학연구회는『신청년』이 해체된 이후 중국에서 최초로 출현한 문학사단이다. 정전두오(鄭振鐸), 마오둔, 저우쮀런(周作人), 쉬디산(許地山), 왕퉁자오(王統照) 등이 발기하여 1921년 1월 베이징에서 정식으로 창립되었다.

문학연구회는 세계문학을 연구 소개하고 중국 고전문학을 정리하며 신문학을 창조하는 것을 종지(宗旨)로 삼아 많은 문학 청년들을 결집시켰다. 성립 초기에는 기존의『소설월보』를 접수한 직후여서 이 잡지를 개편하여 주요 거점으로 삼았다. 그들은 신(新)문학의 창조를 위하여 '인생을 위한 문학'과 '리얼리즘 문학'의 기치를 높이 들고 문학사단을 이끌어 나갔다. '문이재도(文以載道)'의 봉건적 문학관과 특히 문학을 유희로 여기는 원앙호접파(鴛鴦蝴蝶派)와 투쟁을 벌여나갔다. 문학연구회의 작가들은 "문학의 생명은 '진(眞)'에 있다고 하여 사회생활을 반영하고 작가의 사상·감정과 개성적인 창작을 통해 진실한 문학을 써내야 한다."고 주장하였다.

1921년 7월 일본 동경에서 성립된 창조사는 5·4 이후 출현한 최초의 낭만주의적 문학단체였다. 궈모뤄, 위다푸(郁達夫), 정보어치(鄭伯

奇) 등이 1922년부터 『창조』(1922), 『홍수』(1925), 『창조월간』(1926) 등의 간행물을 잇달아 창간, 출판하였다.

문학 창작에서 되는 대로 마구 늘어놓는 것을 반대하고, 문학 작품의 예술미를 강조한 점도 초기 창조사의 공통된 경향이었다. 그들은 구문학뿐 아니라 신문학에 대해서도 부정적인 태도를 보이고, 보다 높은 예술 수준을 갖춘 작품을 창조하려는 뜻을 품었다. 그러나 서방 부르주아의 주관적 유심주의 사상과 예술의 영향을 받은 탓으로 그들의 문학 주장과 창작에는 유미주의, 퇴폐주의, 자아표현주의, 예술을 위한 예술의 모습도 존재하였고 이러한 이유로 문학연구회는 타도의 대상이 되었다. 이들의 문학적 경향에는 '예술 무목적설'을 주장한 칸트류의 문학관이 자리 잡고 있었다. 1925년 5·30운동(상하이 노동자 시위) 후 마르크스주의를 본격적으로 받아들이면서 창조사의 대다수 성원들은 혁명문학의 노선을 걸어 프롤레타리아 혁명문학의 창도자가 되었다. 그러나 한편으로는 또다시 지나친 좌익문학의 추구로 예술이 정치로 대체된 좌적 교조주의 문학 이론과 내용이 없는 표어나 구호식의 문학 작품들이 양산되기에 이르렀다.

2) 좌련과 옌안문예 강화

중국공산당은 루쉰(魯迅)을 위시한 몇몇 진보적 작가들을 전체 좌익 작가의 대오 안으로 결집시키기로 했다. 1930년, 루쉰을 필두로 위다푸·정보치·펑나이차오(馮乃超) 등 12인이 모여 '좌련(中國左翼作家聯盟)'을 출범시켰다.

좌익 문단의 연합전선적인 결집체로 출범한 좌련은 주요 활동공간인 상하이를 중심으로 하는 백색지구에서 합법적으로 활동을 할 수 없는 상황에 처해 있었다. 또한 국민당이 상하이 일원 문화계에 대해 '문화위초(文化圍剿, 문화 포위와 섬멸)'를 강화하는 동시에 중국공산당의 정치적 지배가 이루어지고 있던 홍색지구에 대해 '군사위초'도 강화하면서, 중국공산당은 문화 부문 및 문예 분야에 대한 지도선을 거의 상실했고, 좌련은 대내외적으로 실질적인 위기 상황에 봉착하게 되었다. 이러한 객관적인 조건의 어려움 외에도 이 시기 좌련은 주체적 역량 면에서도 심각한 좌적 편향에 의해 제약되고 있었다. 그것은 당시 리리싼(李立三) 및 왕밍(王明) 노선으로 대표되는 좌익모험주의를 의미하는데, 이들의 노선은 도시를 중심으로 하는 노동자 봉기를 주요한 혁명 노선으로 채택하고 있었다는 점에서 훗날 좌경적 오류로 판명 받기도 하였다. 좌련 초기에 추진된 바 있던 가두시위 혹은 기습적 대중집회에서 문예 선전하던 방식도 선전선종으로부터 문학이 특수성을 가지는 측면을 도외시한 운동 방식이라는 비판을 낳게 하고 있다.

좌련을 중심으로 한 진보적 좌익 문예 진영의 이론투쟁은 다양하게 나타난다. '문예대중화논쟁'을 포함하여 프로혁명문학의 당파성 논쟁이라 할 수 있는 '자유인, 제3종인 논쟁', 중국 고유 에세이인 소품문(小品文)을 어떻게 전투적 장르로 전환시킬 것인가를 둘러싼 '소품문 논쟁', 좌련의 해산과 시기를 같이하여 제기된 '두 개의 슬로건 논쟁' 등의 연속적 전개로 특징지어진다 하겠다.

좌련 시기 문학운동의 역사적 성과와 한계는 다음과 같다.

첫째, 좌익문학운동의 지도사상이 좌련을 통해 보다 명확하게 발전되었다. 그러한 지도사상은 물론 마르크스주의 문예사상을 기본으로 하는 것이었다. 다만 국제 프로문예운동의 발전이라는 측면에서 볼 때 체계적인 전체상을 확립하지는 못했으며 중국의 프로문예운동 역시 이러한 한계로부터 자유로울 수 없었다.

둘째, 여타 계급의 문예 진영에 대해 프로문학운동이 주도권을 행사할 수 있었다. 국민당의 민족주의 문학 진영에 비해 현실의 대중적 기초를 확보하고 있었다.

셋째, 단일 계급적 조직인 좌련이 통일전선적 조직인 '중화전국문예계항적협회(中華全國文藝界抗敵協會)'로 발전하게 된다.

국민당과 일제의 억압을 피해 해방구로 찾아온 지식인과 문학 예술가들은 이곳의 현실이 자신들의 이상과는 다르다는 사실을 깨닫는다. 불만이 누적된 이들은 항일전쟁과 내전을 치르기 위해 비상동원체제를 이끌고 가던 공산당 지도부와 마찰을 빚었다. 정풍운동(整風運動)은 이러한 상황에서 내부적으로 정신무장을 강화하고 조직의 단결을 공고히 하려는 현실타개책이었다.

"주관주의를 반대하여 학풍을 정돈하고, 종파주의를 반대하여 당풍을 정돈하고, 당팔고(黨八股)를 반대하여 문풍(文風)을 정돈한다"는 구호는 정풍운동의 핵심 슬로건이 되었다. 이로부터 정풍운동은 고급 간부들을 대상으로 하던 것에서 전체 당원을 대상으로, 학습과 토론 위주에서 사상검증과 비판을 통한 물리적 해결을 동반하는 것으로 바뀌었다. 정풍운동의 완성은 정치적 측면에서는 마오쩌둥(毛澤東)을 중심으로 한 국내파가 코민테른파 또는 소련파를 완전히 배제한 것을 의미했다. 이념적으로는 신민주주의론 이라는 중국식 사회주의 혁명 전략이 마르크스 레닌주의와 러시아 혁명의 모델을 대체하였음을 의미했다. 그것이 문학적 차원에서 구현된 결과물이 옌안문예 강화(延安文藝講話)였다. 그 개략적인 내용은 다음과 같다.

첫째, 우리의 문예는 어떤 사람을 위한 것인가? 인민대중, 즉 노동자, 농민, 병사, 도시의 소자산 계급을 위한 것이다.

둘째, 문예는 어떻게 인민대중을 위해 봉사할 것인가? 대다수 인민이 글을 모르므로 문화를 알게 교육시키는 것이 우선되어야 한다.

셋째, 문예계의 통일전선은 어떻게 이룰 것인가? 문학예술은 정치에 예속되어야 하고 복종하도록 통일되어야 한다.

넷째, 문예비평의 기준은 무엇인가? 정치적 기준이 우선이고 예술적 기준은 그 다음이어야 한다.

다섯째, 정풍운동이 필요하다. 문예계 동지들 가운데 유심론, 교조주의 등으로 실천을 경시하고 군중들로부터 이탈하려는 이들, 문학예술적인 방법으로 자신들의 주장을 선전하며 당을 개조하려 하는 소자산계급 지식인들에 대해 정풍운동이 필요하다.

이 시기 중요한 특징 중의 하나는 보고문학(報告文學)이 형성되었다는 것이다. 중일전쟁이 발발하면서 이른바 문학적 산문이라 하던 서정문, 서사문, 설리문 등의 구별은 자취를 감추고 보고문학이 산문의 주류를 이루었다. 보고문학은 내용별로 전선에서 병사들의 영웅적 전투장면을 묘사한 것, 국민들이 일본군의 침략으로 삶의 터전을 잃고 유랑하는 참상을 묘사한 것, 현실 사회의 암흑을 폭로하기 위해 특정 사건이나 인물을 비판하는 것, 특정 정치사상을 선전하는 것으로 나누어진다. 전쟁 기간 중에 출판된 보고문학 작품집으로 『상하이의 하루(上海一日)』가 있는데 이는 상하이가 일본군의 침공을 받기 시작한 1937년 8월 13일부터 1938년 8월 13일까지의 1년 동안의 경험들을 기록한 글을 모집하여 만든 것이다. 문학적 가치보다는 생생한 역사의 증언이라는 데 더 큰 의의가 있다.

3) 문화대혁명과 상흔문학 그리고 반사문학

1950년대 말, 대약진운동이 좌절된 이후, 중국공산당 내부에서는 사회주의 국가 건설을 둘러싸고 노선대립이 생겨났다. 당 최고지도자였던 마오쩌둥은 대중노선을 주장하였지만, 류샤오치(劉少奇), 덩샤오핑(鄧小平) 등의 실용주의자들은 공업 및 전문가를 우선시 할 것을 주장하였다. 이러한 상황에서 실권이 없어질 것을 두려워한 마오쩌둥은 1962년 9월 중앙위원회 전체회의에서 계급투쟁을 강조하고, 수정주의를 비판함으로써 반대파들을 공격하기 시작하였다. 이러한 문화대혁명의 가시적 발단은 "해서파관(海瑞罷官)"이라는 경극으로부터 시작되었다.

홍위병의 전국적인 시위는 공산당과 정부를 마비시켰으며, 중국 전역의 기존질서는 철저하게 파괴되었다. 당시 실용주의 노선을 지향하던 공산주의 지도부는 당과 정부로부터 축출되었으며 극좌파의 권

해서파관

1961년 1월, 베이징에서 공연되었다. 해서는 16세기 후반, 고관으로서 청렴하고 강직한 사람으로 연극 등을 통하여 서민들에게 퍽 인기 있는 인물이었다. 그러나 처음 공연되었던 당시에는 정치적 사건으로 문제가 되지 않았지만, 1965년, 장칭(江靑)이 문예평론가 야오원위안(姚文元)을 점찍어 그에게 「신편역사극 해서파관을 평함(評新編歷史劇海瑞罷官)」을 쓰도록 하였다. 야오원위안의 논문은 "해서파관" 속에 나오는 얘기인 토지의 반환, 억울한 죄의 명예회복 등을 프롤레타리아 독제와 사회주의 혁명에 반대하는 부르주아적 투쟁의 초점이라고 규정하고 이러한 내용은 11월 29일 군 중앙기관지 "해방군보"가 이를 전재하면서 전국으로 알려지게 되었다. 이리하여 "해서파관" 비판은 일거에 중대한 정치문제로 변하였다.

력 장악에 조금이라도 방해가 되는 인물들은 모두 숙청당하였다. 이러한 문화대혁명의 물결 속에서 거의 모든 문학계의 인사들은 자아비판을 강요당했고, 인민재판에 회부되기도 하였다. 중앙과 지방의 각종 문학단체들은 강제적으로 해산 당하였고, 대부분의 지식인들은 사회주의사상 학습을 위한다는 명목으로 거의 노동개조, 구금, 투옥 등의 조치에 처해졌으며 어떤 사람들은 피살되거나 자살하는 경우도 있었다.

이렇듯 문화대혁명은 10년 동안 중국 전체를 혼란에 몰아넣었고, 장기간 대학을 폐쇄하여 교육과 과학기술 등 전문 분야의 지도를 당성이 강한 비전문가가 장악하여 전문성보다 당성을 중시하였다. 따라서 전문 분야의 지식수준이 저하되었고, 숙련된 후계자를 양성하지 못하여 사회 발전에 큰 장애를 초래하였다. 그뿐 아니라 문화대혁명으로 피해를 본 부류와 이를 통해 부상한 그룹 간의 대립문제, 구간부의 복직으로 인한 관료 포화 상태 등은 중국의 당면문제로 대두되었다.

극좌파는 1966년 말까지 폭력적으로 당과 정부를 장악하는 데 성공하였다. 그러나 홍위병이 마오쩌둥의 해산명령을 거부하고 군대와 충돌하는 사건이 발생하고 1971년 극좌파 제2인자였던 린뱌오(林彪)가 마오쩌둥 암살계획을 세우다가 제거당하는 등의 정치적 사건이 발생하였다. 이로 인해 극좌파에 대한 국민의 신뢰는 점점 멀어져갔다. 부패와 부조리의 만연, 억압적인 정책에 대한 불만, 사인방의 전횡 등의 요인들이 누적되면서 문혁의 체제는 흔들리기 시작하였고 1976년 마오쩌둥의 사망과 사인방의 체포와 함께 문화대혁명은 그 역사의 막을 내리게 된다.

중국공산당은 1981년 6월, 제11차 6중전회에서 「건국 이래의 몇 가지 역사문제에 관한 당의 결의」를 통해 문화대혁명을 평가하면서 이는 건국 이래 가장 심한 좌절과 손실을 가져다 준 마오쩌둥의 극좌적 오류이며 그의 책임이라 규정하였다.

'문화대혁명(문혁)'이 끝나고 맞게 된 중국 문학의 시기를 '신시기문학'이라고 한다면, 이 '신시기문학'을 대표하는 것이 바로 상흔문학(傷痕文學)이다. 상흔문학이라는 명칭은 1978년 발표된 루신화(盧新華)의 단편소설『상흔(傷痕)』에서 유래한 명칭이며 상흔문학의 첫 작품으로는 류신우(劉心武)의 단편소설『반주임(班主任)』을 꼽아 볼 수 있다.

이 시기 문학은 대부분 문혁기간에 대해 과감하게 비판을 가하고 있다는 공통점을 가지고 있다. 이러한 상흔문학은 1978년 덩샤오핑 계열이 공산당 지도부를 장악하면서 공인되었고, 이때 문혁은 암흑과 재난의 시기로 규정되었고 개혁과 개방이라는 새로운 노선이 천명되었다. 이러한 상황 아래서 상흔문학은 본격적으로 발전을 하게 되었고, 문혁 기간 동안 박해를 받았던 많은 작가와 작품들이 그 명예를 회복할 수 있게 되었다.

전 중국인의 공감 아래 대중적으로 널리 유포되었던 상흔문학은 문혁과 사인방에 대한 비판으로부터 점점 비판과 재조명의 범위를 확대해나갔다. 이러한 활성화는 필연적으로 문혁을 야기했던 극좌파의 노선과 이념, 극좌파가 권력을 장악하고 전횡할 수 있었던 중국의 현실에 대한 비판으로 발전해 갔고, 이러한 확산된 형태의 상흔문학의 경향을 '반사문학(反思文學)'이라고 한다. 1980년대 초반을 거치며 반성과 비판은 문예 강화의 비현실성에 대한 비판적 논의와 함께 마오 사상의 문제점에 대해서까지 그 범위가 넓어졌다. 그 결과, 중국공산당은 문학계에 대해 지나친 중국 현실에 대한 비판의 자제를 요청할 정도에까지 이르게 되었다.

3. 중국 현대문학, 중국공산당 역사를 읽다

1) 중국 현대문학의 흐름

중국 현대문학은 정치적 사건과 밀접한 관련성을 가지고 있다. 청나라의 몰락과 함께 시작된 중국의 현대사 속에서 고전문학과의 결별을 선언하고 태어났으며, 많은 정치적·사회적 변혁기에서 발전을 이루어왔다.

신문화운동, 국공내전, 반식민 민족혁명, 사회주의 중국 출현, 문화대혁명, 그리고 개방기 등을 거치면서 그 변화를 가져왔다. 이러한 현대문학은 중국의 시대성과 새로운 근대적 문학의 태동과 발전이라는 역사적 흐름에서 현재까지 면면히 이루어왔으며, 시대적 요구에 따라 다시 당대문학(當代文學)이라는 문학적 구분을 지으면서 그 맥을 이어가고 있다. 일반적으로 현대문학은 1949년까지로 보고 있다.

이러한 중국 현대문학은 해방 이후 당대문학의 흐름을 이어가고 있는데, 크게 보면 3개의 시기로 구분되기도 한다. 첫째는 1949년~1966년 17년 문학기, 둘째는 1966년~1976년 문혁 문학기, 셋째는 1978~현재까지로 1980년대 문학 시기를 거치면서 현재까지 이르고 있다. 당대문학을 신시기문학으로 부르기도 한다. 결국 이러한 시대 구분은 중국의 문학을 순수한 문학으로서의 구분이 아니라 어느 특정한 시기의 정치적 사건이나 특징을 가지고 나누는 것이 중국 현대문학, 당대문학의 특징이라고 할 수 있다.

당대문학의 전통적 정의를 살펴보면 다음과 같다. 당대문학은 1949년 이래의 대륙문학을 가리킨다. 중국 20세기 문학은 개방적인 총체로서 당대문학은 단지 그 전체 발전 과정 중의 하나의 단계일 뿐이다.

일반적으로 특별히 1949년 이후의 중국 대륙문학을 가리킨다.

당대문학은 중국의 5·4 이래의 신문학운동이 사회주의 단계로 발전한 이후 탄생한 문학 현상과 문학 과정으로 5·4 이래의 신문학 전통을 지속하고 있다. 그러나 새로운 역사의 조건 하에서 현재 중국은 여전히 그들의 말대로 사회주의 국가를 형성하고 있다.

그렇기 때문에 수많은 미래사회의 이상은 여전히 실천 중에 과학적 태도와 과학 방법의 검증을 기다리고 있다. 중국 당대문학은 여전히 정치적 사건과 함께 불안전성을 어느 정도 지니고 있으며 사회생활 실천과 보조를 이루면서 그 탐색을 지속하고 있다.

2) 신문학에서 당대문학으로

(1) 제1시기(1917~1920): 신문학의 대두

중국의 현대문학은 고전문학과 구분되는 시기의 문학이다. 고시는 문헌시로 고체시와 근체시가 있으며, 백화시와는 구별된다. 현대 신시는 옛 고전의 전통을 파괴하고 새로운 풍조를 세우며 완전히 다른

시기	작가 및 주요 작품	창작 경향 및 문학 주장	비고
1915	천두슈, 『신청년』 창간	• 사회개조 지향, 청년계몽 목표	• 현대문학의 산실
1917	후스, 「문학개량추의」	• 구어체 문학창작, 상투적·현학적 표현 자제	• 신문화운동의 본격적 시작
1917	천두슈, 「문학혁명론」	• 국민문학, 사실문학, 사회문학 건설 주장	• 전통문학을 타도 대상으로 간주
1918	저우쩌런, 『인간의 문학』 루쉰, 『광인일기』	• 중국 최초의 본격적 평론 • 중국 최초의 백화단편소설	
1919	각종 문화·문학단체 조직, 백화문 활용을 통한 문학 활동의 저변 확대	5·4운동 발발; 양적·질적 확대	⇨ 진보적 움직임의

새로운 문학의 길을 열게 되었다.

문학혁명은 1917년부터 시작되며 후스와 천두슈로부터 출발하고
있다. 이들은 '귀족문학을 몰아내고 국민문학을 건설한다', '고전문학
을 몰아내고 사실 문학을 건설한다', '산림문학을 몰아내고 사회문학
을 건설한다'라는 3대 주장을 제창하였다.

이후 중국 현대문학은 정치적 사건과 긴밀한 관련성을 지니며 발전
하였다. 중국 마지막 왕조인 청조의 몰락과 함께 시작된 중국 현대사의
격랑 속에서 고전문학과의 결별 선언은 현대문학이 많은 정치적, 사회
적 변혁기에서 자신의 새로운 길을 걸어가겠다는 선언이기도 하다.

(2) 제2시기(1921~1927): '문학사단'의 출현

이 시기는 문학사단이 중심으로 현대문학을 발전시켜 나가는 시기

	문학사단	대표작가	창작 경향 및 문학 주장
1921.1	문학연구회	저우쭤런, 정전두오, 왕퉁자오, 마오둔 등	• 중국 현대문학 발전에 가장 큰 영향 • '인생을 위한 예술'과 '사실주의 문학'의 표방
⇨ 이후, 중국 현대문학의 대표작가들을 다수 배출해냄; 라오서, 빠진 등.			
1921. 여름	창조사	궈모뤄, 위다푸, 톈한 등	• 문학연구회와 쌍벽을 이룬 단체 • '예술을 위한 예술'과 '낭만주의 문학'의 표방
⇨ 보수적인 중국의 시대 상황에 맹렬한 비판, 개성과 자유 주장. 최초로 '혁명문학' 제기			

1924	어사사	루쉰 계열 작가	위핑보어	• 자유주의와 취미주의 표방 • 사회·정치비평 분야에서도 활발
	미명사		차오칭화	• 서양 작품의 번역모음(러시아 중심)
1925	망원사			• 루쉰이 베이징으로 떠난 후 상하이에서[광표사(狂飇社)]로 계승
	현대평론사	후스, 쉬즈모		• 문학의 지나친 현실참여 지양, 순수문학 표방, 어사사와 치열한 논전

그 밖에 〈신월사(新月社)〉, 〈태양사(太陽社)〉

시기	사건	의의	문학 경향	비고
1927	4·12 쿠데타	혁명문학의 구체화	창조사, 태양사 사회주의 이념에 충실	

이다. 문학사단으로는 문학연구회와 창조사 등이 중심이 되었다. 문학연구회는 인생 현실주의를 제창하고 창조사는 예술 낭만주의를 제창하면서 자신들만의 색깔을 만들어나갔으며 이에 맞는 작가들이 각각 모여 활동하였다.

창조사와 태양사는 1928년 정식으로 혁명문학운동을 발기하였다. 이 시기의 주요 내용으로는 혁명문학의 발전을 이루었으며 그 외 많은 문학사단들이 등장하였다.

(3) 제3시기(1928~1937): 좌련시기의 문학

이 시기는 좌련시기로 일군의 혁명문학 작가와 작품들이 집중적으로 출현하였다. 좌련과 동북작가군 및 루쉰 후기와 마오둔 전기의 작품 등은 모두 좌익 시기의 작품들이다.

좌익 외에 독립적이고 탁월한 색채를 지닌 예술가로는 바진, 라오서, 선총원, 차오위 등이 많은 작품을 내놓았다. 이 시기의 특징으로는 사상으로부터 예술에 까지 모두 성숙한 단계로 진입하였으며, 문학 전체에 번영과 복잡함, 다원적인 국면이 나타났다.

시기	사건	의의	문학 경향	비고
1930	좌익작가 련맹(좌련)	문인들의 상호 이해 확대 내부적 단합 공산당의 지원	• 국민당에 대한 반대 • 사상의 자유를 위한 투쟁 • 서구 문학적 흐름의 결실	
이 시기, 국민당계열의 문인들 좌련에 대항: '자유인 논쟁', '제3종인 논쟁'				
	문예 대중화론	좌련의 가장 두드러진 활동	• 언어와 문자의 혁신: 현대적 보통화의 정립 필요성 제기 • 문학의 정치적 효용성 강조 • 대중적인 체재형식의 모색	취추바이를 중심으로
이후, 1930년대 후반의 민족형식논쟁으로 계승				

(4) 제4시기(1938~1949): 항전문학 시기

이 시기는 항전문학 시기로 한층 더 심화된 항전과 관련된 작품활동이 많았다. 이 시기의 특징은 항전의 폭발로 중국 전역의 대규모 항전문예운동이 형성되었으며, 현대문학에 또 한 차례 큰 변화를 이루어냈다. 항일 구국은 모든 주제를 덮어 버리고 현대문학은 사회발전과 밀접하게 발전해 나갔다.

그리고 정치적 변화 때문에 국통구와 해방구가 나타났다. 해방구와 국통구는 이미 상이한 사회 제도를 지니고 있으며 해방구는 이미 국통구와는 달라 국면은 더욱 복잡하고 유파 또한 더욱 많아졌다.

시기	문학단체	구성	주요 내용	비고
1938	'중화전국문예계항 적협회'	국·공, 중도파 모두 참여	• '문학은 시골로, 문학은 군대로' • 다양한 항일구국운동 • 문자보급, 교육활동	
1942	'옌안문예좌담회 강화'	공산주의 작가들	• 문학은 인민을 위해 봉사해야 함 • 문학의 인민을 위한 봉사 방법 제시 • 문학과 정치 관계규정 • 비평의 기준 설정: 정치적 기술)예술적 기준 • 부르주아 작가 정신개조와 공산주의 학습의 필요성	공산당의 내부결속을 위함

⇨ 보고문학, 앙가극(秧歌劇) 등의 새로운 문학양식 등장, 다량의 인민문학 등장

(5) 제5시기(1949~1965): 중화인민공화국의 사회주의 문학

1949년 10월 중화인민공화국의 수립은 반세기 동안 중국 전쟁국면의 종식을 의미하였다. 전쟁의 종식은 문학의 사유에도 많은 영향을 끼쳤다.

문학 창작면에서 보면, 당시의 작가들은 대부분 군사적 승리로 전

쟁문화 정서에 부응하여 시대적 정신을 열정적으로 노래하였다. 그러나 이와 동시에 여전히 당대 지식인 전통의 복잡성을 나타내고 있다. 이는 당시 문학의 흐름 속에서 5·4 신문학의 전통이 남아 있었으며 지식인의 사회적 책임과 문화적 이상 추구를 지향하는 의식들도 표출되었다. 이는 '쌍백운동(雙百運動)'으로 전개된 작가의 개성과 자유를 존중하는 분위기에서 표출되었다. 대표적인 작가로는 왕멍(王蒙)과 바이화(白樺)로 나타났다. 그러나 시대적 흐름은 다시 반우파투쟁과 대약진운동으로 극좌적 경향을 보여주면서 사상의 경직성을 보여주고 결국 '문화대혁명'으로 연결되었다.

시기	사건	대표작가	주요 내용	비고
1949.10	중화인민공화국 성립 ⇨ 사회주의 문학이 주류로 급부상 건국 직후의 낙관적 문학 분위기가 '한국전쟁'을 계기로 냉정한 자각의식으로 변함			
1956	'쌍백운동 (雙百運動)' (百花齊放, 百家爭鳴)	왕멍(王蒙), 바이화(白樺)	'문예 강화'의 경직된 문학적 해석에 반대 ⇨ 작가의 개성, 자유 존중	당의 노선과 정책방향에 대한 자유로운 토론 ▼ 국민적 지지 기반 확충하려는 공산당의 방침
1957	반우파투쟁		반대파에 대한 공격과 일대 숙청	물리력까지 동원
1958	'대약진운동'		혁명현실주의와 혁명낭만주의의 결합추구, 실패	공산당 권위 실추 이념, 노선에 대한 논쟁 제기
1960년대	극좌적 경향 두드러짐; 좌우의 끊임없는 갈등과 대립 ⇨ '문화대혁명'으로 연결			
1965.11	"해서파관(海瑞罷官)" 논쟁		'실용주의의 탈을 쓴 수정주의', 봉건시대의 미화	'문화대혁명'의 도화선이 됨

(6) 제6시기(1966~1976): 문화대혁명 전·후의 문학

1966년부터 1976년까지 지속된 문화대혁명으로 중국문학은 전례 없는 재난을 만났다. 중국 문학사에서는 문화대혁명 시기를 별도의

한 단계로 두기도 하였다. 당시에 공개적으로 발표된 문학창작을 기준으로 한다면 이러한 시기 구분도 가능한 것이다.

문화대혁명(문혁)을 기준으로 문혁 이전과 문혁 이후로 구분 짓는 것은 창작에 있어서 실질적으로 큰 차이를 보이고 있기는 사실이다. 문혁 시기에는 사회주의 혁명을 이루기 위한 작품들이 등장하고 홍위병들에 의한 자본가들과 작가들에 대한 비판은 작가들로 하여금 창작활동을 위축되게 만들었다. 또한 쟝칭(江靑)이 문화를 전반적으로 통제를 하여 실질적으로 수준 높은 문학창작품들이 형성될 수 없는 분위기였다.

시기	사건	주요 내용	비고
1966	'문화대혁명'	• 〈기요〉: 문화전선에서의 사회주의 혁명의 시급함 역설 → '흑선타도'(反사회주의 숙청) • 홍위병, 중국 전역의 질서 파괴 • 창작활동 위축	
1960 초반 ~	'양판희'	• 문학활동의 원칙: 문예 강화와 마오 사상 • 경극의 현대화: 대사 비중↑, 오락성 절제, 쉬운 설명 첨부 • 극에는 반드시 혁명에 긍정적인 영웅인물이 있어야 함	쟝칭(江靑)

(7) 신시기(1978~현재): 신시기문학

신시기문학은 1980년대 이후로 그 면모를 바꾸어 나가고 있다. 특히 1980년대 과도하게 강조되었던 문학과 정치와의 관계 또한 언어와 형식에 대한 정형성, 전위예술이나 실험성에 대한 극단적 옹호 등의 전략적 극단화를 극복하고 한층 예술적으로 성숙해 갔다.

신시기 이후 문학은 현실 생활과 공공 사물에 대해 깊이 개입하는 것을 그 목표로 하는 듯하다. 서민층에 대한 관심, 하층민이나 사회적 약자들에 관한 서사는 이미 신시기문학의 새로운 경향으로 자리 잡아 가고 있다. 작가들은 역사나 지리적 환경 및 현실적 원인 등으로 인해 이미 고착화되고 있는 중국 사회의 불평등 발전을 인식하고 있다. 신시기문학의 최고 가치는 '공정', '공평'을 토대로 중국문학이 세계에서 인정을 받던 받지 않던 가오싱젠(高行建)이나 모옌(莫言) 등이 세계에서 주목을 받으면서 성장하고 있다. 중국의 문학은 자신들이 인정할 수 있는 진정한 의미에서 그들 나름의 문학적 길을 지속적으로 모색하고 있는 것이다.

시기	장르	주요 내용	비고
1978	'천안문 시가'	극좌적 문학에 정면 대항	침체기 탈출의 계기
	상흔문학	• 문혁 기간에 대한 비판 • 문인들 복권: 문단의 부흥, 자유화의 물결	• 루신화(盧新華) 단편소설 『상흔(傷痕)』에서 유래 • 첫 작품: 류신우(劉心武) 『반주임(班主任)』
1980 초반	반사문학	상흔문학 활성화 ⇨ 중국 현실에 대한 반성과 비판	• 문예 강화의 비현실성 • 마오사상의 문제점
인도주의, 현대주의				

4. 계몽운동의 결과! 중국현대소설

1) 백화문으로 의식을 개조하다

중국의 현대문학은 격렬한 문학혁명 이론의 틀을 지향하면서 진행된 개화 계몽운동의 결과이다. 이들은 중국의 봉건적 가치를 타파하고 새로운 지식을 수용함으로써 문학의 변화를 이끌어 내었다. 그중에서도 중국의 봉건사상을 타파하고 과학과 민주의 사상을 고취하며 새로운 중국 건설을 주도해 나갔다. 이를 위해서 백화문을 사용하여 중국인들의 의식을 개조하고자 하였다. 당시 중국인들의 오래된 사고를 개혁하기 위해서는 소설이 큰 역할을 담당하였다. 소설의 특징은 쉽게 읽을 수 있고 사상을 쉽게 대중들에게 전달할 수 있는 문학적 기능을 지녔기 때문에 초기 현대문학 작가들은 백화문 소설로 중국의 의식세계를 계몽하고자 하였다.

중국 신문학의 초기 문학은 소설창작이 주를 이루면서 문학운동을 주도해 나갔다. 특히 다양한 문학사단들이 형성되어 서구 근대문학과 문물들을 중국에 전달하고자 하였다. 이들은 현실을 타파하고 현실적이면서도 낭만적인 내용들로 대중의 의식을 개혁하고자 하였다. 신문과 잡지의 발달로 인하여 그리고 백화문의 대중적 보급을 통하여 당시 작가들의 생계유지가 가능하여지면서 소설의 역할과 기능이 더욱 확대되었으며 소설 창작이 더욱 활성화되었다. 이는 그동안 문언문(文言文)으로 자신의 여가활동으로만 삼았던 작가들이 직업이 가능함을 인지하고 전문적으로 작품 활동을 하는 작가들이 많이 등장하는 계기를 마련하게 되었다.

시문학 초기 소설 창작은 서양 소설을 모방하는 단계에서 출발하여 작품의 질은 그다지 높지는 않았다. 작가들은 자신이 직접 경험하거나 또는 느낌을 통하지 않고 작품 속에서 직접 사회문제를 토론 하거나 이상사회를 묘사하는 경향이 있었다. 당시 중국의 현대소설의 창작에는 루쉰이 대표적 작가이다 그리고 창조사의 위다푸가 대표적이며 마오둔도 당시 큰 영향력을 끼쳤다.

2) 글로 세상과 인민을 깨우다

(1) 루쉰! 중국 인민을 깨우다

루쉰(1881~1936)의 본명은 저우수런(周樹人)이며 저장(浙江), 사오싱(紹興)의 한 몰락한 봉건가정에서 태어났다. '루쉰'이라는 이름은 필명이다. 본래 유망한 지주 집안에서 태어났으나, 부친을 과거에 합격시키고자 저지른 조부의 시험부정사건으로 인해 조부가 하옥되는 사건을 계기로 부친의 병사까지 이어지게 되어 루쉰은 일시적으로 외갓집에서 성장하기도 하였다. 집안의 몰락으로 인한 사회의 냉대는 그의 구체제에 대한 저항 정신에 영향을 미쳐 그의 현실주의적 문학창작의 초석이 된다.

루쉰이 최초로 다닌 학교는 학비가 무료였던 난징 소재의 군대부속학교인 강남수사학당(江南水師學堂)이었으나 군대식 집단생활이 싫었던 그는 곧 탄광기사를 양성하는 광무철로학당(鑛務鐵路學堂)으로 옮겨 1902년 졸업하였다.

졸업 후 일본에 유학을 가서 홍문학원을 거쳐 1904년 센다이의학전문학교에 입학하였으나, 우연히 학교에서 본 '러일전쟁'의 기록사진 중, 붙잡힌 한 중국인이 처형당하는 비참한 사진을 보며 아무렇지 않게 넘겨버리는 중국 학생들에게서 충격을 받고 문학의 중요성을 통감하고 의학을 단념, 국민성 개조를 위한 문학을 지향하게 되었다. 루쉰은 1918년 문학혁명을 계기로 『광인일기(狂人日記)』를 발표하여 가족제도와 예교의 폐해를 폭로하였고, 이어 『공을기(孔乙己)』, 『고향(故鄉)』, 『축복(祝福)』 등의 단편소설 및 산문시집 『야초(野草)』를 발표하여 중국 현대문학의 초석을 다졌으며 그 중 특히 『아큐정전(阿Q正

傳)』은 세계적 수준의 작품으로 평가받고 있다.

루쉰은 1930년 좌익작가연맹이 성립되자 지도적 입장에 서서 활약하고, 1931년 만주사변 뒤에 대두된 민족주의 문학, 예술지상주의 및 소품문파에 대하여 날카로운 비판을 가하였다. 죽기 직전에는, 항일투쟁 전선을 둘러싸고 저우양 등과 논쟁을 벌이기도 하였으나, 그가 죽은 뒤에는 대체로 그의 주장에 따른 형태로 문학계의 통일전선이 형성되었다. 그의 문학과 사상에는 모든 허위를 거부하는 정신과 언어의 공전(空轉)이 없는, 어디까지나 현실에 뿌리박은 강인한 사고가 뚜렷하게 부각되어 있다. 1936년 10월 19일 56세를 일기로 사망하였다.

루쉰은 본래 단편작가로 그의 단편은 제1소설집『눌함』(15편, 1923)과 제2소설집『방황』(11편, 1926)에 담겨 있다. 그러나 그는 소설 활동을 개시함과 동시에 평론적인 수필을 썼으며 소설활 동을 그만둔 뒤에도 죽기 직전까지 단평·수필을 계속 집필했다. 그러므로 양적으로는 소설보다 수필이 훨씬 많다.

그리고 초기 일본 유학 중에 쓴 것을 포함하면 논문집『분』(1927), 산문시집『야초』(1927), 회고문집『조화석습』(1928), 역사소설집『고향신편(故事新編)』(1936)이 있고, 베이징 대학에서의 강의를 정리한『중국소설사략(中國小說史略)』과 이상에 열거한 수필집에서 빠진 단문과 시를 묶은『집외집』(1935)과 역서의 서문이나 부기(附記), 서간 등을 모은『집외집습유』가 있다. 서간집으로는 부인과 결혼 전에 주고받은 편지의 묶음인『양지서』(1933)가 있고, 1912년 5월 5일 최초로 베이징에 온 날부터 죽기 전 날인 1936년 10월 18일까지 25년에 걸쳐서 메모형식의 일기를 묶은 활자본이 있다.

(2) 마오둔(茅盾): 현대문학의 기초를 구축하다

마오둔(1896~1981)의 본명이 선더홍(沈德鴻)이며 마오둔이라는 이름은 최초의 작품『환멸』(1927)을 발표할 때부터 사용한 필명이다. 이외에도 방벽(方壁), 현주(玄珠), MD 등 60여 개에 달하는 필명을 사용했다. 그는 1896년 저장(浙江) 통샹현(桐鄉縣)에서 태어나 비교적 선진적인 가정교육과 학교교육을 받았다.

중학교에 입학한 마오둔은 신해혁명의 영향으로 학생들의 개혁 요구를 거부하는 학교 당국에 반대하는 시위를 주도해 제적을 당하기도 하였다. 베이징대 예과에 입학하였으나 빈한한 가정 사정으로 학업을 중단하고 상무인서관에 취직하였다. 여기서『소년잡지』의 편집을 맡으며 체호프, 톨스토이, 버나드쇼 등의 작품을 번역, 소개하였다.

'문학혁명운동'에 고취된 마오둔은 1921년 정전두오, 저우쭤런(周作人) 등과 함께 '문학연구회'를 결성하였다. 문학연구회는 사실주의 문학과 인생을 위한 문학을 이념으로 설정하고 복고주의, 유미주의, 퇴폐주의 문예파들과 논전을 벌이며 현대 문학의 기초를 구축해 갔다. 마오둔은 자신이 편집을 맡고 상무인서관에서 발행하던 잡지『소설월보』를 문학연구회의 기관지로 바꿨다. 동시에 그는 상하이에서 공산주의 조직에 가담하여 학술과 혁명 활동을 병행하기 시작했다.

1926년 마오둔은 상하이를 떠나 광저우(廣州)로 가서 국민당 선전부 비서직을 맡았다. 4·12정변 이후 국공합작이 결렬되자 그는 체포를 피해 고향으로 피신했다. 여기서 최초의 작품인『환멸』,『동요』,『추구』의 3부작을 완성하고 이것을 엮은 소설집『식(蝕)』을 출판하였다.

1929년에 창작한『무지개(虹)』는『식』과 유사한 소재를 택하고 있으나『식』이 비판적 정서에 치우쳐 있다면『무지개』는 대중적 혁명투쟁에의 참가는 지향해야 할 방향이라는 점을 낙관적인 색채로 그리고 있다. 그는 1930년 좌련에 참가하였고, 1931년『자야(子夜)』를 완성하였다. 또한 이 시기에 소상인의 몰락을 그린『임씨가게(林氏鋪子)』, 농민의 궁핍상을 그린『춘잠(春蠶, 봄누에)』을 발표했다.『춘잠』은 1933년 발표된『추수(秋收)』,『잔동(殘冬)』과 함께 '농촌삼부곡(農村三部曲)'이라 불린다.

『자야』는 본디 '자시'를 지칭하는 말로 '칠흙 같은 어둠', '한밤중'을 의미한다. 이 작품의 원명은『석양(夕陽)』이다. 총19장으로 된 이 작품의 일부는『소설월보(小說月報)』와『문학월보(文學月報)』에 나눠 발표하였다. 주인공인 민족자본가 오순보(吳蓀甫)가 매판자본가와 결탁한 매판세력에 의해 패배하고, 매판자본가 세력이 중국을 지배하게 되는 경과를 전개하고 있는데 이러한 표면적 귀결에 따른다면 중국의 미래는 아주 위험하다.

시간적으로는 1930년 5월에서 7월까지, 당시 제국주의 세력의 외국 조계지를 중심으로 기형적으로 발달한 퇴폐와 배금주의 물결이 기승을 부리는 상하이를 무대로 70여 명의 다양한 계급 인물을 등장시키고 있다.

문학에 대한 마오둔의 입장은 크게 리얼리즘에 속해 있으나 5.30사건을 계기로 두 시기로 구분할 수 있다.

첫째 시기는 서구의 고전주의, 낭만주의, 자연주의, 사실주의 등 문예 이론과 중국의 전통적 문학 이론을 습득하고, 당시 반제국주의·반봉건이라는 시대적 명제에 충실한 '인생을 위한 예술'을 주장한 시기이다. 그가 말한 평민이란 소자산계급 및 자산계급도 포함하는 광범한 인민대중이란 개념이었고, 문학이란 인도주의 정신으로 이들을 위해 종사해야 한다는 것이었다.

둘째 시기는 노동자의 생활과 요구, 그들의 해방을 위한 문학을 지향한다는 경향성을 선명히 하고 있다. 사회현상에 대한 정확하고 의식적인 반영으로 문예는 시대를 표현하는 무기가 되어야 한다고 주장했다.

(3) 바진(巴金): 사회 변혁을 읽은 대문호

바진(1904~2005)의 본명은 리야오탕(李堯棠)이며 자는 페이간(芾甘)이다. 쓰촨성(四川省) 청두(成都) 출생으로 1930년대 라오서(老舍)와 함께 중국문단을 주름 잡았던 작가이다. 대지주 관료의 아들로 태어났으나 어려서 부모를 잃었다. 5·4운동을 계기로 새로운 사상에 눈을 떠, 1923년 난징과 상하이에 올라와 혁명운동에 참가하였다.

1926년 프랑스로 유학하였으며, 귀국 후 유학 중에 집필한 『멸망』(1929)을 발표하여 호평을 받았다. 그 후 작가생활을 계속하여 '격류삼부곡(激流三部曲)'이라고 칭해지는 『가(家)』(1931), 『춘(春)』(1938), 『추(秋)』(1940)를 발표하였다.

항일전쟁 동안에는 충칭(重慶)과 구이린(桂林)에서 『게원(憩園)』(1944), 『제4병실(第四病室)』(1946), 『한야(寒夜)』(1946) 등을 집필하였으며, 몇 편의 동화와 단편도 발표하였다. 2차 세계대전 후 작가협회 부주석 등의 공직에 있었으며, 문화대혁명 때에는 격렬한 비판을 받게 된다. 이 시기 그는 노동에, 창작은 허용되지 않은 채 강제번역에 동원되기도 하였고, 10년 동안 화장실 청소에 하수도 뚫기 등의 육체적 고통에 자아비판과 재교육의 정신적 고통 속에서 살게 된다.

이러한 상황에서도 끊임없이 작품을 써온 바진은 14권의 『바진문집』, 5권의 『수상록』, 26권의 『바진전집』으로 중국의 대문호 중 한 사람으로 대접받고 있다. 91세인 1995년에는 『신은 없다(没有神)』을 발표하여 중국문단을 놀라게 하였다.

1928년, 바진이라는 필명을 사용하기 시작해 공개적으로 작품을 출판한 이후 약 70여 년 동안 그가 남긴 작품은 1500여만 자에 달한다. 대표작품으로는 애정삼부곡(愛情三部曲)에 속하는 『무(霧)』, 『우(雨)』, 『전(電)』과, 앞서 언급한 격류삼부곡, 그리고 항전삼부곡 등의 소설이 있으며 대체로 대가족제도가 붕괴되는 과정 속에서 벌어지는 가족 구성원간의 갈등과 모순, 충돌을 그린 것들이며 허무와 애정, 희생의 색채가 짙다. 그의 작품 중 초기 작품은 특히 무정부주의적 성향을 띠고 있으며 이러한 성향은 1929년에 발표된 그의 처녀작 『멸망』의 주인공의 행적에서 잘 나타난다.

작품 『가』는 봉건적 가정에서 어떻게 젊은이들이 좌절하고 방황하고 있는가를 생생하게 묘사하였다. 현실에 불만을 가지면서도 반항할 힘이 없고, 우유부단한 첫째 각신(覺新)은 자신의 인생을 스스로 결정하지 못하고 모든 문제를 절충주의로 해결하려고 하다가 결국 봉건주의의 압력 속에서 희생된다. 둘째 각민(覺民)은 봉건주의에 반항하면서도 그런 대로 절제심을 발휘하고, 성격도 냉정하여 살아남고, 진취적이면서도 타협을 모르던 각혜(覺慧)는 끝내 집을 나가 자신의 미래를 개척하기 위해 대도시도 떠나가는 쪽을 선택하게 되고 그들의 '집(家)'은 그렇게 깨어지고 만다. 이 작품에서 바진은 봉건적 인습과 속박을 벗어 던지고 미래를 향해 떠날 것을 권고하고 있다.

5. 새로운 중국을 묘사한 현대희극(戲劇)

1) 현대 희극의 출발점

1918년 『신청년』은 '입센 특집'을 내고 있는데 그 중 소개 된 『인형의 집』은 당시 중국 사회에 큰 충격을 주었다. 후스가 시작(試作)한 『종신대사』 역시 입센을 모방한 것이다. 1921년, 마오둔 등 13명에 의해 조직된 민중희극사는 『희극』이라는 월간지를 내어 현대극에 대한 이론과 기술, 서양극에 대한 이해 등을 발표하였다. 또 구극과 문명희에 대해 비판하고 애미극(愛美劇, 아마추어(amateur)극)의 제창과 보급을 위해 노력하였다.

1926년, 쉬즈모(徐志摩)의 후원으로 『극간』을 창간하고, 이들은 서양의 현대극과 중국 구극의 장점을 조화시키고자 했던 이른바 '국극운동'을 전개했다. 신월파의 희극인들과 민중희극사와의 사이에는 신극에 대한 견해차가 있기도 했는데, 신월파 희극인들은 '예술로서의 희극'을, 민중희극사측은 '사회의 암흑과 정치 비정을 고발'하여 민중을 계몽하는 것을 목적으로 삼았다. 신월파는 구극의 장점을 현대극에 도입하고자 하였으나 민중희극사는 구극을 배제하고자 했다. 이런 상황 속에서 이 시기에는 걸작이라고 할 만한 극본은 나오지 못했고, 현대 희극에 대한 연구와 실험만이 활발하였다.

1917년부터 1926년까지를 '아마추어극의 시대'라고 한다면 1927년 부터 1938년까지는 '전문화의 진입 시대'라 할 수 있다. 이 시기에 가장 활발한 운동을 전개했던 것은 상하이극협사(上海劇協社)와 남국사(南國社)이다.

1931년 9·18사변 등 일본의 대륙침공이 본격적으로 시작되면서 애국극이 상연되었다. 아울러 현대 희극이 서구의 극본이나 모방작 수준에서 벗어나 중국적인 희극으로 정착되기 시작하였다. 희극에 대한 이론 연구도 시작되어 중국 고전희극의 장점을 섭취하고 서양 희극의 이론을 원용하여 새로운 방향을 정립하려고 노력했다.

이 시기 작가로는 1927년 이전부터 활동하던 작가와 이후에 나온 신진 작가로 나눈다. 전자로는 어우양위첸(歐陽予倩), 홍선(洪深), 톈한(田漢) 등이 있고, 후자로는 리젠우(李健吾), 차오위(曹禺), 딩링(丁伶) 등이 있다. 『뇌우(雷雨)』로 등장한 차오위는 연이어 『일출(日出)』, 『원야(原野)』라는 다막극들을 발표하여 빈틈없는 짜임새와 세련된 대화의 운영 등으로 당시 문단에 큰 반향을 일으켰다.

희극은 관중과 직접 접촉하기 때문에 시나 소설보다 선전효과가 높다. 항전기에 희극이 활발히 창작되고 공연된 것 역시 이 때문이었다. 중국극작가협회 회원 장민(章泯), 위링(于伶) 등 16명은 『보위호구교』라는 삼막극을 공동 창작하여 각지에서 상연하였다. 중화전국희극계항적협회가 창립되면서 활보극(活報劇), 가두극(街頭劇), 차관극(茶館劇)이 추진되었다.

활보극은 중요한 시사나 정책을 군중에게 알리는 것이고, 가두극은 공장이나 전선의 참호 속에서 연출하는 간단한 연극이고, 차관극은 차방에서 연출하는 연극이다. 이러한 항전극은 단막극이 대부분이며 선전에만 주력하였다. 톈한은 신가극의 창작에 힘을 쏟았는데, 이것들은 경극의 전통적인 형식에 가곡을 가미한 가극으로, 1942년 5막극 『추성부(秋聲賦)』를 창작했다. 차오위의 『베이징인(北京人)』은 전쟁 전 베이징의 한 가정의 분규를 그린 비극이다. 바진의 『가』은 4막극으로 개편되기도 하였다.

앙가극(秧歌劇)은 옌안문예 강화로 새로 태어난 희극형식이다. 앙가는 북방의 농민들이 농사지으면서 부르는 민요의 일종으로 논밭에서 일하며 부르는 노동요이다. 앙가극의 목적은 농민들에게 즐거움을 주면서 그들에게 공산주의에 대한 선전과 교육을 하는 것이었다.

최초의 작품은 루쉰예술학원 희극과에서 창작한『오누이가 황무지를 개간하다(兄妹開荒)』라는 단막가극이다. 단막극에서 오는 단조로움을 피하기 위해 다막극을 창작하기 시작했는데 이것이 이른바 신가극이다. 대표작으로는 루쉰예술학원 사생들이 집단으로 창작한『백모녀』를 꼽는다. 내용은 허베이성 일대에 전해 내려오는 백발선녀의 전설을 현대화시킨 것이다.

2) 중국공산당과 해방구 문학 그리고 신가극『백모녀』

옌안 문예좌담회 이후 중국의 해방구의 문학가들은 마오쩌둥의 연설에 힘입어 이를 적극 지지하고 농촌과 군부대의 생활과 투쟁 속에 뛰어들었다. 이들은 마오사상을 학습하고 사회를 학습하고 다양한 문예형식과 활동으로 노농병을 위하여 봉사하기에 개의치 않고 창작활동에 적극 가담하였다.

첫째, 새로운 주제를 발굴하고 해방구의 새로운 생활을 심도있게 반영하고자 하였다. 둘째, 새로운 인물형성을 부각하기에 힘썼다. 많은 작품들 중에서 새로운 사상적 면모를 보여준 노농병의 전형적 형상을 부각시키고자 노력하였다. 당시의 노농병 대중이 문학작품에서 새로운 주인공으로 등장하기 시작하였다. 셋째, 예술 형식과 언어의 상용에서 참신한 변화를 일으켰다. 예를 들면『이유재의 판화』는 콰이반(快板)과 서술과 묘사를 유기적으로 잘 결합하고 나름의 독특한 형식을 취하였다.『백모녀』는 앙가극의 기초 위에 경극과 희극의 우수한 점을 반영하여 중국의 특색 있는 새로운 가극의 장르를 창조하였다. 넷째, 해방구의 문예는 직업적인 문예작가의 창작이 번성함과 동시에 노농병 대중의 창작도 활발히 이루어졌다. 이들은 생산과 전투의 과정에서 이를 반영하는 많은 작품들을 내놓았다.

옌안문예좌담회 이후 활발하게 발전한 대중적 희극운동의 일환으로서 창작된 대형가극『백모녀』는 당시 폭넓은 중국대중들의 큰 호응을 받았다.

『백모녀』는 중국의 민간전설『백모선고』에서 발전시켰다.『백모녀』는 1944년에 서북 전지복무단 단원들이 가져온 민간 전설을 소재로 하여 루쉰예술학원에서 집체적으로 창작하였다. 1945년 5월에 옌안 당교 강당에서 제7차 전국대표대회 대표들에게 처음으로 공식적으로 공연을 펼쳤다. 첫 공연은 매우 성공적이었다. 가극은 빈농의 딸 희아(喜兒)의 비참한 운명을 통하여 피눈물로 엉킨 구 중국의 역사적 내용을 보여주었고, 중국공산당 해방구의 광명과 농민들의 기쁨을 표현해 내었다.

여기서 작품은 '공산당이 없으면 신중국이 없다', '노농대중도 해방될 수 없다'는 내용을 묘사하였고 중국의 구 사회에서는 사람을 핍박하여 귀신으로 되게 하였지만 새 사회에서는 귀신을 사람으로 변화시킨다는 혁명적 주제를 가극으로 표현해 내었다.

가극『백모녀』는 총 5막 16장으로 되어 있다. 여기서 농민과 지주 사이의 계급모순과 투쟁을 주축으로 하면서 희아의 처참한 생활과 그 변화를 묘사하였다. 가극은 오직 중국공산당의 지도 하에서만이 세세대대로 쌓여온 원한을 풀 수 있으며 대중과 함께 사회의 주인으로 될 수 있음을 강조하고 있다. 또한 희아의 비참한 운명을 통하여 지주계급의 잔혹성을 폭로하였으며 농민계급의 해방은 인민혁명사업의 승리로 표현하며 당시 대중들을 설득하려고 하였다. 더 나아가 희아의 형상을 통하여 신구사회에서의 여성들의 운명을 보다 심각하게 드러내었고 중국공산당의 지도 하에 새로운 여성상이 탄생할 수 있음을 강조하고 있다.

『백모녀』는 내용상에서 민족성격, 심리, 정신, 풍속, 습관 등을 반영하면서 민족적 특징을 잘 체현하였다. 그리고 언어와 음악 및 구성 등 형식면에서도 풍부하고 선명한 민족적 특색을 그려내었다. 가극의 언어는 세련되고 대중화되었으며 민족적 특색을 잘 표현하였다. 또한 민요와 전통극에서의 비흥, 대구, 중복구 등 표현수단을 대량으로 사용함으로써 언어의 표현력을 증강하였다.

『백모녀』는 탄생된 그날부터 줄곧 대중들에게 깊은 계급적 교육 작용을 하였다. 전국이 해방된 후 연극, 영화, 발레무용극 등으로 개편되어 전국 각지에서 많이 공연되었다. 또한 1952년 구소련의 스탈린 문학상도 획득하기도 하였다.

『백모녀』의 뒤를 이어 해방구의 무대에서는 가극 창작과 공연이 유행하게 되었다. 이 시기에 『유호란』, 『왕수란』, 『적엽하』 등 많은 가극 작품들이 출현하였다. 이런 작품들은 풍부하고 다채로운 해방구의 현실 생활을 잘 반영하였고, 당시 대중들의 영웅적 형상을 잘 부각시켰다. 그리고 민족화, 대중화한 예술 형식의 창조 면에서도 비교적 뚜렷한 성과를 거두었다.

3) 희극 주요 작가

(1) 톈한(田漢)

톈한(1898~1968)은 후난 창사(長沙)현의 한 농민의 가정에서 태어났다. 6세에 사숙으로 공부를 하였고 9세부터 고전문학 명저를 접하게 되었으며 고향에서 유행하던 민간희곡은 극작가 톈한에게 희극에 대한 초보적인 관심을 가지게 하였다.

톈한의 희극창작의 길은 근대 현대 혁명투쟁이 진행되는 가운데 희극에 대한 깊은 흥미와 관심에 의해 진행되었다. 18세 때 외삼촌의 도움으로 일본에 유학, 일본의 신극운동에 자극을 받아 희극에 대해 본격적으로 연구하기 시작했다. 24세 때 귀국한 이후 평생 희극인으로서 삶을 살았는데 1920년에 처녀작 『바이올린과 장미』를 완성한 이래 현대희극 63편, 전통극 27편, 가극 2편을 썼다. 그 밖에 전통극의 개혁문제, 배우의 태도 문제 등을 논한 많은 글을 발표했으며 영화인으로서 남국전영극사를 이끌면서 초기 중국 영화의 발전에 크게 기여했다.

톈한은 『바이올린과 장미』를 창작한 이후 1922년에는 단막극 『카페의 하룻밤』을 완성했다. 『카페의 하룻밤』은 카페에서 하룻저녁 동안 일어난 작은 사건을 다룬 것인데, 부잣집 도련님 이건경과 언약을 했으나 버림받게 된 카페의 여종업원이 극의 중심인물이다.

또한 『호랑이 잡은 밤』, 『황화강』 등 일련의 희극을 연속적으로 창작하여 봉건적 혼인제도를 비판하고 개성해방, 반제국주의와 애국주의 주제를 다루었다. 1928년을 전후하여 톈한은 남국사와 남국예술학원에 참가하면서 주간지 『남국』을 맡고 대형 공연을 주도했다. 그

중에서 뛰어난 것으로는 『강촌소경』, 『호수의 비극』, 『명배우의 죽음』 등이 있다. 이들은 모두 낭만 서정극에 속하는데 우울하고 감상적인 텐한의 전기 창작의 특징을 잘 보여주며 어두운 현실에 대한 불만과 비판을 담고 있다.

1930년대에 텐한은 개인생애와 희극 활동 양면에서 큰 변화를 맞이한다. 1930년대에 그는 '남국사'를 이끌고 좌련에 가입했으며 1932년에는 중국공산당에 가입했다. 그간의 낭만적이고 감상적인 색채에서 벗어나 사회모순을 폭로하고 봉건주의, 관료주의 등을 비판하는 경향으로 나아갔다. 1949년 중화인민공화국이 성립된 이후 텐한은 중화전국희극공작자협회 주석 등 주요 직책을 맡는 등 중국 희극계를 대표하는 인물이 되었다. 그렇지만 문화대혁명 때 『사요환』이 독초로 비판받으면서 그는 반역자로 누명을 쓰고 투옥되었으며 1968년에 결국 감옥에서 죽음을 맞이했다. 텐한은 희극뿐만 아니라 일생 동안 10여 권의 영화대본도 썼으며, 중국의 국가가 된 '의용군 진행곡'의 가사를 썼다.

텐한은 중국 현대혁명의 창시자로서 또 탁월한 연극계의 영수로서 희극운동의 발전에 크게 공헌하였을 뿐만 아니라 희극창작에 있어서도 독특한 예술 성취와 예술 풍격을 이루었다.

텐한은 고금중외를 다 겸하고 수용하였다. 그는 각종 예술 경험을 거울삼기도 하고 변화 운용하기도 하였으며 보기에는 완전히 다른 것 같은 예술을 잘 파악하여 그의 독특한 풍격으로 형성시켰다. 그는 고문이나 외국어에도 능통하였고 신시와 고시도 아름답고 정묘하게 지었으며 희극과 희곡을 창작 편극하는 데도 대가였다. 그는 외국의 각기 다른 역사 시기와 각기 다른 예술유파의 희극을 열정적으로 배워 매우 개방적 태도를 보인 한편 또 중국 전통희곡 중에서 예술의 정수를 뽑아 뚜렷한 계승의 태도를 보였다.

　초기에 서방의 유미주의와 퇴폐주의 영향을 받기도 했지만 톈한의 극작 중에서는 이미 중국식과 '톈한식'으로 탈바꿈이 되었다. 톈한은 시대와 긴밀하게 관계를 가진 작가이다. 또 외국 희곡작품과 희극 이론을 적극적으로 소개한 번역가이기도 하다. 그는 20년대에 세익스피어, 와일드 및 일본의 현대극을 번역함으로써 중국 현대희극 발전에 큰 영향을 끼쳤다. 톈한은 일생 동안 약 100부의 극본을 창작함으로써 현대극작가 중 가장 많은 작품을 남긴 작가가 되었다.

　그의 예술풍격은 다음과 같다. 첫째, 심미적으로 현실생활을 파악할 때 강렬한 주체의식을 가짐으로써 그의 희극작품의 미학 형태는 일종의 초현실적인 특징을 가지며 이로써 시와 극의 통일을 이룬다.

　그의 극작은 아주 큰 사실성과 표현성을 가지게 되었다. 그는 극 줄거리의 구체적인 갈등이나 사건은 막 뒤에다 숨겨두고 갈등과 사건이 인간의 영혼 세계에서 반향과 감응을 일으키는 정을 관중들 앞에 내놓았다. 둘째는 극의 구성에 낭만주의의 전기성을 추구하였다. 톈한 극작은 시의 의경과 전기성의 스토리를 함께 결합시켜 된 것이다. 서방의 정통적인 사실 원칙에 따라서 극본을 창작한 사람들은 대부분이 객관적인 사건의 우연성을 통해 관중의 긴장과 놀라움을 유발시키고 현실생활에 필연적인 갈등을 반영시키는 등 객관적인 생활논리를 반드시 준수시켰다. 그러나 톈한은 그러지 않았다. 그의 전기성은 주관적 감정을 외형화시키는 데 불과했고 생활의 우연성에 대해서는 강렬한 시정을 가지고 주관적으로 상상하고 창조하였으며 농후한 낭만주의의 색채로 초감각적인 세계를 표현해 내었다.

(2) 차오위(曹禺)

차오위(1910~1996)는 텐진에서 태어났고 본명은 완자바오(萬家寶)이
다. 아버지는 일본 육군 군관학교 출신이며 중화민국 육군 중장에
오르기도 했다. 어머니는 일찍 사망하여 이모가 대신 차오위를 키웠다.

차오위는 난카이중학(天津南開中學)에 입학하였다. 이 학교는 사실
주의 전통을 바탕으로 신극 활동을 활발하게 전개하고 있던 학교였
다. 평소 연극에 관심이 많았던 그는 난카이 신극단에 가입하여 1925
년부터 연극을 시작하면서 연극의 기초를 다졌다. 1928년, 난카이중
학을 졸업한 후 난카이대학 정치학과에 입학하였으나 적성에 맞지
않아, 2년 후에 칭화대학(淸華大學) 영문학과로 전학하였다.

칭화대학에 다니면서 그는 문학에 심취하여, 그리스 비극과 셰익스
피어·입센·오닐·체호프 등의 작품에 깊은 영향을 받았고 그의 작품은
풍부한 상상력과 사실적인 힘이 일반대중들의 환영을 받았다. 또한
중국의 전통예술에 대한 견문을 넓혔다. 이 시기에 그는 불과 23세의
나이인 1934년에 불후의 명작 『뇌우』를 창작하였다.

차오위의 어린 시절은 매우 엄격한 봉건 관료가정에서 성장하여
가족의 따뜻함이라고는 느끼지 못하였다. 그는 "나는 처음에 호화스
런 집에서 살았으나 나중에는 몰락한 가정에서 자랐다. 사는 곳은
상당히 편안하였으나 아주 답답하였고, 가정은 우울하였다."라고 말
하였다.

그는 이런 답답한 봉건가정에서 자라면서 『뇌우』에서와 같은 그런
생활에 익숙하였을 뿐만 아니라, 극중의 여주인공과 같은 그런 불행
한 여인들을 수 없이 보아왔던 것이다. 그리하여 그는 부패한 가정과
사회를 증오하게 되고 중학 시절부터 이러한 작품을 머리 속에 구상

하기 시작한 그는 마침내 5년이라는 긴 시간을 거쳐 4막으로 된 비극 『뇌우』를 세상에 내놓게 되었다.

전작(前作)의 기교를 벗어나 체호프의 작품에 가까운 중국 근대극의 대표작이 되었다. 이어서 『원야(原野)』(1937)를 발표함으로써 그는 중국 근대극 창시자로서의 지위를 굳혔다.

1946년 차오위는 라오서와 함께 미국 국무원의 요청으로 미국으로 가서 강의를 했으며 이듬해 귀국하여 한 상하이의 문화영화공사에서 편집과 감독을 맡았다. 이 시기의 극작은 주로 항일 애국지사를 칭송하고 민족의 패류를 규탄하였으며 사람들에게 항전의 열정을 고취하고 지속적으로 반봉건의 주제를 강조하였다.

차오위는 반봉건과 개성해방의 주제 면에서 비극 예술의 표현 면에서 중국 현대 극작가 중에서 가장 뛰어난 문학적 성취를 이룬 작가이다. 차오위의 극작 중에는 '차오위 삼부곡'이라 불리는 『뇌우』, 『일출』, 『원야』가 가장 두드러진다.

『뇌우』는 주씨와 노씨 두 집안 사이의 대립을 갈등의 축으로 하여 상층 사회 가정의 죄악과 불행한 하층 사람들의 고통을 반영하고 있다. 특히 근친상간의 비극을 통해 한 가족의 비참한 운명을 묘사하여 중국의 봉건 가족제도 및 그 윤리 도덕이 낳은 폐해를 극명하게 표현하였다.

『일출』은 여자 주인공의 처지와 그를 둘러싼 한 무리 인물들을 통해 황금만능의 사회적 죄악을 드러내었다. 특히 비천하고 열악한 인물과 장소를 무대에 올림으로서 사회적 불평등과 모순을 치열한 갈등 구조 속에서 표현하고 있다는 점이 두드러진 특징이다.

『원야』는 주인공이 자신을 불구자로 만들고 집안을 파멸로 몰고 간 원수에게 복수를 감행하지만 결국 스스로 복수의 화신이 되었음을 깨닫는 내용으로 되어 있다. 이 작품은 차오위의 장기이기도 한 도시 생활을 묘사한 작품과 달리 농촌 지역에서 발생한 복수 사건을 다루었는데 핍박받는 농민의 처지와 그들의 반항을 주제로 삼았다.

이 세 극작을 통해 차오위는 독특한 예술 풍격과 비극을 다루는 예술 재능을 십분 발휘하여 인물의 내면세계를 심도 있게 묘사하였고 극적 갈등을 탁월하게 형상화하였다.

차오위의 희극 창작은 사실주의의 독특한 풍격을 형성하고 모더니즘적 예술 경향을 구현하여 인물 형상이 선명하고 생동적이고 극적 장면이 긴장을 주고 모순 충돌이 첨예하고 격렬하여 중국 현대 희극사에서 경전으로 받아드려지고 있다.

6. 중국공산당과 향후 중국문학

중국공산당은 정치와 경제의 가치를 공동으로 지지한다. 그것의 주요한 가치는 힘에 머무르고 그것의 힘을 유지하는 것이다. 중국공산당은 또한 현대화를 찬성한다. '부와 힘'(부강)의 100년의 오래된 꿈은 중국을 발달된 산업, 건축, 과학, 기술 그리고 군사기구를 가진 완전한 현대국가로 만드는 것이다. 중국공산당은 '사회주의자의 합법성'을 지지하지만 그것은 목적이 지위의 힘을 강하게 하는 것임을 명백하게 하였다. 이러한 개혁의 모든 것은 중국공산당이 인민을 다스리는 힘을 높인 결과를 만들어냈다.

중국공산당은 인민으로부터 인민에게의 대중노선을 지지하나 사람들로부터 오는 것은 오직 제안과 법적 힘도 없는 불평이지만 정치적, 경제적 지위 그리고 그것은 사람들이 지위의 충분한 법적 힘을 뒤에 둔 명령이다. 중국공산당은 진실을 시험하기 위한 유일한 기준 같은 실천이지만 마음의 해방을 위한 사실로부터의 진실 찾기 그러나 이런 슬로건의 잠재적인 해방과 민주화는 마르크스주의－레닌주의－마오 사상 그리고 4대 주요한 원리들이 (어떤 특정한 시간에 당 중앙에 의해 판단되어 지는 것처럼) 이전에 설립된 진실이 실행과 해방으로 인해 찾게 되는 것처럼 독단적인 주장으로 변하였다. 마지막으로 중국공산당은 불찬성에 대항하여 그것의 전쟁에 마지막 무기처럼 계급 투쟁의 필요성에 믿음을 잊지 않고 있다.

결국 중국공산당은 그 바탕에는 인민과 사실이 지탱해주었다. 이러한 공산당의 특징에서 마오쩌둥은 공산혁명을 주도하면서 사실의 기반에 둔 문학의 실천을 강조하였다. 그는 신중국을 건국하기 전부터 나아갈 방향을 여러 분야에서 찾았지만 특히 사실에 바탕을 둔 문학에서 그 방향을 찾았던 것이다. 그는 1957년 '백화제방, 백가쟁명(百花齊放 百家爭鳴)'을 강조하면서 중국의 문예사업을 확대시킬 것을 주장하였다.

중국공산당이 문예사업에 대해 백화제방을 주장하고 과학사업에 대해 백가쟁명을 주장하는 것은 마오쩌둥 주석이 최고국무회의 자리에서 선포하였다. 그는 나라가 부강해져야 하고 그러기 위해서는 인민의 정권을 확고하게 수립하고 경제를 발전시키고 교육을 발전시키고 국방을 강화하는 것 이외에 문학예술과 과학사업의 번영과 발전을 도모해야만 한다. 이것이 없이는 안 된다. 문학예술과 과학사업의 번영과 발전을 도모하려면 반드시 백화제방 백가쟁명의 정책을 채택해야만 한다고 주장하였듯이 문학을 강조하였다. 이처럼 중국공산당과 중국 문학은 그 태생부터 출발이 같다고 볼 수 있다.

그리고 마오쩌둥은 루쉰의 문학성과 사상을 높이 평가했는데, 루쉰의 사상적 지향성에 대해 "루쉰의 방향이 곧 중화민족 신문화운동이 나갈 방향"이라고 평가한 바 있다. 우리가 잘 알고 있다시피 루쉰은 5·4운동 이후 중국사회와 사상, 문화 발전에 큰 영향을 미쳤다. 그리고 현재 중국에서 루쉰은 현대문학의 창시자 겸 사상가, 혁명가, 민주투사로 불리며 1921년 공산당 창당 등에 영향을 준 신문화운동의 중요한 참여자로 평가받고 있다. 2021년은 루쉰 탄생 140주년으로 많은 행사가 이루어지고 있는 시점에서 공산당 창당에 심원한 영향을 끼쳤다는 것에 초점을 두고 많은 연구가 이루어지고 있다.

루쉰 탄생 140주년의 해를 맞아 중국 사회에 루쉰의 교학 방향과 사상이 재조명되고 있다. 이러한 중국사회의 루쉰 열풍은 공산당 창당 100주년과 맞물려 루쉰이 마오쩌둥을 비롯한 중국 초기 사회주의 공산혁명가들에게 사상적으로 많은 영향을 미쳤다는 점과도 무관치 않다.

끝으로 중국 공산당 창당 100주년을 맞이하는 현시점에서 시진핑 주석의 정치적 행보와 중국 경제의 방향이 모두의 관심사이다. 그러나 우리가 하나 더 주시해야 할 것은 디지털 시대의 중국 문학이다. 특히 가오싱젠과 모옌을 배출한 중국 문학은 시진핑 시대에 앞으로 어떻게 흘러 갈 것인지를 유의 깊게 지켜보아야 할 것이다.

참고문헌

김시준 외, 『중국현대문학론』, 한국방송대학교 출판부, 2000.

김학주, 『중국문학사』, 신아사, 2001.

권철·김재봉, 『중국현대문학사』, 청년사, 1992.

루쉰, 류성준 옮김, 『중국현대단편선』, 혜원출판사, 1999.

손홍기·송원문, 『문학, 영화, 비평이론』, 한신문화사, 2004.

송재소, 『중국인문기행』, 창비, 2015.

송철규, 『송선생의 중국문학교실』, 소나무, 2008.

양비 편저, 노은정 옮김, 『그림으로 읽는 중국고전』, 2010.

에밀리 비커틴, 정용준 외 1명 역, 『카이에 뒤 시네마 영화비평의 길을 열다
　　(영화비평의 길을 열다)』, 이앤비플러스, 2013.

여사면, 『삼국지를 읽다: 중국 사학계의 거목 여사면의 문학고전 고쳐 읽기』,
　　유유, 2012.

오성수, 『한시를 보면 중국이 보인다1』, 청동거울, 2002.

오승은, 서울대학교 서유기 번역연구회 역, 『서유기 1~10』, 솔, 2004.

윤화중, 강계철 옮김, 『아Q정전 외』, 학원사, 1985.

이유여, 정유중 옮김, 『중국현대문학사』, 동녘, 1986.

장수열 외, 『중국문학유람』, 차이나하우스, 2008.

정수국, 윤은정 옮김, 『중국현대문학개론』, 신아사, 1998.

정학유, 허경진·김형태 옮김, 『시명다식』, 한길사, 2007.

조관희, 『소설로 읽는 중국사』, 돌베개, 2014.

최형섭, 『개인의식의 성장과 중국소설: 四大奇書부터 ≪紅樓夢≫까지』, 서울
　　대학교 출판문화원, 2014.

캐런 펄먼, 김진희 역, 『커팅 리듬, 영화 편집의 비밀』, 커뮤니케이션북스, 2014.

포유 편집부, 『대중문화와 영화비평』, 포유, 2007.

한순호, 『영화 마케팅의 모든 것(천만 관객을 위한 10가지 법칙)』, 루비박스, 2015.

허문영, 『세속적 영화, 세속적 비평』, 강, 2010.

허세욱, 『중국현대문학론』, 문학예술사, 1982

허세욱, 『중국고대문학사』, 법문사, 1986.

http://blog.naver.com/uuuau

http://users.sinology.org/dodami

부패(腐敗)의 그림자

: 중국공산당의 100년 전쟁

김태욱

1. 부패 바이러스의 역사

동서양을 막론하고 부정부패는 망국의 근원으로 인간의 역사와 줄곧 같이 해 왔다. 3600년 전 은나라를 건설한 탕왕도 7년간 가뭄이 계속되자 상림(桑林·뽕나무밭)에 들어가 기도를 올리며 '6사(六事)'로 자책하는데, 여기서도 청탁이나 뇌물로 인하여 하늘의 노여움을 산 것은 아닌지 자책하고 있다. 중국 역사에서 부패의 그늘은 깊다. 매관

> "제가 무절제해서 정치가 문란해진 겁니까, 백성이 직업을 잃어 곤궁에 빠졌습니까. 궁궐이 너무 화려합니까. 제가 궁궐 여인들의 청탁에 빠졌습니까. 뇌물이 많아져서 정도를 해치고 있습니까. 제가 아첨하는 자들의 말을 듣고 어진이를 배척하고 있습니까."(『사기』「은본기」)

매직의 역사만 해도 2000년을 거슬러 올라간다. 중국 5000년 역사에서 왕조의 교체기에 항상 빠지지 않는 것이 부정부패다.

영국의 경제사학자 앵거스 매디슨(Angus Maddison)의 연구에 의하면 청나라는 1820년까지만 해도 전 세계 GDP의 32.9%를 차지하고 있었다. 그러나 아편전쟁, 청일 전쟁 등 외세와의 전쟁에서 계속해서 패배하고 국내에서도 반정부 시위가 끊이지 않으면서 망국(亡國)의 수순을 밟게 된다. 청나라 멸망의 원인은 복합적인 요인이 있겠지만 부정부패가 차지하는 비중이 크다는 데에 대해 이의를 제기할 수 있는 이는 많지 않을 것이다. 20세기 신해혁명으로 청왕조가 무너지고 '중화민국(中華民國)'이 건국되었지만 망국의 근원인 부패는 척결되지 못했다. 국공 내전기에도 국민당은 부정과 부패로 국민의 신뢰를 잃었고 월등한 군사력과 자원에도 불구하고 공산당에 패해 타이완으로 쫓겨나게 된다.

사회적 수준에서 부패는 사회적 모순의 심화, 빈부격차, 사회문제의 노출로 이어지고, 경제적 수준에서도 매년 세계 GDP의 2%가 뇌물로 사라지고 있고, 중국도 각종 부패가 초래하는 손실이 GDP의 13~16%를 차지할 것으로 추정하고 있는바, 그 폐해는 예상이 불가하다.

그래서 이 글에서는 지난 100년간 중국 공산당이 벌인 부패와의 전쟁을 조명해 보고 시진핑(習近平)이 벌이고 있는 부패와의 투쟁이

국공내전 초기 국민당 정부는 총 병력 430만 명 중 정규군 200만 명이 미국의 원조와 일본군으로부터 접수한 현대화된 장비로 무장하고 있었고, 주요 도시, 교통로 등 인프라를 장악하고 있었다. 반면 공산당은 병력 120만 명 중 정규군 60만 명에 불과했고, 군장비 또한 낙후되어 군사력에 있어 압도적 열세에 있었다.

갖는 의미를 살펴본다. 또 시진핑의 반부패운동이 단순하게 과거 정권이 반복한 권력 공고화를 위한 독재의 산물인지 아니면, '중국의 꿈'을 실현하기 위한 불가피한 선택인지를 살펴보고자 한다.

2. 신중국 건설과 반부패 투쟁

2021년 7월 1일은 중국공산당이 100주년을 맞는 해이다. 1921년 13명의 대표가 상하이 황피난루(黃陂南路)에 모여 창당된 중국공산당은 국민당과의 내전과 일본과의 전쟁에서 승리하며 중화인민공화국을 건국한다. 마르크스는 사회주의 사회에서는 사유재산이 인정되지 않아 사람들 간의 갈등과 투쟁도 없어질 것으로 봤고, 전통적인 맑스주의자들도 자본주의 국가는 계급투쟁과 부패라는 구조적 모순에 의해 반드시 소멸되고 공산주의 사회로 발전한다고 믿고 있었다.

그러나 사회주의 국가에서 권력을 얻기 위한 투쟁은 심화되었는데, 사회주의 국가에서는 교육, 소득, 주택, 직업 등 모든 것을 권력이 결정하기 때문에 권력을 소유하기 위한 투쟁은 오히려 치열하게 전개

원래 창당일은 제1차 전국대표대회가 개최된 1921년 7월 23일이다. 그러나 당시에 회의이 극비리에 진행되었고 자료도 남아 있지 않아 불확실한 상황에서, 1938년 5월 옌안(延安)시절 마오쩌둥(毛澤東)은 제1차 당 대회가 열린 달의 첫째 날인 7월 1일을 창당기념일로 하자고 제의하였다. 이것이 계기가 되어, 1941년 6월 공산당 중앙위원회 문건에서 "창당 20년, 7·7절 4년"이라고 표현하며 그날 기념식을 열기로 하면서 7월 1일이 공식적으로 정착되었다. 개혁개방 이후 소련의 자료 공개로 창당일이 확인 되었지만 현재도 7월 1일을 창당기념일로 지정하고 있다.

되었다. 사회주의 사회에서도 권력은 유한하다. 권력은 소수에게 편중되게 되고, 권력에 따른 개인 간 차별이 발생하게 된다. 중국의 경우 모든 권력이 공산당에 집중되어 있기 때문에 일당독재체제 하에서의 관료들은 부패에 있어 자본주의 시스템보다 더 취약할 수밖에 없었다. 중국에서 부패는 공산당 통치의 정당성을 훼손할 수 있기 때문에, 1921년 창당 시기부터 당의 가장 중요한 정치적 과제로 실행되어 왔다.

1949년 신중국 성립 이후 마오쩌둥 시기는 마르크스-레닌주의에 기초한 '청렴한 정부'에서 출발했지만 그 실체는 그렇지 못했다. 부패한 당정 관료와 기업가를 숙청하기 위한 '삼반오반(三反五反)운동', '사청(四淸)운동'이 1950년대 내내 진행되었고, 이러한 개혁운동들은 마오쩌둥 개인 독재 체제를 공고화하는 데 이용되었다. 결국 문화대혁명으로 이어지면서 마오쩌둥의 권력 강화는 성공했지만, 국가 경제는 추락하고 국민은 빈곤에 허덕이게 된다.

1) 삼반오반운동

건국 초기 중국공산당과 정부는 임시 헌법에 해당하는 「공동강령」에 따라 사영 공상업의 합법적 경영을 보호해 왔다. 그러나 일부 자본가들에게서 부당 이득을 위한 공무원을 상대로 한 부정부패가 심각하게 발전함에 따라 중앙위원회 주도로 1951년부터 이른바 '삼반운동'과 '오반운동'이라 불리는 대중운동이 전개되었다. '삼반'이란 정부의 부패를 일거에 척결하기 위해 3가지, 즉 관료주의와 탐오(貪汚), 낭비를 반대하는 것이고, '오반'이란

이러한 부패의 원인이 상공업 부르주아에게 있다고 보고 뇌물수수, 세금포탈, 국가재산의 절도와 편취, 부실공사, 국가경제기밀 유출이라는 5대 비리에 반대하는 운동이었다.

공산당과 정부의 부패와 권력 남용을 방지하려는 삼반운동이나, 기업가들의 세금포탈, 부패를 겨냥한 오반운동은 대상자들의 죄를 부풀리고, 군중을 동원하는 폭력적 방식으로 진행되었다. 오반운동은 반국가 인물 색출, 지식인의 사상개조운동으로 전개되었는데, 중국공산당의 사상 개조에는 국가의 폭력과 강압이 동반되었다.

1952년 10월 종료된 '삼반', '오반'운동은 노동 계급의 주도적 지위와 국민경제에서 사회주의 국유경제의 주도적 지위를 공고히 하였다고 자체 평가하고 있으나, 부패와의 전쟁이라는 명분하에 마오쩌둥의 권력 공고화에 사용되었음을 부인할 수 없다.

2) 사청운동

마오쩌둥이 추진한 대약진운동이 대기근으로 4000만 명 이상의 희생자를 내면서 실패로 끝났고, 그 결과로 1959년 국가주석의 자리에 오른 류샤오치(劉少奇)는 1962년부터 덩샤오핑(鄧小平)과 함께 실용주의 경제개혁을 추진하게 된다. 대약진운동 실패로 마오를 비판한 류샤오치였지만 마오쩌둥의 권위에는 도전하지 않았다. 형식적으로 정치에서 물러나 있는 마오쩌둥의 영향력에 도전할 정치 세력은 존재하지 않았다.

1962년 9월 제8기 10중전회가 개최되었다. 회의에서 마오쩌둥은 "사회주의 사회에서도 계급은 존재하며, 계급투쟁은 계속되어야 한다."고 주장한다. 1963년에 들어서자 마오쩌둥은 실천의 중요성을 강조하면서 '세 가지 위대한 혁명 투쟁'으로서 '계급투쟁, 생산 투쟁, 과학 실험'의 '3대 혁명 운동'의 중요성을 제기하였다. 이를 위해 구체적으로 「전(前) 10조」라 불리는 당의 정책 방침을 지시했는데 '「전 10조」의 실행 방안이 '사청운동'이다.

1964년 10월 1일 천안문에서 마오쩌둥과 류샤오치. 둘의 관계는 사청운동 이후 갈등이 깊어지면서 문혁으로 이어지고 류샤오치는 숙청된다.

'사청운동'은 자본주의 세력의 사회주의에 대한 공격을 타도·분쇄해야 함을 강조한다. 이 운동은 인민공사(人民公社)를 중심으로 해서 일어난 사회주의 교육운동이다. 정치, 경제, 조직, 사상을 정화(淨化)하자는 사청운동은 프롤레타리아 계급독재를 위한 강력한 정치 투쟁으로 연결되었는데, 문화대혁명으로 전개되는 데 초석을 마련하게 된다.

이 운동은 농촌 기층 관료들의 부패를 비판하는 정풍운동이었지만 점차 도시의 공장과 기업으로 확대되었고, 계급투쟁을 당내에 확대시켜 기층 간부들에 대한 정치적 숙청작업으로 비화되었다.

문화대혁명의 계급투쟁으로 부패를 척결하겠다는 목표는 건국 이후 초보 단계에 있었던 사회주의 법·제도 즉, 공안, 검찰, 법체제 및 당의 감찰조직의 붕괴로 부정부패와 범죄 현상이 오히려 만연해지면서 전국은 혼란 국면으로 전개된다. 특히 감찰시스템의 파괴는 부정부패 척결에 심각한 영향을 끼치게 된다. 반부패 제도는 문화대혁명으로 인해 무력화되었고 반부패 조직과 기관도 파괴되어 관료주의와 정치부패를 조장했다. 정치적 혼란을 겪는 과정에서 관료부패가 고질적인 병폐로 자리 잡게 된다. 문화대혁명 기간 동안 수만 명의 간부와 지식인들이 박해를 당했고, 극단적 개인주의가 팽배해져 직권남용,

부패, 파벌투쟁, 사치, 낭비 등 부패 현상들이 만연하게 된다.

3. 개혁개방과 부패의 구조화

마오쩌둥 사후에 등장한 덩샤오핑은 개혁개방을 통해 사회주의 시장경제 시스템으로 중국 경제를 전환시킨다. 사회주의 시장경제에서 참여하는 행위자는 자본주의 시장경제와는 달리 공산당이 우월한 지위를 가지고 있었던바, 부패를 구조화시키는 데 적당한 환경을 조성하게 된다.

중국은 개혁·개방 정책을 실시하기 시작한 1979년부터 1988년까지 10년간 연평균 GNP(국민총생산) 성장률 9.6%(90년대 이후부터는 전 세계적으로 GDP(국내총생산)를 주요 경제지표로 사용하고 있다)의 고도성장을 기록했으며, 무역총액도 1978년의 200억 달러 선에서 1988년에는 1030.3억 달러에 달하였다. 또한 도시와 농촌지역에서 일인당 평균수입도 현저하게 증가되었다. 특히, 농촌지역에서는 1980년에서 1989년 사이에 일인당 평균 순수입 증가율이 215.2%에 달하였고, 도시노동자의 경우도 같은 기간에 65.5%의 소득증가를 기록하였다. 그러나 이러한 경제발전에도 불구하고 개혁과 개방정책은 계층 간, 지역 간의 불평등을 심화시켰을 뿐만 아니라 관료들의 부정과 부패도 확대시켰다.

특히, 가격개혁이 추진되면서 공정가격과 시장가격이라는 가격의 2중구조가 발생함으로써 관료 브로커가 암약할 수 있는 기반을 제공하였고, 가격의 자유화와 더불어 1949년 이래 가장 심각한 초인플레이션이 촉발됨으로써 국민들의 불만이 더욱 증폭되었다. 급속한 인플레이션과 관료들의 부정부패 등으로 사회적, 정치적 불안이 조성되었고, 그것은 마침내 1989년의 천안문 사건으로 폭발되면서 중국경제도 심각한 위기에 직면한다. 즉, 천안문 사건은 관도(官倒: 국가기관, 단체, 기업이 공상관리법규를 위반하여 투기를 하는 행위)라고 하는 관료의 부정과 부패 그리고 경제개혁의 부작용으로 나타난 초인플레이션과 경제-사회적 혼란 등에 대한 불만이 증폭되면서, 천안문 사건을 계기

6.4 천안문 사건

1989년은 경제개혁의 실패로 50%에 이르는 초인플레이션이 나타나 중국 각처에서 사재기 열풍이 불던 시기였다. 중국 내부적으로는 제국주의에 저항한 5·4운동 70주년, 공산당 정권수립 40주년 및 '민주의 벽' 운동 10주년이 되는 해이기도 했다. 언론자유 등 정치개혁을 추진하다 보수파에 의해 실각한 후야오방 전 총서기가 4월 15일 갑자기 사망하면서 민주화를 열망하는 사회적 분위기에 기름을 붓는다. 장례식인 4월 22일에는 수십만 명이 천안문에 집결한다. 언론과 결사의 자유를 요구하는 시위는 정치민주화를 요구하는 구호로 확산되었으나, 중국 정부는 수용하지 않았다. 해결책을 찾지 못하는 가운데 시민들의 정치적 개혁 및 인권 요구가 절정에 이르면서 천안문 사태가 시작되었다.

자발적으로 모인 많은 학생과 시민들이 정부의 민주화를 요구하였으나, 리펑(李鵬) 총리는 민주화 요구를 반정부 소요 사태로 규정하고 '혼란스러움'을 비난하면서도 방치하였다. 5월 20일 계엄령을 선포한 중국정부는 군대를 베이징에 배치하고 학생들과 대치한다. 결국 6월 3일 저녁 무장한 병력과 탱크로 시위대 해산을 시작하고 6월 4일 새벽 천안문을 강제 진압한다. 시민들의 '저항'이 있었으나 결국 10만여 명이 모여 있던 천안문광장 시위대를 해산시키는 '피의 진압'이 전개되었다. 1989년 6월 30일 당시 천시통 베이징 시장은 인민대표대회에서 민간인 3000여 명이 부상했고 대학생 36명을 포함해 200여 명이 사망했다고 보고한다. 그러나 기밀 해제된 미국 백악관 문서는 천안문에서 8726명이 학살(massacre)되었고, 이 밖의 베이징 지역에서 1728명이 목숨을 잃어 사망자가 1만 명을 넘는다고 기록하고 있다.

로 폭발하였다고 할 수 있다.

부패는 부정축재를 통한 특권층을 형성시키며 소득 불균형을 확대한다. 또한 범죄조직이 증가할 수 있는 사회적 풍토를 조성한다. 1989년 천안문 사건이 발생하기 이전까지, 중국에서 부패는 전환기에 있어 불가피한 것으로 인식되었고 중국 정부도 적극적으로 대응하지 않았다. 그 당시 '부패와의 전쟁'은 정치적 레토릭(rhetoric)에 불과했다. 그러나 1989년 천안문 사건이 만연된 부패와 물가 폭등 등에 대한 불만으로 인해 확산되었다는 판단 하에 중국 정부는 '공산당 통치의 정당성'을 확보하기 위해 부패 척결의 중요성을 인식하게 된다.

천안문 시위 진압 직후 덩샤오핑은 "한 손으로 개혁개방을 추진하면서 한 손으로는 부패를 응징해야 한다. 이 두 가지는 결합시켜야 한다. 그러면 우리의 정책은 더욱 명확해지고 더욱 민심을 얻을 수 있다."고 말한 바 있다. 천안문 사건으로 인하여 당 지도부가 부패의 심각성을 인식하는 계기가 마련된 것이다. 천안문 사건 직후 중국 정부는 대대적인 사회정화운동을 전개하였다.

당 정부 공직자들을 대상으로 사상교육을 강화하는 한편 부패에 연루된 관리들을 단속하여 1989년 한 해에만 약 6만 건의 부패행위가 적발되었다. 결국 개혁개방 이후 중국의 반부패 정책은 부패 문제를 해결하는 방법으로, 여전히 정치사상교육의 중요성은 강조하면서도 법과 제도의 건설을 통해서 반부패 문제에 접근해야 한다는 입장에 중점을 두게 된다.

1952년 4월 21일 중국은 「중화인민공화국 탐오징벌조례(中華人民共和國懲治貪汚條例)」를 반포하였는데, 형법전이 제정되기 전까지 사법기관이 탐오뇌물죄를 처리하는 법적 준거가 되었다.

1979년 「형법」(제155조)에서 '탐오죄'가 신설되고 1988년 전인대에서 「탐오죄·뇌물수수죄 징벌에 관한 보충규정」이 제정되어 부정부패에 대한 죄목과 입법이 구체화된다. 1997년 「신형법」에서는 '탐오뇌물수수죄(貪汚賄賂罪)'에 15가지 조항이 신설되어 출처가 불분명한 거액의 재산과 해외 자금 은닉죄 등도 탐오, 유용, 뇌물수수(공여), 뇌물연루죄와 함께 부패의 일부로 보는 등 부패행위를 보다 구체적이고, 광범위하게 규정하고 있다.

개혁개방 이후 반부패정책은 마오쩌둥 시기와 비교해서 인식차원에서는 진일보 했지만, 문제 발생의 근원은 여전히 간과한 채, 조직과 제도의 정비만을 통해 행위를 규제하고자 했다고 할 수 있다. 시장경제와 자본주의적 생산양식을 정치개혁이 뒷받침해주지 못하는 상황에서 부정부패, 특히 당정고위간부들의 부정부패는 날로 교묘해지고 수법도 다양해져 규제가 쉽지 않은 상황이었다. 조직과 기구, 규율과 법률 차원에서만 대책이 논의되었고 그 결과 2002년 중앙기율검사위원회를 주축으로 부패문제 의사협의기제인 '반부패공작조율소조'가 등장하게 된다. 이는 공산당이 반부패 업무의 주도권을 쥔다는 전제하에서 고위간부들의 부정부패를 효율적으로 처리하기 위한 필연적 수순이라 할 수 있다.

장쩌민, 후진타오 시기에도 법제화를 추진하고 부패와의 전쟁을 선언했지만 큰 성과는 없었다. 근본 문제 해결을 위한 제도화 역시

탐오죄는 국가공무원이 직무상의 편리를 이용하여 착복, 절취, 편취 혹은 기타 수단으로 공공재물을 불법 점유하는 것을 의미하며, 탐오죄(貪汚罪)의 주체는 국가의 공직자들뿐만 아니라 국가기관, 국유기업, 기업, 사업단위, 인민단체의 위탁을 받아 국유재산을 관리 및 경영하는 사람도 포함된다. 탐오죄는 공무원 범죄 중에서 가장 발생빈도가 높은 범죄 형태다.

큰 진전이 없었다. 중국사회의 부패문제는 더욱 악화되었고, 국민적 불신과 반감은 더욱 쌓이게 되었다. 오히려 이 시기의 반부패 운동은

보시라이(薄熙來)   구카이라이(谷開來)   왕리쥔(王立軍)

보시라이(薄熙來)는 덩 샤오핑의 가장 절친한 동료 인 보이보(薄一波) 전 부총 리 아들로 1993년 랴오닝 (遼寧)성 다롄(大連)시 시 장, 1999년 다롄시 당서기, 2001년에 랴오닝성 성장을 지낸 후, 2004년에 상무부 부장에 올랐으며, 2008년부터 인구 3000만 명의 충칭시 당 서기로 부임했다.

충칭시 당 서기 시절 최측근인 왕리쥔(王立軍) 전 충칭(重慶)시 공안국장과 함께 대대적인 범죄와의 전쟁, 이른바 '따헤이(打黑)'를 통해 전국적인 인기를 얻으면서 상무위원 진입이 유력한 인물이었다.

그러나 2012년 2월 심복이던 왕리쥔 충칭시 공안국장이 쓰촨성 청두(成都) 의 미국 총영사관에 망명을 신청하면서 운명이 바뀌게 된다. 보시라이 아내인 구카이라이는 사업 문제로 갈등하던 끝에 영국인 헤이우드를 독살했다. 보시라 이는 왕리쥔이 구카이라이의 살인행각을 보고하자 왕리쥔을 공안국장에서 해임 하고 그의 측근들을 수사했다.

보시라이는 왕리쥔이 미국 영사관으로 도주하자 그의 신병을 확보하려고 무장경력을 동원해 쓰촨성의 무장경력과 대치하기도 했다. 3월 14일 원자바오 (溫家寶) 총리가 "충칭시 당위원회와 시(市)정부는 왕리쥔 사건을 통해 교훈을 얻어 반성해야 한다"고 지적한 뒤 보시라이는 전격적으로 해임되었다.

이 사건을 조사한 검찰은 보시라이를 뇌물수수와 부정부패, 직권남용 혐의로 기소하고 그의 부인 구카이라이도 살해 혐의로 기소했다. 중국 법원은 최종심(중 국은 2심제)에서 보시라이에게 무기징역과 정치 권리 종신 박탈 등을 선고했다. 보시라이 전 충칭시 서기 월급은 공식적으로 1만 위안 정도다. 그러나 언론 보도에 의하면 현재 보시라이 일가의 재산 규모는 적게는 1억 3600만 달러, 많게는 60억 달러에 이르는 것으로 추정되고 있다.

두 최고 지도자의 권력 공고화에 크게 기여했다는 평가를 받고 있다. 이런 가운데 후진타오 정권 말기 발생한 보시라이 사건은 전 세계를 경악케 하기에 충분한 사건이었다. 2012년 말에 출범한 시진핑 역시 집권 초기부터 강력한 부패와의 전쟁을 선포하고 집권 2기에 접어들어서도 고삐를 늦추지 않고 있다.

4. 시진핑의 전쟁

시진핑은 태자당(太子黨, 당정군 고위간부의 자녀) 출신으로 2007년 제17차 당 대회에서 차기 최고지도자로 지명되고 국가부주석, 당 중앙군사위 부주석을 거쳐 2012년 11월 중국공산당 제18기 1중 전회에서 중국공산당 총서기로 선출되었으며, 2013년 제12기 전국인민대표대회에서 국가주석 겸 국가중앙군사위원회 주석에 당선됨으로써 당·정·군 3권을 모두 장악한다.

5세대 지도자 시진핑의 등장은 반부패에 대한 새로운 전환을 예고했다. 시진핑은 집권과 동시에 "부패는 반드시 척결돼야 하며, 호랑이부터 파리까지 모두 같이 잡을 것(老虎和蒼蠅打一起)"이라고 강조하며 '부패와의 전쟁'을 최우선 국정목표로 선포한다. 집권 초기 부패 혐의로 저우융강(周永康), 쑨정차이(孫政才), 쉬차이허우(徐才厚), 궈보슝(郭伯雄), 링지화(令計劃) 같은 국가급 지도자를 처벌함으로써 부패에 대한 강한 의지를 나타냈다. 동시에 전임 국가주석인 장쩌민, 후진타오 측근들을 비리 혐의로 처리함으로써 권력 공고화 작업에도 박차를 가하고 있다는 평가를 받는다.

시진핑 집권 후 부패 혐의로 실각한 고위급 인사

	이름	직책	조치	배경
	저우융캉 (周永康)	전 중국공산당 상무위원 겸 중앙정법위원회 서기	무기징역	상하이방
	쑨정차이 (孫政才)	전 충칭시 당서기	무기징역	공청단
	쉬차이허우 (徐才厚)	전 중국 중앙군사위 부주석	사법절차 중 방광암으로 사망	상하이방
	궈보슝 (郭伯雄)	전 중국 중앙군사위 부주석	무기징역	상하이방
	링지화 (令計劃)	정치국원 겸 중앙판공청 주임	무기징역	후진타오 비서실장

1) 시진핑의 정풍운동

중국 현대사에서 정풍운동(整風運動)은 최고 권력자가 권력을 공고히 하는 데 중요한 기여를 해 왔다. 최초의 정풍운동은 산시(陝西) 북부 옌안에서 1941년부터 1945년까지 약 4년 동안 당원 교육운동의 형태로 전개되었다. 정풍운동 과정에서 마오쩌둥 사상이 뿌리를 내리게 된다. 마오쩌둥은 정풍운동을 통해 민족주의적 마오노선을 확립하고 동시에 마오쩌둥 개인의 1인 지배 체제를 공고히 하기 위해 정적을 제거했다. 옌안 정풍운동은 1945년 4월 20일에 개최되었던 제6기 7중전회에서 「약간의 역사 문제에 관한 결의(關於若干歷史問題的決議)」가 통과되면서 끝이 났다. 그리고 사흘 뒤인 4월 23일부터 개최되었던 제7차 당대회에서 마오쩌둥의 권위가 확립되었다. 이 대회에서 마오쩌둥 사상은 중국공산당의 지도사상으로 확립되었고 당장(黨章)에 삽입되었다.

개혁기의 정풍운동은 반부패운동과 함께 전개되었다. 이때 주요 정적들이 부패 혐의로 처벌받았다. 예를 들어, 장쩌민은 1993년부터 1998년까지 5년 동안 반부패운동을 전개하였다. 그 과정에서 1995년에 베이징시 당서기 천시퉁(陳希同)이 부패 혐의로 구속되었다. 천시퉁은 베이징방(北京幇)의 대표 인물로, 상하이방인 장쩌민의 권위에

1942년부터 1944년 기간 동안 정풍운동을 통해 마오쩌둥은 자신의 권위에 도전하는 반대세력을 스파이나 반당(反黨) 분자로 몰아 잔인하게 숙청했다. 학자들은 당시에 최소한 3만 명이 숙청되고 최대 1만 명이 처형된 것으로 추산한다. 정풍운동의 성공적 결과(?)가 토대가 되어 1960년대 문화대혁명으로 이어진다.

천시퉁은 덩샤오핑과 같은 쓰촨성 출신으로 덩샤오핑의 후광으로 천안문 사건 이후 정치국원 겸 베이징시 서기로 승진했다. 그러나 1995년 4월 왕바오썬(王寶森) 베이징시 부시장의 자살을 야기한 22억 달러 규모의 사상 최대의 부정부패 사건에 연루돼 1998년 부정부패 및 직무태만 혐의로 징역 16년형을 선고받았다. 2006년 병보석으로 석방되  어 투병 생활을 하다가 2013년 대장암으로 사망하였다.

천시퉁은 베이징방을 이끌었던 인물로 당시 덩샤오핑, 천윈, 펑전 등 원로들에게 장쩌민의 인사에 대한 불만을 표시한 것이 알려지면서 장 주석의 최대 정적으로 부상하게 되었고, 부패혐의를 받고 숙청되었다. 최대 정적인 천시퉁을 비롯한 베이징방을 제거하면서 장쩌민의 권력 공고화는 가속화되었다.

공공연하게 도전하다 숙청되었다. 후진타오도 2003년부터 반부패운동을 전개했고, 2006년에는 장쩌민의 최측근인 상하이시 당서기 천량위(陳良宇)가 부패 혐의로 숙청되었다.

시진핑은 2012년 중국공산당 총서기에 선출되자마자 부패와의 전쟁을 선포하고 강력한 반부패운동을 전개했다. 2012년 12월 리춘청(李春城) 쓰촨성 당 부서기를 필두로 2014년에는 수룽(蘇榮) 전 장시성 서기와 쉬차이허우 중앙군사위원회 부주석, 저우융캉 정치국 상무위원, 링지화 정치국원 겸 중앙판공청 주임이 구속되었다. 2015년에는 궈보슝 중앙군사위원회 부주석이 부패 혐의로 구속되었다. 이 중에서 저우융캉, 쉬차이허우, 궈보슝의 구속은 이례적인 것이었다. 지금까지 정치국 상무위원과 중앙군위 부주석은 형사처벌을 받은 사례가 없었다. 이들은 대부분 비리 혐의로 구속되어 무기징역에 처해졌다.

중앙기율검사위원회 통계 자료에 따르면 시진핑 1기 집권 5년 동안 250여 명의 고위급 간부와 135만 명 이상의 중하위급 공직자가 비리로 처벌을 받았다. 집권 2기에도 2018년 62만여 명, 2019년 59만여 명이 처분을 받았다. 특히 2020년 우한에서 시작된 코로나19로 인한 팬데믹(세계적 대유행) 상황에서도 상반기만 24만여 명이 처벌을 받아, 2020년까지 전체 공직자 1,250만 명 중 300여 만 명이 부정부패로

1949년 11월19일 「중앙 및 각급 당 기율검사위원회 설립에 관한 결정」을 내리고, 주더(朱德)가 중앙기율검사위원회 초대 서기를 맡았다. 시진핑 집권 후 중앙기율검사위원회는 왕치산(王岐山)을 주축으로 부정부패를 척결하는 핵심기관으로써 막강한 권력을 행사해 왔다.

법적 한계로 공산당원 및 당원 신분의 공무원만을 상대로 감찰을 할 수 있다. 중앙기율검사위원회 서기는 모두 중국 최고핵심권력층인 정치국상무위원(총리급)이 맡아오고 있다.

숙청된 것으로 추산되고 있다.

특히 2012년부터 2017년까지 5년간 중앙위원 18명과 후보 중앙위원 17명이 부패혐의로 숙청되었는데, 이것은 신중국 건설 이후 지난 60년간 퇴출된 중앙위원 및 후보 중앙위원 수와 같은 규모로 시진핑이 추진하는 반부패운동의 성격을 짐작할 수 있는 부분이다. 현재 중앙위원은 205명이고, 후보 중앙위원은 171명이다.

2) 의법치국(依法治國)과 반부패

반부패투쟁을 선포한 1993년 이후 중국공산당의 반부패 특징은 지금까지의 사상투쟁이나 군중운동 방식이 아닌 법과 제도의 개혁을 중심으로 한 부패 관련 법제화에 있다. 2014년 10월 제18기 4중전회에서 의법치국을 천명한다. 중국 지도부는 의법치국을 "중국 특색의 사회주의 법치체계와 사회주의 법치국가를 건설하는 것"이라고 규정했는데, '중국식 법치'에 대한 구체적 실행 방안이 제시됐다는 점에서 의미가 있다. 또한 시진핑 국가주석이 추진하고 있는 반부패에 대한 강력한 의지로 평가된다.

의법치국은 공식적으로는 장쩌민 시절이던 1997년 제15차 전국대표대회에서 제기되었고 후진타오 체제를 거치는 동안 개념적으로는

'의법치국(依法治國)'의 기본 정신은 국민 개인의 권리를 보장하고, 국가 권력을 통제하는 데 있다. 그러나 국민 참여가 제한된 국가 주도의 법치가 제 기능을 할 수 있을지 의문이다. 실제 시진핑 정권의 권력이 강화되면서 언론, 인터넷, 시민사회 등에 대한 통제가 강화되고 있다. 사회 통제를 위한 법치가 될 수 있다는 우려가 있는 이유다.

강조되었지만 실천 방안은 부족했다. 의법치국은 서구의 개념인 '법에 의한 지배'와는 차이가 있다. 시진핑도 법치의 목표가 위대한 중국 건설에 있으며 이를 위한 공산당 영도는 필수적이라는 말로 '당에 의한 법치'가 핵심임을 강조하고 있다. 당도 헌법의 견제와 제한을 받아야 한다고 하지만 '중국 특색의 법치'는 바로 당 중심, 당에 의해 해석되는 법치일 수밖에 없다. 즉 중국 특색의 법치는 3권 분립식 법치 개념과는 구별된다.

의법치국 추진은 시진핑 사상의 일부로 당에 의한 직접적 통치에서 당의 영도에 기초한 국가의 법과 제도에 의한 통치로의 전환을 의미한다. 의법치국은 단순히 법제개혁 혹은 사법개혁이 아니라 국가통치 방식의 법제화를 위해 추진되는 정치개혁이다. 공산당이 이를 추진하는 목적은, 법률제도의 수립과 집행을 통해 통치구조와 통치행위를 합리화 및 규범화하고, 궁극적으로 이를 통해 공산당의 일당 통치를 안정적으로 유지하는 것이다.

특히 의법치국은 반부패 운동과 관련하여, 법치국가 확립을 통해 청렴정부를 건설하겠다는 것이다. 법과 제도를 통해 부패를 감독하고 제약하겠다는 의미로 해석할 수 있다.

2017년 10월 19차 전국대표대회를 통해 "시진핑 신시대 중국 특색의 사회주의 사상"이 중국공산당 〈당장(黨章, 당헌)〉에 반영되었다. '시진핑 사상'이 〈당장〉에 삽입되면서 시진핑의 이념적 권위가 강화되었다. 자신의 이름이 담긴 '사상'을 당장에 명기한 것은 마오쩌둥 이후 시진핑이 처음이다. 공산당 일당독재 시스템에서는 당장이 헌법에 우선한다. 시진핑 사상의 핵심은 '4개 전면'으로 전면적 샤오캉 사회건설(全面建成小康社會), 전면적 개혁심화(全面深化改革), 전면적 의법치국 추진(全面推進依法治國), 전면적 엄격한 당관리(全面從嚴治黨)가 근간을 이룬다.

3) 시진핑의 반부패 투쟁은 성공 가능한가?

(1) 중국 국가감찰위원회와 싱가포르의 탐오조사국(CPIB)

2018년 3월 20일 제13기 전국인민대표대회에서 「중화인민공화국 감찰법」을 제정하였다. 해당 법을 근거로 하여 공산당원뿐만 아니라 비공산당원인 공무원, 공공기관 종사자, 공무 담당자를 대상으로 부패를 감시하는 국가감찰위원회를 공식으로 설립하였다. 그리고 양샤오두(楊曉渡) 중앙기율검사위원회 부서기 겸 감찰부장을 감찰위 초대 주임으로 임명하였다. 헌법상 독립 기구인 국가감찰위원회는 반부패 조직인 중앙기율검사위원회가 통제하던 감찰부 및 소속 반부패 예

양샤오두는 시진핑 주석의 친위대인 시자쥔(習家軍) 세력 중 한 명으로 2007년 시진핑 주석이 상하이 당서기를 맡고 있던 시절 인연을 맺은 것으로 알려져 있다.

방국뿐만 아니라 검찰기관의 반부패 기능까지 이관 받은 사실상 단일 조직이다. 국가감찰위원회는 최고인민법원보다 서열에서 앞서며 감독, 조사 및 처벌을 담당한다.

중국은 1954년 처음으로 헌법을 제정한 이후 1975년, 1978년, 1982년에 개헌을 했다. 현행 헌법인 82헌법(八二憲法)은 1988년, 1993년, 1999년, 2004년, 2018년에 걸쳐 일부 개정되었다. 5차 헌법 개정은 2018년 3월 11일 제13기 전국인민대표대회 3차 전체회의에서 99.8%의 찬성으로 통과되었다. 주요 내용은 국가 주석 및 부주석의 2회 초과 연임 제한 조항 삭제, '시진핑 신시대 중국 특색 사회주의 사상' 헌법 삽입, 국가감찰위원회 신설 등이 핵심이다.

국가감찰위원회의 신설과 감찰법의 제정은 시진핑 집권 2기에도 반부패운동을 지속적으로 추진하겠다는 의지로, 이를 통하여 국정운영의 동력을 확보하겠다는 정치적 목적을 엿볼 수 있다.

그러나 감찰위원회 신설에 대해 해외언론들은 감찰위원회가 부패척결이라는 명분으로 시진핑의 권력 강화에 이용되는 것은 아닌지 많은 의구심을 제기해 왔다. 아울러 부패척결이라는 목표를 달성하기 위해 위헌이나 인권침해 요소가 다분히 있는 조치들을 허용한다는 우려가 있다.

아시아 최고의 청렴국가로 평가되는 싱가포르는 독립 초기부터 강력한 반부패법 토대 위에 민간과 공공부문의 모든 부패 사건을 전담하는 '탐오조사국(CPIB, 부패행위조사국)'을 가동하면서 세계적인 청렴국가를 건설했다. 국제투명성기구(TI)가 1995년부터 매년 발표하는 부패인식지수(CPI)에 따르면 싱가포르는 2020년 아시아에서 가장 깨끗한 국가로 조사 대상국 180개국 중 스위스, 핀란드, 스웨덴과 같이

중국 국가감찰위원회(National Supervision Commission)는 2018년 3월 헌법 개정을 통해 신설된 국가 최고감찰기구로 헌법 제7절 '감찰위원회'를 신설하고 이하의 5개 조항(제123조~127조)에서 구체적 내용을 규정하였다. 감찰위원회는 기존 국무원의 감찰국, 국가예방부패국과 인민검찰원의 반부패 조직을 통합하여 출범하는 거대 사정기구다. 감찰위원회의 국가기구 내 서열도 국무원과 중앙군사위원회 다음으로 최고인민법원과 최고인민검찰원보다도 앞선다, 감찰위원회는 당원은 물론 행정기관, 법원, 검찰, 국유기업, 사업단위(의료기관, 학교, 도서관) 등의 모든 공직자를 아우르는 국가적 반부패 사정기관으로 권한도 조사, 심문, 구금은 물론 재산 동결과 몰수까지 할 수 있는 강력한 권한을 가진다. 심지어 혐의만으로도 변호인의 접견 없이, 가족 등에 통지 없이도 최대 6개월 동안 유치(留置)할 수 있다(감찰법 제43조, 제44조).

쌍규(雙規) 조치와 '유치(留置)' 조치

기율검사위원회는 비리 혐의가 있는 당원들에 대해 조사를 진행하면서 정식으로 형사 입건하기 전에 구금 상태에서 '당이 규정하는 시간에 규정한 장소에서' 조사하는 쌍규 조치를 관행적으로 취하여 왔다. 그러나 이러한 조치는 법률에 근거한 것이 아닌 당내 법규인 「중국공산당 당기율검사기관 사건검사 업무조례(中國共産黨紀律檢查機關案件檢查工作條例)」에 근거한 것으로 피의자가 혐의를 자백할 때까지 변호사나 가족의 접견 없이 수개월 동안 수감되는 내부 징계 절차로 기본권을 심각하게 침해하는 조치였다.

그러나 감찰법은 쌍규 조치들을 대체하는 '유치' 조치를 도입하고 대상 및 장소(제22조)와 절차 및 기간(제43조) 등에 대해 비교적 상세히 규정하고 있는데, 이는 법제화를 통하여 정당성을 확보하겠다는 의도로 볼 수 있다. 그럼에도 불구하고 최대 6개월 강제 구금할 있고 피의자의 변호인 접견권이 여전히 보장되지 않아 인권이나 공정성에 대한 개선은 반영되지 않았다.

세계 3위를 차지하고 있다.

리콴유 초대 총리는 1960년 2월 「부패방지법(Prevention of Corruption Act)」을 제정하고 부패방지 전담기관 탐오조사국에 강력한 수사권과 사법권을 부여했다. 1981년 부패행위자가 형벌 이외에도 불법수익을 국고에 환수하도록 하고 부패행위자가 이를 거부하면 더 무거운 형벌을 부과하도록 강화했다. 1990년엔 해외 주재 대사와 외교관, 해외 주재 공직자의 부패범죄에 대한 가중 처벌 조항을 추가했다. 1989년 「부정축재몰수법」을 통과시켰다. 법원에 부패사범들이 획득한 각종 재산을 압류하고 동결할 수 있도록 하는 권한을 부여한 것이다. 이 법은 1999년 「부패이익몰수법」으로 강화됐는데, 부패 혐의자가 사망했을 경우에도 부패로 형성된 재산을 대를 이어 전액 몰수하도록 규정했다. 이보다 앞서 1993년 싱가포르 국회는 스스로 국회의원의 뇌

중국의 국가감찰위원회(NSC)는 아시아 최고 청렴국인 싱가포르의 탐오조사국(CPIB)을 모델로 탄생한 것으로 보인다. 그러나 감찰위가 탐오조사국과 같이 성공적인 부패방지기구로 성장할 수 있을지에 대해서는 회의적이다. 정치 지도자의 강력한 부패척결 의지와 법적 기반한 기구만으로 부패를 성공적으로 척결하기에는 한계가 있다. 탐오조사국은 중립성과 독립성을 기반으로, 법과 원칙에 따른 엄정한 법집행을 통해 국민으로부터 신뢰를 확보했다. 감찰위는 법치(法治)보다는 당치(黨治)에 의해 운영되면서 정치적으로 악용될 가능성을 배태(胚胎)하고 있다. 정치개혁, 사회개혁, 행정개혁 등의 국가 전반의 대변혁 없이 중국식 법치만으로는 반부패운동이 성공하기는 쉽지 않다.

물수수죄를 7년 이하의 징역 또는 10만 달러 이하의 벌금을 부과하거나 두 가지 형벌을 병과하는 가중처벌 조항을 추가 규정했다(부패방지법 제11조).

(2) 부패인식지수(CPI)

세계 각국의 부패 정도를 조사하는 독일의 민간기구인 국제투명성기구(TI)의 1995년부터 매년 「부패인식지수(CPI)」를 발표한다. 이 기구는 매년 기업경영자와 전문가들, 국제평가기관의 평가 등을 분석해 각국 공공·정치 부문의 부패 정도를 측정한다.

시진핑 시기 반부패운동으로 부패와의 전쟁이 10여 년 가까이 계속되고 있음에도 불구하고 뚜렷한 성과는 없다. 물론 부패인식지수로 중국 내 부패의 개선 정도를 판단할 수는 없다. 국제표준이라고는 하지만 각 국가마다 부패구조가 다르고 미치는 영향이 다른데 일반화할 수는 없는 것이다. 그러나 추세라는 것도 간과할 수 없는 만큼 시진핑의 전쟁이 아직도 진행 중이고 성과를 내기에는 시간이 더 필요함을 보여준다 하겠다.

반부패운동은 단기적으로 경제에 적지 않은 부담으로 작용할 것이라는 예측이 많다. 중국의 국제투명성기구(TI) 순위를 한 단계 올리기 위해서는 국내총생산(GDP)이 2% 감소한다는 분석도 있다. 그러나 단

중국의 부패인식지수(CPI)

년도	지수	조사 대상국	순위	정권 시기
1995	2.16/10	41	40	장쩌민 시기
1996	2.43/10	54	50	
1997	2.88/10	52	41	
1998	3.5/10	85	52	
1999	3.4/10	99	58	
2000	3.1/10	90	63	
2001	3.5/10	91	57	
2002	3.5/10	102	59	
2003	3.4/10	133	66	후진타오 시기
2004	3.4/10	146	71	
2005	3.2/10	159	78	
2006	3.3/10	163	70	
2007	3.5/10	179	72	
2008	3.6/10	180	72	
2009	3.6/10	180	79	
2010	3.5/10	178	78	
2011	3.6/10	183	75	
2012	39/100	176	80	시진핑 시기
2013	40/100	177	80	
2014	36/100	175	100	
2015	37/100	168	83	
2016	40/100	176	79	
2017	41/100	180	77	
2018	39/100	180	87	
2019	41/100	180	80	
2020	42/100	180	78	

출처: 국제투명성기구(TI, https://www.transparency.org)

기적 충격에도 불구하고 장기적으로는 반부패 개혁이 공정하고 투명한 사회를 형성하고 거래비용을 줄여 지속 가능한 경제성장을 이룰 수 있을 것으로 예상된다.

(3) 시진핑의 전쟁은 어떻게 다른가?

반부패운동은 1921년 창당 시기부터 당의 가장 중요한 정치적 과제로 실행되어 왔으며, 신중국 건설 이후에도 반부패 투쟁은 중단 없이 지속되고 있다.

그렇다면 시진핑 시기 반부패 투쟁은 기존 정권과 어떻게 다른가?

과거 최고 권력자의 반부패 투쟁이 정적 제거를 통한 권력 공고화에 이용되었던 것은 부인할 수 없다. 헌법 개정을 통해 장기집권의 기반을 마련했다고 평가받는 시 주석의 반부패 투쟁의 차별성은 과거 정권과 달리 정권의 운명을 걸고 중단 없이 캠페인(campaign)을 벌이고 있다는 것이다. 집권 1기 동안 많은 공직자가 부패로 숙청되었지만 고삐를 늦추지 않고 있다. 벌써 300만 명의 공직자가 처벌을 받았고,

'반부패'에 있어서의 부패 적발의 대상에는 일반적으로 금품 수뢰행위에만 한정되는 것이 아니라, 당기율위반에 대한 행위도 포함된다. 반부패 투쟁이 한창이던 2013년부터 2016년 사이 반부패 적발건수를 보면 당기율위반 행위자의 적발 건수가 상대적으로 크게 증가한 것을 알 수 있다. 시진핑의 반부패 투쟁이 권력 공고화를 위한 수단으로 보일 수 있는 부분이다.

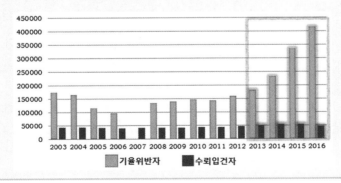

2018년 감찰법을 제정하고 국가감찰위원회를 설립하여 감찰대상을 정부기구 및 국유기업에서 공무를 수행하는 모든 담당자까지 확대했다. 법, 제도적 기반을 마련했다는 측면에서 역대 정권이 사용했던 이벤트성 캠페인과는 다르다고 할 수 있다.

이러한 부패와의 전쟁이 지속될 수 있는 가장 큰 원인은 시진핑이 집권 초기 제시했던 '중화민족의 위대한 부흥'에 있다고 볼 수 있다. 중국의 꿈을 실현하기 위한 선결조건으로서의 부패 척결은 앞으로도 중단 없이 진행될 것으로 예상된다. 특히 시진핑 집권 3기가 현실화 될 가능성이 높아 시진핑의 전쟁은 쉽게 끝날 것 같지 않다.

(4) 부패의 종언?

시진핑의 반부패 투쟁은 '중국의 꿈'을 실현하기 위한 선행조건이다. 시진핑의 꿈 나아가 중국의 위대한 부흥을 실현할 수 있을지는 향후 10년 내에 결정될 것으로 보인다. 2035년까지 미국을 추월 하겠다는 목표로 정책을 추진하고 있다.

중국에서 발생해서 전 세계를 팬데믹 사태로 몰고 간 코로나19로 전 세계의 경제가 큰 타격을 입을 것으로 예상되고 있지만 중국의 경제는 성장을 계속하고 있다. 그럼에도 불구하고 5000년 역사에서 단 한 번도 척결하지 못한 부패를 끝낼 수 있을지는 의문이다. 권력 공고화와 사회변혁을 통한 '중국의 꿈'이 실현 될지 시진핑의 대실험을 눈여겨 볼 일이다.

5. 중국의 꿈을 찾아서

중국 역사에서 부패의 그늘은 깊다. 매관매직의 역사만 해도 2000년을 거슬러 올라간다. 중국 5000년 역사에서 왕조의 교체기에 항상 빠지지 않는 것이 부정부패다. 세계 GDP의 32%를 차지하고 있던 청나라를 멸망시킨 것도 부패가 단초를 제공했다. 19세기말부터 시작된 중국의 시련은 개혁개방으로 전환기를 맞는다. 사회주의 시장경제의 위력은 미국을 위협하는 유일한 국가로 자리하게 되었다.

1921년 중국공산당이 창당되고 올해로 100년이 흘렀다. 중국공산당도 지난 100년간 부패와의 전쟁을 게을리 하지는 않았다. 그러나 뿌리 깊은 부패의 그림자를 없애기는 쉽지 않다. 사회적 수준에서 부패는 사회적 모순의 심화, 빈부격차, 사회문제의 노출로 이어지고, 경제적 수준에서도 매년 세계 GDP의 2%가 뇌물로 사라지고 있는 것으로 보고되고 있다. 중국도 각종 부패가 초래하는 손실이 GDP의 13~16%를 차지할 것으로 추정되고 있다. 마르크스는 사회주의 사회에서는 사유재산이 존재하지 않아 사람들 간의 갈등과 투쟁도 없어질 것으로 판단했다. 당연히 그의 추종자들은 부패가 사라진 세상을 확신했다. 그러나 사회주의 국가에서 권력을 얻기 위한 투쟁은 더욱

2020년 초부터 전 세계를 바이러스 공포로 몰아넣고 있는 코로나19의 발생에 대해 중국이 자유로울 수는 없다. 2035년 선진국 진입을 목표로 하고 있는 중국이 팬데믹 사태에 대해 책임 있는 자세가 요구된다. 경제적 조건만 충족된다고 선진국이 되는 것이 아니다. 국제사회에서 사회적 책임을 다하는 것도 선진국의 필수조건이다. 부패지수분만 아니라 국가 이미지, 인권, 언론의 자유 등 중국이 가야 할 길이 순탄치 않다.

심화되었는데, 사회주의 국가에서는 직업, 소득, 주택, 교육, 명예 등 모든 것을 권력이 결정하기 때문에 권력을 얻기 위한 투쟁은 한층 치열하게 전개되었다. 권력의 독점은 특권을 배태하고 특권은 부패를 낳게 된다.

개혁개방 이후 사회주의 시장경제의 도입으로 부패가 일상화되고 1989년 천안문 사건으로 귀결되게 된다, 천안문 사건 이후 반부패 투쟁은 법·제도화로 전환되었지만 큰 성과를 거두지는 못했다. 2012년 11월 제18기 1중 전회에서 시진핑이 당 총서기와 중앙군사위원회 주석으로 당선되면서 부패와의 전쟁을 선포한다. 시진핑은 반부패운동을 통해 주로 장쩌민 시기 이후 형성된 기득권 세력을 숙청하고 그 자리에 자신의 세력으로 대신하면서 '시자쥔'을 구축해 나가고 있다. 그로 인하여 반부패운동이 시진핑의 영구 집권을 위해 기획된 것은 아닌지 의심받고 있다. 실제 2018년 현행 헌법인 1982년 수정헌법을 일부 개정하면서 헌번 제79조에 '중화인민공화국 주석' 관련 조항에서 연임제한 문구를 삭제한 바 있어 2022년 가을에 열리는 제20차 전국대표대회에서 3연임이 예상되고 있다.

시진핑 시대 화두는 역시 '중국의 꿈'에 있다. 위대한 중화민족의 부흥이라는 국가 목표를 달성하기 위한 수단으로 '부패 척결'과 '의법치국'은 반드시 필요하다. 국가 의제에 있어 시진핑은 마오쩌둥과 닮아 있다.

마오쩌둥이 대약진의 실패에도 불구하고 그를 거역할 수 있는 세력이 존재하지 않았던 것과 같이, 시진핑의 반민주적 형태에도 불구하고 현재로서는 마오쩌둥 이후 가장 강력한 권력자인 그를 견제할 수 있는 대안이 없는 것이 사실이다. 강권 통치로 '위대한 중화민족의 부흥'을 완수할 수 있을지는 의문이다. 특히 권력 공고화를 위해 언론,

시민사회, 인권을 탄압하고 통제를 강화하고 있으며, 법을 개정하고 정권을 연장하려는 일련의 상황은 전 세계에 미치는 중국의 영향력만큼이나 우려의 목소리가 높다. 부패를 척결하고 중국의 위대한 부흥을 달성하기 위해서는 강력한 철권통치로는 불가능하다. 법·제도의 개선과 동시에 언론과 시민사회의 활성화를 통해 사회적 감시와 비판 기능을 회복하는 아래로부터의 부패 척결 운동이 요구된다. 지난 100년간 반부패 운동은 공산당주도의 정치 투쟁에 머물면서 권력 공고화 도구에 불과했고, 그 결과 실질적인 성과를 내지는 못했다. 그럼에도 불구하고 시진핑 시기에 들어 반부패에 대한 법·제도적 기반은 마련된 만큼, 국민이 자발적이고 적극적으로 참여하는 사회변혁 운동으로의 대전환이 부패와의 전쟁에서 성공 여부를 가늠하게 될 것이다.

참고문헌

강준영, 「중국 보시라이(薄熙來) 사건의 정치학」, 『국제지역연구』 17(4), 국제
　　지역학회, 2014, 213~230쪽.

김윤권 외, 『중국 반부패의 제도와 정책에 관한 연구』, KIEP, 2018.

배덕현, 「'중화인민공화국 감찰법'의 주요 내용과 평가 및 전망」, 『한중사회
　　과학연구』 48, 한중사회과학학회, 2018, 23~62쪽.

서진영, 『현대중국 정치론』, 나남출판, 1997.

여유경, 「시진핑의 제도적 조정을 통한 권력과 정당성 강화: 중국공산당 19
　　차 전국대표대회를 중심으로」, 『아태연구』 25(4), 국제지역연구원, 2018,
　　171~198쪽.

이문기, 「시진핑 시대 반부패운동의 정치적 함의: 청렴정부 건설인가 강권정
　　치 회귀인가?」, 『현대중국연구』 17(1), 현대중국학회, 2015, 55~90쪽.

이상환, 「국제적 반부패 논의에 대한 고찰: 한-중-일의 시각 비교」, 『세계
　　지역연구논총』 25(1), 한국세계지역학회, 2007, 181~212쪽.

이희옥, 「시진핑 시기 반부패운동의 정치논리: 시장, 법치, 거브넌스의 관계」,
　　『중소연구』 39(1), 아태지역연구센터, 2015, 17~48쪽.

장윤미, 「문혁과 중국정치」, 국회입법조사처, 2012.

전가림, 「중국의 부패상과 정부의 대응에 관한 연구」, 『국제지역연구』 12(2),
　　국제지역학회, 2008, 351~377쪽.

전병곤, 「중국 반부패의 법제화와 체제안정」, 『세계지역연구논총』 22(2), 한
　　국세계지역학회, 2004, 169~190쪽.

조관희, 「(문화) 1960년대, 구화(古華)의 『부용진』」, 『친디아 저널』 72, 2012,
　　46~47쪽.

조영남, 「2014년 중국 정치의 현황과 전망」, 『2014 중국정세보고』, 국립외교원 외교안보연구소 중국연구센터, 2015.

조영남, 「중국 후진타오와 시진핑의 권력 공고화 비교」, 『국제·지역연구』 26(4), 서울대학교, 2017, 1~35쪽.

최지영, 「중국의 반(反)부패정책 및 조직 연구」, 『국방연구』 56(1), 안보문제연구소, 2013, 131~155쪽.

한상돈, 「중국 행정법의 발전과 최근 동향」, 『외국법제정보』, 한국법제연구원, 2005.

Ding, Arthur S., Panda, Jagannath P., *Chinese Politics and Foreign Policy under Xi Jinping: The Future Political Trajectory*, Taylor & Francis Group, 2020.

Dillon, Michael, *China in the Age of Xi Jinping*, Taylor & Francis Group, 2021.

Economy, Elizabeth C., *The Third Revolution: Xi Jinping and the New Chinese State*, Oxford University Press, 2018.

Lam, Willy Wo-Lap, *Chinese Politics in the Era of Xi Jinping: Renaissance, Reform, or Retrogression?*, Taylor & Francis Group, 2015.

Li, Cheng, *Chinese Politics in the Xi Jinping Era: Reassessing Collective Leadership*, Brookings Institution Press, 2016.

Maddison, Angus, *Chinese Economic Performance in the Long Run*, OECD. 2007.

Mühlhahn, Klaus, *Making China Modern: From the Great Qing to Xi Jinping*, Harvard University Press, 2019.

국제투명성기구(TI, https://www.transparency.org).

강효백, 「[강효백의 新경세유표16] 싱가포르는 어떻게 세계3대 청렴부국이 됐을까」, 『아주경제』, 2019.11.13.

https://www.ajunews.com/view/20191112150012491

김상훈, 「[해외부패수사기관] ① 싱가포르 부패조사국·홍콩 염정공서」, 『연합뉴스』, 2017.09.18.

　　https://www.yna.co.kr/view/AKR20170526177200076

박승준, 「[weekly.chosun.com] [박승준의 차이나 워치] 창당 95주년 중국공산당의 예상 수명은?」, http://reurl.kr/4CB134C26FA

이근식, 「사회주의의 실패」, https://www.pressian.com/pages/articles/37209

bbc news, 「習近平的反腐運動: 範圍有多廣? 目標是什麼?」, 2017.10.23.

　　https://www.bbc.com/zhongwen/simp/chinese-news-41719314

鄧聿文, 「觀點: 習近平宣稱"反腐鬪爭取得壓倒性勝利"傳遞什麼信號」, bbc news, 2018.12.27, http://reurl.kr/4CB134C3CBA

張敏彦, 「這件事, 習近平在歷年中央紀委全會上反復强調」, 『新華網』, 2021.01.22, http://reurl.kr/4CB134C2EKV

角崎信也, 「習近平政治の検証③: '反腐敗'」, 日本国際問題研究所, 2017.11.10.

　　https://www2.jiia.or.jp/RESR/column_page.php?id=269

「習近平大整肅 上台5年拔官135萬多人」, 『自由時報』, 2017.10.09.

「2018年全國紀檢監察機關處分62.1萬人包括51名省部級及以上干部」, 『新華網』, 2019.01.09.

「2019年全國紀檢監察機關處分58.7萬人包括41名省部級干部」, 『新華網』, 2020.01.17.

「今年上半年全國紀檢監察機關處分24萬人包括13名省部級干部」, 『新華網』. 2020.07.17.

민영기업과 중국공산당의 관계

: 민영기업 속으로 파고든 당조직

장지혜

1. 2021년 중국공산당과 민영기업의 관계는?

1921년 중국공산당이 창당되고, 1949년 공산당 혁명에 의해 중화인민공화국이 건국된 이후, 중국은 당이 국가의 모든 권력을 가진 '당-국가시스템(Party-State System)'으로 운영되어 오고 있다. 당에 의해 국가가 설립되었다는 것은 당이 국가 위에서 국가를 장악하고 있다고 볼 수 있다. 중국공산당은 중국의 경제뿐만 아니라 정치, 사회 전반에 영향력을 행사하고 있다.

헌법 역시 공산당 아래에 있으며, 입법, 사법, 행정 모두 당의 통제를 받고 있고, 인민해방군도 당의 군대이다. 중국의 최고권력층은 정치국 상무위원회이다. 중국은 당과 정부가 불가분의 관계 속에서 지난 40여 년간 '사회주의 시장경제'를 표방하며 경제성장을 이루었으며, 앞으로도 중국공산당은 중국 경제성장의 핵심으로 계속 그 지위를 유지할 것으로 보인다.

그렇다면 중국의 '민영기업'은 과연 누가 장악하고 있으며, 당의 권력은 기업의 어디까지 영향을 미치고 있을까? 2018년 12월 중국공산당이 개혁개방 40주년을 경축해 연 기념식에 민영기업의 상징이기도 한 알리바바 설립자인 마윈(馬雲)과 탄센트 설립자인 마화텅(馬化騰)이 참가하여 메달을 받았다.

왜 당이 공산당 기념식에서 민영기업 대표에게 '개혁·개방 유공자' 표창을 하고, 그 시상을 시진핑 중국공산당 총서기 겸 국가주석이 한 것일까? 이것은 민영기업 역시 공산당하에 있다는 것을 보여준 예라 할 수 있을 것이다. 그리고 그 예는 이것만이 아니다.

같은 해 연말 중국 최대 포털기업인 바이두(百度)는 회사의 '당 위원회 서기'를 뽑는다는 구인광고를 냈다. 연봉은 56만 위안(한화 약 9,200만 원)으로 대졸 이상 학력 소지자에 공산당원이며 최소 2년 이상 정부 업무를 담당한 경험이 있고, 정부나 대기업에서 일한 경력이 있는 사람은 우대한다는 조건이 있었다. 사실상 퇴직을 앞둔 유능한 공무원을 뽑겠다는 것이다. 당서기는 당 관련 업무를 주관하는 직책으로 당의 일을 하는 사람인데 왜 구인공고를 내며 그들을 뽑으려고 했을까?

민영기업과 사영기업

민영기업이란 민영자본으로 설립되고 운영되는 기업으로 국가 소유의 국유기업과는 상반되는 기업을 말한다. 일반적으로 종업원 7인 이하의 소규모 업체인 개체호(個體戶)와 종업원 8인 이상의 기업인 사영기업 그리고 지방정부 또는 각종 단체가 소유하고 있는 집체기업 등이 민영기업에 포함된다.

2018년 당시 시진핑은 당의 지도 역량을 높이고, 조직 강화를 하기 위해 '당 건설'에 역점을 두었다. "당원이 있는 곳이면 어디든 당 조직을 설립해야 한다"고 하였으며, 특히 민영 IT 기업들이 이것을 잘 지키지 않는다고 언급하기도 하였다. 바이두 외에 인터넷 자동차 공유기업인 '디디추싱(滴滴出行)'도 공채공고를 냈었다. 디디추싱은 당서기를 공모하며 월 2만 위안(약 350만원)의 급여를 주겠다고 하였다. 이 금액은 중국 대졸자 평균 초임 연봉의 3.6배 수준이다. 이와 동시에 대정부 업무를 담당할 공산당원 출신의 직원도 새로 뽑았다. 이외에도 샤오미(小米)의 경우는 CEO인 레이쥔(雷軍)이 당 조직 활동을 챙겼다.

당시 마윈이 사퇴발표를 하던 때로 당과의 관계를 좋고 원만하게 이끌어가기 위해 대부분의 회사는 직원 중에서 공산당원을 뽑아 당위를 이끌게 하였고, 큰 기업들은 외부에서 공고를 내서 뽑았다. 민영기업의 이러한 일련의 행동들은 모두 '당성(黨性)' 강화와 당에 충성을 인정받으려는 노력이다. 하지만 중국이 아닌 시장경제체제의 국가에서 봤을 때 이러한 기업 내 당 조직 건설과 같은 것은 기업 경영에 맞지 않으며, 권력의 하방(下放)이라는 중국의 개혁·개방의 기치에도 맞지 않아 보인다.

또 다른 예를 보면, 2021년 2월 25일, 베이징 인민대회당에서 빈곤 퇴치에 이바지한 개인과 단체들 총 1981명을 표창하기 위해 열린 행사에 6명의 기업가가 있었다. 기업가들은 바로 최근 중국에서 부상하고 있는 '홍색(紅色)자본가'를 대표하는 쑤닝(蘇寧)의 장진둥(張近東) 회장과 모바일 차량 공유 서비스 시장의 90%를 점유하고 있는 디디추싱의 창립자이자 CEO인 청웨이(程維) 등이었다.

민영기업가인 청웨이는 "탈빈곤에서 전면적 승리를 거둔 위대한 시대에 산다는 것에 우리 같은 젊은 기업, 젊은이들은 너무나 고무되

홍색자본가

홍색자본가는 20세기 초반에 만들어진 개념이지만 시진핑이 공산당의 통치를 경제 우위에 두며, 기업과 기업인을 통제하기 위해 다시 부활시켰다고 볼 수 있다. 알리바바의 마윈 같은 1세대 기업인들은 기업 경영과 정치 사이에 어느 정도 거리를 두고자 했다면, 홍색자본가의 경우 국가와 공산당에 대한 충성심을 강화하고 기업의 사회적 책임도 중시한다. 이들은 중국공산당이 이룩한 성과에 대해 자부심과 중화민족주의적인 성향을 보인다. 이들은 중·미 무역 마찰의 상황을 100년 전 제국주의 침략 같은 것으로 여기며 미국을 반드시 이겨야 하는 적으로 보고 있다.

어 있다. 조국을 위해 당이 이룬 위대한 성과가 자랑스러우며 영광스럽다고 느낀다", "젊은 과학기술 회사로서 우리가 참여하여 작은 이바지를 할 수 있다는 것도 너무나 자랑스럽다"라고 하며 공산당을 찬양하기도 하였다.

그리고 2021년에는 중국공산당이 갑자기 청나라 때 민영기업가를 우상화하는 노력도 하고 있다. 2021년 양회(兩會) 기간 중인 2021년 3월 4일 전국인민정치협상회의 위원인 난퉁(南通)대학 총장인 스웨이둥(施衛東)은 청나라 말기(19세기 말~20세기 초)의 민영기업가 장젠(張

양회(兩會)

중국에서는 매년 봄 양회가 열리는데, 양회는 두 개의 회의이다. 하나는 '전국인민대표대회(전인대)'로 법률 제정과 수정의 권한을 가지며, 국무원의 정책을 감독한다. 또 다른 하나는 '중국인민정치협상회의(정협)'으로 정협은 당과 정부의 정책 방향에 의견을 제시하는 역할을 하며, 위원의 제안은 법률적 효력이 없다.

謇, 1853~1926)을 초·중·고 교과서에 싣자는 의견을 제안하였다. 그는 왜 장젠이라는 인물을 교과서에 싣자고 하였을까?

장젠은 2020년 11월 12일 시진핑 주석이 장쑤성(江蘇省)을 시찰 중 난퉁박물관의 장젠 일대기 전시회를 둘러 보다 언급하여 유명해진 인물이다. 시진핑은 참관 중 "장젠은 기업을 창업하는 동시에 교육과 사회 공익사업을 통해 고향을 부유하게 하고 사람들에게 도움을 주어 민영기업가로서 어질고 사리에 밝은 옛사람으로 본보기가 되었다." 라고 하였다. 동시에 "그의 역사적 흔적은 교육적 의의가 큰 만큼 애국주의 교육기지로 만들어 청소년들이 교육을 받도록 하고 4개의 자신감을 키우도록 하라"라고 지시하였다. 4개의 자신감은 중국 특색의 자본주의 길과 이론, 제도, 문화에 대한 자신감을 말하며, 시진핑의 이 말은 장젠이라는 인물을 통해 공산당 영도하의 중국식 시장경제에 대한 자부심과 자신감을 갖도록 하라는 것이었다.

이러한 지시가 있고 11일 후 장쑤성 난퉁시 정부는 114년의 역사를 가진 초등학교의 이름을 '장젠 제1초등학교'로 바꾸었으며, 2021년 1월 6일 장젠과 같은 사회적 책임감을 가진 새로운 기업가 집단을 배양하는 것을 설립 목표로 하는 경제경영 전문대학인 '장젠 기업가 학원'을 설립했다. '장젠 기업가 학원' 설립 전인 2020년 12월 2일 『인민일보』는 「사업을 통해 국가에 보답하고 착실하게 일해 국가를 부흥시키자(事業報國 實幹興邦)」란 제목의 평론을 통해 "장젠을 본받아 기업 발전과 국가 발전을 결합하여 새로운 기술 혁명과 산업 변혁에서 기회를 잡아야 한다"고 하였다.

그렇다면 이 장젠이라는 인물은 어떤 사람이기에 갑자기 우상화가 되었을까?

장젠은 1853년 장쑤성 하이먼(海門)에서 태어나 1894년 나이 마흔에 중앙 과거시험에 수석으로 합격하여 6품으로 한림원 수찬관(修撰官)으로 임명되었다. 그는 임명된 지 2년이 지난 후 양강총독(兩江總督)인 장즈둥(張之洞)의 지시를 받고 난통 지역에 대생(大生)방직공장을 설립하였으며, 민자 철도를 깔고, 증기선을 도입하였다. 그는 평생 동안 20여 개의 기업을 세웠으며, 당시 서방 제국주의의 경제 침략에 맞선 민족산업과 민족기업을 일으킨 인물이라 할 수 있다.

그는 사범대학, 방직학교, 의학원, 농업학교 등 370여 개의 학교를 세웠는데, 직접 세우거나 창설에 참여한 대학으로는 국립중앙대학, 난징(南京)대학, 푸단(復旦)대학, 상하이(上海)해사대학, 둥난(東南)대학 등이 있다. 그의 업적을 봤을 때 우상화할 정도의 대단한 인물이 아닐 수 없다.

그러나 장젠은 19세기 말에서 20세기 초 양계초(梁啓超) 등과 함께 헌정운동과 임헌내각운동의 선두에 있던 인물로 중화 개국에도 큰 역할을 하였다. 그는 1911년 신해혁명으로 청나라가 무너지고 난징 임시정부가 출범하자 입헌파를 중심으로 공화당을 창당해 양계초의 민주당과 연합하기도 하였으며, 중화민국 임시정부에서 공상부장(장관)을 역임하기도 하였다. 이 때문에 중국 건국 전 사망하였으나 1966년 문화대혁명 당시 그의 묘는 홍위병들에 의해 파헤쳐지고 '4가지 구악 적폐'로 몰리기도 하였다.

그렇다면 이런 장젠을 지금 우상화하는 목적은 무엇일까? 시진핑 주석이 난통을 방문한 시기는 알리바바의 마윈과 다우(大午)그룹의 쑨다우(孫大午) 등의 중국 대표 민영기업가들이 정부의 핍박을 받던 때였다. 마윈의 경우 앤트파이낸셜(螞蟻集團)의 기업공개(IPO)가 취소된 후 잠적해 있는 동안 실종설이 나돌기도 하였다. 농·목축업으로 중국 500대 기업이 된 다우그룹의 쑨다우는 "제도적 악이 근본적인 원인이다. 전제제도는 민영기업을 권력에 의지하게 하고, 큰일을 할 수 있는 민영기업은 대부분 정부 관료와 밀접한 관계를 맺는다"라는 말을 했다가 「소란을 일으키고 경영을 파괴한다」라는 죄목으로 체포되었다. 이런 시기 장젠의 우상화는 민영기업가들에게 보내는 일종의 '메시지'로 볼 수 있다.

일반적으로 중국공산당은 어떤 목적을 위한 사회 캠페인을 시작하기 전에 해당 캠페인의 모델이 되는 인물을 찾아 그를 우상화하고 배우자라는 국민적 선전 공세를 한다. 이러한 지침에 따라 어떤 한 조직이 관련 행동을 시행하고 다른 조직들이 따라서 행동하게 한다. 실제로 쑤닝 그룹의 장진둥 회장이 '장젠 기업가 학원' 설립 행사에 참석하여 "민영기업의 대표 입장에서 대기업은 대기업으로서의 역할을 해야 한다고 본다. 기업이 작으면 개인의 것이지만, 기업이 크면 사회의 것이자 국가의 것이다. 따라서 쑤닝이 한걸음 발전할 때마다 사회적 수요에 따라서 일해야 하고, 국가 정책에 따라 일해야 한다."라고 하였다. 이에 대해 '공산당에 대한 충성맹세'로 보는 언론들도 있었다.

민영기업은 중국이 오늘날과 같은 경제성장을 이루어낼 수 있게 한 주역으로, GDP의 60%, 일자리의 80%를 창출해내고 있다. 하지만 중국에서 민영기업은 당의 손바닥 속에 있으며, 중국에서 기업을 경영하는 데 당의 개입은 점차 늘어나고 있다. 또한, 미·중 무역 전쟁을 치르는 가운데 중국공산당의 힘은 강화되어 가고 있고, 사회 통제력은 점점 더 정교해지고 있으며, 시진핑 1인에 대한 권력 집중은 나날이 심해지고 있다.

2. '당과 함께 창업'을 한다고?

'아시아의 실리콘밸리'라고 불리는 선전(深圳)의 남산(南山) 소프트
웨어 단지에 IT 기업들이 밀집되어 있는 창업광장에는 「당과 함께
창업을(跟黨一起創業)」이라는 표어가 있는 조형물과 대자보를 볼 수
있다. 선전 당위원회 서기이자 창업광장 당위원회 서기인 치우원(邱
文)은 "창업광장의 발전은 중국의 '쌍창(雙創)'정신이 구체적으로 드러
난 것이며, 당과 함께 창업하면 성공할 가능성이 크다"라고 말하였다.
여기서 '쌍창'은 혁신(創新)과 창업가를 말한다. "당과 함께 창업을"이
라는 것은 기업을 설립하는 데 있어 당의 지도를 벗어나지 말라는
의미라 볼 수 있다.

중국공산당은 창업팀과 공산당의 정신은 같은 선상에서 출발한다
고 생각하고 있다. 그들은 1921년 아무것도 없이 시작한 초기 공산당
이 현재 중국을 세계 2위의 경제 대국으로 성장하게 한 것과 창업팀의
상황이 같다는 것이다. 당에 대한 충성, 진취적인 개척정신, 확고한
의지 모두 기업가 즉 창업가들의 정신과 관련이 있다는 것이다.

'당과 함께 창업을'이라는 표어는 2017년 9월 초부터 등장하였으며,
2017년 11월 18차 당대회에서 당의 역할이 강조되며 당을 국가 운영

의 전면에 세우려고 하던 시진핑의 '당 건설' 노선의 영향으로 본격적으로 사용하게 되었다. 즉, 선전 공산당 당위원회가 외치는 '당과 함께 창업을!'이라는 것은 바로 18차 당대회에서 "대중창업, 만중창신(大衆創業, 萬衆創新)"이라고 말한 것에 대한 대답이다. 여기서 '대중창업, 만중창신'이라는 것은 "일반 국민 모두가 창업하고 창조와 혁신한다"는 의미이다.

중국에서 창업이라는 것은 재력, 학력, 경험 등을 갖춘 사람들이 할 수 있는 것이라고 생각했으나, 이 '대중창업, 만중창신' 말에서 나타나듯 '대중(大衆)'은 '모든 사람들', 즉 일반인들도 창업을 할 수 있고, '만중(萬衆)'은 2015년 당시 13억 중국인—2021년 현재는 14억 4,421만 6,102명으로 세계 1위이다(통계청 KOSIS 기준)—으로 이들의 혁신과 창조를 의미한다고 할 수 있다. 즉 모든 중국인이 창업하고 혁신하고 창조하는데 중국공산당이 창업 환경과 기회를 만드는 도움을 주어 중국의 경제발전과 취업난을 해결하겠다는 것이다.

선전 공산당 당위원회는 선전시 국가자본위원회 당위원회, 투자공사 당위원회와 함께 선전의 「국가주도 창업 인큐베이팅」 정책을 벌여왔다. 결과 창업광장 주변에 들어선 19개의 대형 빌딩에는 중국을 비롯한 49개국의 투자사와 45개의 인큐베이팅 센터, 349개의 기업이 입주해 있다고 한다. 이곳에서는 누적 1,000억 위안 이상의 산업 가치를 발생시키고 있다는 279개의 창업 관련 프로젝트가 인큐베이팅 되고 있었다. 그리고 2017년 당시 관리 업무에 종사하고 있는 공산당원은 1,100여 명에 이르렀다고 한다.

중앙 정치국 위원이며 중앙조직부 부장인 짜오러지(趙樂際)는 국영기업의 토지제공(공간), 테크 기업의 노하우(전문성), 전문 운영사의 운영 서비스(운영)가 제공해야 한다는 '3대 공통건설 프로세스'를 주장하였다. 그는 이를 통해 창업부지 제공, 주변 지역의 대중교통 접근성 문제 해결, 남산구 테크 기업의 사업 운영과 관련된 노하우를 전수, 엔젤 펀드 유치 및 설립과 같은 인프라 형성을 통해 기업 발전, 인재육성 등에 도움이 될 것이라고 하였다.

당위원회가 추구하는 모델은 창업과 당을 동기화하여 '서로가 서로를 포함하는' 산업생태계를 구축하는 데 있다. 현재 당위원회는 선전에 1,800㎡의 당원 서비스센터를 설립하여 당원 서비스 네트워크, 통합기능 관리부서, 공청부 등의 당원조직 및 전문 서비스 기구를 설립해 현장에 출동하여 문제를 해결해 주는 종합 전문 서비스 플랫폼을 운영 중에 있다. 기업 역시 주요 기업의 책임자는 당위원회 위원을 겸직하고 있다. 레전드 스타(Legend Star)의 스타 클라우드(Star Cloud) 액셀러레이터 운영 총괄인 왕쥔(王君) 역시 당위원회 위원이다. 이곳은 인큐베이팅 센터로 인큐베이팅 프로그램으로 91개 창업팀을 배출하였으며, 30%가 총 기업가치 38억 위안(한화 6,560억) 이상의 평가를 받고 있다.

대표적 스타트업 기업으로는 2016년 6월 창업한 '리즈교육(荔枝微課)'이 있다. 이 회사는 창업 후 1년 동안 1,200만 달러를 후원받았으며, 2017년 9월까지 2억 위안 이상의 누적 거래액을 달성했다. 이 기업의 사업 모델은 온라인 교육 스트리밍 플랫폼을 표방한 것으로, 기업명에 있는 웨이커(微課)라는 단어가 본 기업의 주요사업 내용이 어떤 것인지를 잘 알려준다. 웨이커는 교사가 교실 내외에서 하는 교육 중 일부 중점 내용이나 학생들이 어려워하거나 의문을 갖는 내용을 영상으로 기록한 것을 말한다. 이 플랫폼에는 중미창투(中美創投)의 CEO인 후전차오(胡振超)의 '당건설과 창업지도'에 관한 수업이 있다.

「당과 함께 창업을」로 대표되는 이러한 현상은 심천 외에도 혁신도

시로 지정된 많은 지역에서 나타나고 있다. 공산당 정신은 공산당식 지원정책과 함께 창업에 녹아들어 중국식 기업가 정신을 만들어내고 있다. 아시아의 실리콘밸리인 선전은 국가주도형으로 이루어진 IT 특구라고 할 수 있다. 중국은 바로 이렇게 정부가 나서서 '인터넷+' 혁신과 '대중창업 민중혁신'을 주도하고 있다.

3. 중국공산당은 민영기업과 공생(共生)하려 하는가? 공영(公營)하려 하는가?

2015년 3월 15일 전국인민대표대회 폐막식 후 베이징 인민대회당에서 열린 한 해의 정책 방향을 밝히는 기자회견에서 "창업은 정부 간섭보다 시장의 규칙에 따른 개개인의 자발적인 행위라는 의견이 있다. 혁신 창업을 추진하기 위한 정부 차원의 노력이 과연 필요한가"라는 질문에 대해 리커창 총리는 "「대중창업, 만중창신(大衆創業, 萬衆創新)」은 개혁을 내재한 것으로 시장의 활력을 되찾기 위해 정부는 장애물 제거와 플랫폼 구축에 힘을 쓸 것"이라고 말했다. 즉 "「대중창업, 만중창신」을 통해 고용의 확대와 국민소득 증가로 경제를 살리고 사회의 공평 정의를 실현하겠다"는 것이었다. 바로 이날 시진핑 정부는 '시장'과 '혁신'을 국정 핵심 목표로 제시하고, '플랫폼 경제'를 구체화시키는 전환점이 되었다.

'시장'이라는 말은 중국의 덩샤오핑과 장쩌민(江澤民) 시기에, '혁신'은 후진타오 시기에 각각 등장하였다. 중국에서 '시장'이라는 말이 최초 등장한 것은 1978년 '사회주의 시장경제'가 시작되면서이다. 1978년부터 1984년까지 중국의 개혁개방정책은 농촌과 동부 연해 중심으로 진행되었으며, 이러한 성과를 바탕으로 1984년부터는 도시와 공업 분야로 확대되며 1988년까지 중국은 급속한 경제성장과 발전을 이루었다.

그러나 1989년 천안문 사건 이후 중국의 개혁개방정책은 위축된 상태가 지속되었다. 이에 1992년 초 덩샤오핑은 '남순 강화'를 통해 중국의 개혁개방은 앞으로 100년간 지속될 것이라고 하며, "자본주의에도 계획이, 사회주의에도 시장이 있다(姓資姓社)"나 "검은 고양이든 흰 고양이든 쥐만 잘 잡으면 된다(黑猫白猫論)" 등으로 개혁개방을 계속해서 추진하도록 독려하였다. 이 당시에 나온 '사회주의 시장경제론'은 기존의 계획과 시장의 혼합 형태로 경제 운영을 한 것에서, 시장의 비중을 높인 것이다. 이것의 의의는 중국 경제를 운영하는 데 있어서 그 중심이 시장에 있는 것뿐만 아니라 중국에서 민간기업의 활동을 허용했다는 데 있다.

2001년 7월 1일 장쩌민은 중국공산당 창건 80주년 기념 연설에서 개인 사업가가 공산당에 입당할 수 있게 한 '3개 대표론(三個代表有利論)'을 제기하였다. 이후 2002년 제16차 당대회와 2003년 제10기 전국인민대표대회를 통해 각각 당헌과 헌법에 명문화되었으며, 국가의 공식이념이 되었다. '3개 대표론'은 "중국공산당이 세 가지를 대표해야 한다."라는 것이다. 구체적인 내용은 첫째, 중국공산당은 선진 생산력 발전 요구를 대표해야 한다. 둘째, 중국공산당은 선진문화의 발전 방향을 대표해야 한다. 셋째, 중국공산당은 가장 광범위한 인민의 근본 이익을 대표해야 한다는 것이다. 그중에서 주목을 받은 것은 바로 세 번째의 내용이다. 이것은 기존에 농민·노동자와 같은 무산계급을 대표하던 중국공산당이 사영 기업가의 이익을 대변하고, 그들의 입당을 허용하며, 국가 주요 직책을 맡을 수 있게 하였다는 것이다.

2002년 후진타오 체제 시기는 선부론과 불균등발전전략으로 인한 경제 제일주의, 계층과 지역의 빈부격차 문제, 환경파괴, 부정부패 현상의 심화 등으로 통치위기 상황에서 균형발전전략이 제기되어, 2005년 '11차 5개년 규획(2006년~2011년)'에 균형발전전략이 정책적으로 반영되어 나타났다. 후진타오 시기에는 '사회주의 화해(조화)사회론'이 강조되었는데, 이것은 성장 중심의 경제발전 전략에서 균부론과 균등발전전략으로 경제전략에 대한 정책이 변화되었다는 것을 나타낸다.

〈표 1〉 중국 세대별 핵심인물과 대표인물

세대	핵심인물	대표인물	주요 내용
제1세대	마오쩌둥 (毛澤東)	류사오치(劉少奇), 저우언라이(周恩來)	중국공산당 창당 이후부터 국공내전, 항일전쟁을 겪은 후 중화인민공화국을 건국한 세대이다. 건국 이후 1976년까지 사회주의 경제체제로 국가를 운영하였다.
제2세대	덩샤오핑 (鄧小平)	후야오방(胡耀邦), 자오쯔양(趙紫陽)	항일전쟁과 국공내전에 참가한 세대로 이들 역시 중국 혁명에 직접 참가한 혁명 1세대들이지만 당시에는 '주자파(走資派)'로 몰려 하방을 당하기도 하였다. 덩샤오핑은 마오쩌둥이 사망한 후 개혁개방을 추진하였다.
제3세대	장쩌민 (江澤民)	리펑(李鵬), 주룽지(朱鎔基)	건국 이후 사회주의 건설에 참여하였으며, 1990년대에는 경제체제의 시장화를 주도하기도 하였다.
제4세대	후진타오 (胡錦濤)	원자바오(溫家寶), 우방궈(吳邦國)	문화대혁명 과정에서 성장한 세대로 불균형 경제성장의 폐해를 바꾸기 위해 '조화로운 사회 건설'을 정책 기조로 삼아 지역 불균형 문제를 해소하고 부의 올바른 분배를 하기 위해 힘썼다. 후진타오는 도농간 빈부격차 완화하기 위해 삼농(농촌·농업·농민)문제를 해결하려고 하였다. 그는 농민들에게 가전제품을 보급하고 의료와 복지 분야에 투자하여 농촌의 가계 소비가 늘어나 중국 내수 경제를 활성화되게 하였다.
제5세대	시진핑 (習近平)	리커창(李克強) 장더장(張德江)	시진핑은 과거 농촌에 하방된 경험이 있었으며, 이 때문에 농촌 문제에 많은 관심을 가지고 있다. 그는 "5년 안에 농촌 빈곤 인구를 없애겠다"고 하기도 하였으며, '신농촌 건설'을 추진하기도 하였다. 또한 부정부패 척결을 중시 여겼다. 특징적인 것은 이전 지도부들이 이공계 출신자들이 많았으나 인문사회계 출신자들이 많이 참여하고 석박사 출신의 고학력자들도 이전보다 많아졌다.

*자료: 공봉진·이강인·장지혜 외 7인, 『현대중국사회』, 세종출판사, 2009, 39~40쪽과 박범종·공봉진·장지혜 외 5인, 『중국개혁개방과 지역균형발전』, 한국학술정보, 2019, 32~57쪽에서 참고 정리.

그리고 '혁신'이라는 것 역시 이때 핵심 문제로 등장하였다.

제5세대 지도자인 시진핑은 권력을 잡은 후 바로 부패척결운동을 벌였다. 그 이유는 당이 부패라는 것과는 거리가 멀다는 이미지를 만들어 더욱 강한 지도력을 가지려고 하는 것이다. 시진핑은 젊은 시절 문화대혁명을 겪으며 '당 우선주의'라는 사고를 가지게 되었고, 권력이 약화되면 무너진다고 생각했다. 기업 내 당조직 설치와 관련해 중요하게 다루어진 것은 시진핑 집권 2기의 시작을 알린 2017년 11월 열린 18차 당 대회부터였다. 이날의 핵심 주제는 '당 건설'이었으며, 시진핑은 "당은 '중국몽'을 이루는 데 있어 선도 주체이자 인민을 위해 봉사해야 할 조직이다"라고 하였다.

중국공산당의 당원은 1921년 창당 당시 57명으로 시작하여, 1949년 10월 중화인민공화국 성립시 448만 명, 개혁개방 직후인 1977년 8월

중국공산당

설립: 1921년 7월 23일
당원 수: 9191만 4000명(2019년 말)
최고 지도자: 시진핑 총서기
권력 구조: 총서기(1) – 정치국 상무위원(7) – 정치국 위원(18) – 중앙위원회(정
　　　위원 204명, 후보위원 172명)
기층조직: 468만 1000개
당보: 인민일보
군사조직: 중국인민해방군
청년조직: 중국 공산주의 청년단
노동자조직: 중화총공회
싱크탱크: 중앙정책연구실

자료: https://news.joins.com/article/23974260

에는 3,500만 명으로 지속적으로 증가하였다. 그리고 2018년 9,000만 명을 넘어 2019년 말에는 9,191만 4,000명까지 증가하였다. 2018년 기준 공산당 기층조직은 총 461만 개, 당위원회 23만 9,000개, 당 총지부는 29만 9,000개, 당지부는 407만 2,000개였다.

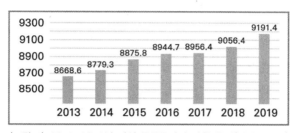

〈그림 1〉 2013~2019년 사이 중국공산당 당원 추이(단위: 만 명)

*자료: 중국공산당 중앙조직부(中共中央組織部) 사이트 내 2013~2019년까지의 「중국공산당 당내 통계공보(中國共産黨黨內統計公報)」를 통해 필자 재정리.

중국공산당 조직부는 공산당이 대장정을 마친 1937년 옌안(延安)에서 생겼다. 당시 혁명을 꿈꾸는 젊은이들이 옌안으로 몰려들었고 마오쩌둥은 그들 속에 국민당 첩자가 있을 수 있다고 판단하여 심복들

중국공산당 창당기념일과 창당일

중국공산당 창당기념일은 7월 1일이며, 창당일은 마오쩌둥과 중국공산당 대표 13인이 상하이에서 창당을 결의한 제1차 전국대표대회를 연 1921년 7월 23일이다. 당시 군벌의 탄압으로 극비리에 진행하였고, 회의 장소 옆방에서 살인사건이 발생하여 쫓기듯 다른 곳으로 옮겨 회의 지속하였다고 한다. 당시 창당 자료가 없어 마오쩌둥은 7월쯤에 있었던 것으로 기억하여 7월 1일로 정하였다고 한다. 개혁개방 이후 정밀조사를 통해 23일인 것을 알아냈지만, 관행에 따라 계속해서 7월 1일을 창당기념일로 하여 행사를 진행한다고 한다.

로 조직부를 채우고 중국식 인사 파일인 '당안(黨案)'을 만들었다. 당원은 자신에 대한 자술서를 쓰고 조직부는 그것을 관리하는 것이다.

중국공산당 조직부는 소련의 노멘클라투라(간부직명 명칭표)와 비슷하여 이것을 벤치마킹한 것으로 보고 있다. 소련의 노멘클라투라는 당의 핵심직책을 서열에 따라 망라한 리스트로 내용은 극비이고 인사 파일은 중앙조직부에서 관리하며, 개인이 자신의 파일을 볼 수는 없다고 한다. 소련과 중국의 차이는 소련의 경우 학교 내 당서기는 학교 내 당원 관리를 하는 것이 주요 임무이지만, 중국은 당원 관리뿐만 아니라 교과과정까지 담당하여 더 많이 조직 내부에 침투해있다고 볼 수 있다.

일례로 2011년 4월 24일 칭화(清華)대 개교 100주년 기념식은 인민 대회당에서 열렸으며, 행사 진행은 대학의 당서기가 하였고, 연설은 후진타오 총서기가 하였다. 이러한 중국공산당이 기업 내 당 조직 설치를 의무화한다는 것에 민영기업가들은 기업의 미래를 걱정하지 않을 수 없는 것이었다.

중국공산당은 2015년부터 기업 내 당위원회 설치를 의무화하였는데, 기업 내 당원 수 규모에 따라 당지부(黨支部), 당총지부(黨總支), 당위원회(黨委)를 설립할 수 있도록 하였다. 중국공산당의 당장(黨章)에 따르면, 어디든 당 조직을 만들어야 하며, 3명 이상의 당원이 있으면 1개의 당지부를 만들 수 있고, 당원이 50명이면 당총지부를 구성할 수 있으며, 당원이 100명 이상이면 당위원회를 구성(설립)할 수 있다고 규정하고 있다. 또 회사법 제19조에 따르면 회사에서는 중국공산당 규약에 따라 중국공산당 조직을 설치하고 당 활동을 한다. 그리고 회사는 당 조직의 활동에 필요한 조건을 제공해야 한다.

당장에 따르면 당위원회는 기업 내에서 다음과 같은 활동을 한다고 규정되어 있다. 1) 당 노선과 방침의 관철, 2) 기업이 법을 지키도록 지도와 감독, 3) 직원 단결, 4) 기업과 직공의 합법적인 권익 수호, 5) 기업의 건강한 발전이다. 당 조직은 기업 깊숙이 파고들어 회사가 당노선을 잘 따르고 있는지 '감시'하고 있으며, 주요 경영 활동은 당에 보고하고, CEO에게 압력을 가할 수도 있다. 이들은 대부분의 경우는 있는 듯, 없는 듯 존재하고 있다.

그러나 많은 민영기업들은 기업 내 당 조직의 설치는 회사가 공산 당의 통제권 안에 들어갈 가능성이 있을 수 있다고 보았다. 물론 모든 당 조직 활동이 기업에 적대적인 것은 아니다. 이들은 있는 듯 없는 듯 있는 경우도 있으며, 기업에 긍정적 영향을 미치기도 한다. 하지만 당 조직은 기업 내에서 당의 노선을 충실히 따르는지를 감시하는 역 할을 하기에, 겉으로는 자유로워 보이지만, 기업 내에 당의 힘이 작용 하기에 민영기업의 대표는 당위원회가 부담스러운 존재인 것이다. 이런 점에서 당조직은 기업 내 다른 명령체계로 존재한다고 볼 수 있다. 기업 안에 또 다른 명령체계인 당의 권력조직이 존재한다는 것은 기업의 입장에서 부담 요인으로 작용할 수 있다. 그리고 직원들 은 CEO의 지시도 따르고 당위원회 눈치도 봐야 한다는 것이다.

2016년 말 통계에 따르면 273만 개의 비(非)국유기업 중 67.8%가 당위원회를 운영하고 있다고 한다. 그러나 국유기업 14만 7,000개 중 93.2%가 당조직을 구성한 것과 비교했을 때 약 25%나 차이가 나는데 다가, 30% 이상의 기업이 당조직이 없다는 것에 시진핑은 당조직을 구성하여야 한다고 선포하게 된다. 특히 '당성(黨性)'이 낮은 IT기업이 타깃이 된 것이다. 런시엔량(任賢良) 중망련(中網聯) 회장은 인터넷 기 업에서 "당을 만드는 작업을 강화하는 것은 새로운 상황에서 집권당 의 기반을 다지고 관련 사업을 확보하는 것"이자, "당 발전의 필연적 요구"라고 했다. 중국에는 인터넷 사이트가 400만여 개가 넘고, 인터넷 기업의 경영은 활발하게 이루어지고 있으며, 기업에는 당원 수가 늘어나고 있다.

소후, 시나 웨이보, 바이두 등 3개 회사의 당서기는 모두 회사의 대외부문, 특히 정부와의 맞교환을 담당하는 책임자가 겸직하는데, 이것은 꽌시(關係) 때문이라고 볼 수 있다. 중국은 당-국가 시스템으로 움직이는 국가로 국가가 경제 주체로 시장에 뛰어들어 활동하고 있다. 민영기업은 대부분 직원들 가운데 당원을 뽑고, 당위원회를 이끌도록 하지만 규모가 큰 민영기업의 경우, 당위원회의 눈치를 보지 않을 수 없고, 이 때문에 꽌시를 통해 당과의 관계를 잘 이끌어갈 사람이 필요해서 외부에서 능력 있는 인재를 영입하는 것이다.

중국은 공산당에 의해 움직이며 당의 결정이 곧 법인 국가이다. 외부의 시각에서는 현재 중국은 기업환경이 자유로운 곳으로 보일 수 있지만, 중국 내에서는 당의 힘이 작용하여 움직이고 있다. 이 때문에 시진핑 시기 민영기업에서의 '당서기 공개 모집 공고'는 공산당의 기업 내 장악력을 잘 보여주는 사례라 할 수 있다.

중국의 민영기업들은 기업 내 당조직 건설에 대해 중국 건국 이후 민영기업들의 국유화된 역사적 경험 때문에 불안감을 가지고 있기도 하다. 1952년 중국공산당은 국민경제의 80%가 사유경제가 차지 한 것을 보고, 1953년 이후 일부 민영기업의 주식을 강제로 사들이기 시작하였으며, 정부 대표 신분으로 기업 경영과 관리를 하도록 간부를 파견하기도 하였다. 1954년 9월 중국공산당 정무원(政務院, 국가정무의 최고집행기관, 현재의 '국무원'에 해당)은 「공사합영 임시시행조례(公私合営工业企業暫行條例)」를 통과시키고, 1956년 공사합영을 실시하였다. 공사합영 당시 공산당은 민영 상공업자들이 관리부패의 원인이라고 지목해 공격한 정치운동인 '오반운동'을 통해 자본가들을 공격하였고, 수많은 상공업자들이 이를 견디지 못하고 자살하기도 하였다. 그리고 1966년 공사합영기업은 결국 국유기업으로 바뀌어 공유화가 되었다.

공산당의 기업에 대한 이러한 개입에 대해 외국기업 역시 불만을 나타내기도 하였는데, 2017년 11월에는 주중 독일 상의에서 "중국공산당이 당조직 설치를 강요하고 경영에 간섭한다면 집단 철수를 하겠다"라는 성명을 발표하였다. 그리고 주중 유럽상공회의소에서도 같은 달에 "당위원회가 이사회 권한을 침해하고 지배구조에 영향을 줄 수 있다"며 우려를 표명하였다. 또한, 홍콩 사우스차이나모닝포스트(SCMP)는 "외부 간섭을 받지 않는 경영이 혁신과 성장의 단단한 기초"라고 하였으며, 공산당의 기업에 대한 간섭은 "독일 기업이 중국 시장에서 철수하거나 투자 철회를 하는" 결과를 가져올 것이라고 하였다. 이에 대해 인민일보 영문 자매지 글로벌 타임스는 "당위원회가 외국기업의 지배구조나 의사결정에 관여한 사례는 없으며", "로마에서는 로마법을 따르는 것처럼, 외국인 투자자들도 중국 현지 규정을 존중해야 한다"고 하였다.

공산당의 기업운영 참여에 대해 해외 언론과 중국 언론의 시각은 매우 다르다. 중국공산당이 기업운영에 영향력을 행사하려고 하는 것이 왜 부각되고 있는지 그 배경을 이해해야 향후 전개될 수도 있는 중국에서의 사업 환경의 변화에 대해 어떻게 대비해야 할지를 생각해 보아야 할 것이다. 사실상 중국에서 공산당이 기업의 경영에 참여하는 형태는 중국의 경제시스템이 원래부터 가지고 있었던 '이원성'에서 온 것으로, 이것을 정당화하는 근거는 중국의 경제시스템은 '사회주의적 시장경제질서'에 따른다는 것이다.

중국 경제법에서 중요한 논쟁의 쟁점이 시장경제질서 즉 경제성장을 위한 효율성에 두었다가 현재는 사회주의적 공평성으로 변화했다는 것이다. 따라서 공유경제를 활성화시키는 것 역시 이러한 것에서 출발했다고 볼 수 있다. 2017년 중국공산당 제19차 전당대회에서 시진핑 주석이 중국의 사회모순은 이제는 더 이상 '배고픔'에 있지 않고, '격차'에 있다고 하는 것에서 앞으로 '새로운 시대의 중국적 특색의 사회주의 시대'는 사회주의적 공평성 실현으로 격차를 해소하겠다는 것으로 보여진다. 이러한 것에 기업에 대한 공산당의 운영관여도 연결되어 있는 것이다.

그리고 기업에 공산당의 지도 이념을 잘 접목시키기 위해 기업의 사회적 책임(CSR)을 활용할 것으로 보인다. 회사의 사회공헌적 기능인 기업의 사회적 책임을 공산당의 사회적 책임과 결부시켜 기존의 CSR(Corporate Social Responsibility)을 중국 특색의 CSR(Communist Social Responsibility)로 만들어낼 수 있을 것이다. 이것은 기업 내 공산당 조직이 기업의 의사결정에 직간접적으로 간여하고, 기업의 이익의 일부분을 기업의 사회적 책임이라는 것을 통해 사회에 환원하도록 할 수 있다는 것이다. 일례로 2017년 12월 1일 마윈은 「알리바바 빈곤 탈출 기금회 발대식」을 통해 "새로운 시대 새로운 책임(新時代 新責任)"이라는 슬로건을 내세웠으며, 향후 5년 동안 100억 위안을 투입해 중국의 빈곤 문제를 해결할 것이라고 하였다.

그리고 2019년 12월 22일 중국공산당과 국무원은 「더 나은 발전 환경을 조성하여 민영기업의 개혁발전을 지지하는 의견(關於營造更好 發展環境支持民營企業改革發展的意見)」(이하 "의견")을 공동으로 발표하였는데, 이 "의견"에는 향후 민영기업 내 공산당 지부 강화 방침도 포함되어 있었다. 또한, "지침"에는 "민영기업 개혁과 발전업무에 관한 당의 영도를 견지한다"와 함께 "민영기업과 기업인이 당의 영도를 옹호하도록 교육해야 하며", "민영기업이 당조직 건설을 지도하는 가운데 당 조직의 전투 보로서의 역할을 발휘할 수 있도록 하라"라고 하였다.

전체적인 내용은 "사회주의 체제의 근간이 되는 국영기업과 민영기업이 공평한 시장 환경에서 평등하게 대우받도록 할 것"이라며, "국영기업에 비해 불리한 여건에 있는 민영기업을 적극적으로 지원한다"라고 되어 있다. 이에 석유·천연가스·전신·전력·철도와 같은 국유기업이 장악하고 있던 업종에 대해 시장 경쟁 체제를 강화하여 민영기업이 진입할 수 있는 분야에 대해 명시하기도 하였다. 이에 대해 와하하 그룹의 쫑칭허우(宗慶後) 회장은 "유리천장 문제가 해소되고, 민영기업의 사업 영역을 확장하는 데 도움이 될 것"이라고 하기도 하였다.

이밖에 중국 정부는 민영기업을 위해 1) 부가가치세 세율 인하, 2) 영세기업에 대한 세제 혜택, 3) 연구개발(R&D) 비용 공제 확대, 4) 사회보험료 요율 인하 등을 시행하였다. 그리고 5) 민영기업의 기업공개(IOP)와 대출 연장 심사 기준 완화, 6) 대출 과정에서 민영기업이 불평등을 받지 않도록 관리감독 강화, 7) 민영기업이 운영하는 자본가의 합법적 재산 보호, 8) 지방정부가 민영기업과 체결한 각종 계약을 함부로 파기하지 못하게 하였다. 이러한 것은 모두 일각에서 제기되고 있는 '국진민퇴(國進民退)' 논란에 대응하여 사회주의 경제 제도와 민영경제에 대한 부정적이고 불안정한 시각과 여론을 잠재우기 위한 것으로 보인다.

그러나 시진핑 집권 이후 계속해서 중국은 '당에 의한 통치' 원칙을 강조하면서 국유기업 외에 민영기업 그리고 외국자본이 투자된 민영기업에도 공산당 지부 설치를 의무화하며 공산당의 통제력을 강화하는 모습을 보이고 있다. 일례로 2018년 11월 시진핑 주석은 상하이 푸둥(浦東)신구의 국내외 금융기업 본사가 집중적으로 자리잡고 있는 금융 중심지인 류자쭈이(陸家嘴)에도 공산당 조직의 영역을 더욱 확대하라고 지시하였다.

2020년 9월 27일 베이징에서 개최된 국무원 국유기업 개혁영도 소조회의에서 류허(劉鶴) 부총리가 "국유기업과 민영기업은 서로 협력하며 겸병과 재편, 전략적 조합을 추진해야 한다"며 민영기업에 대한 국유기업의 영향력 강화를 지시하였다. 이것은 같은 달 15일 중국공산당 중앙판공청이 발표한 「신시대 민영경제 통일전선 업무 강화에 의견(關於加强新時代民營經題統戰工作的意見)」(이하 "의견")에 이어진 조치로 풀이된다.

민영기업을 대상으로 한 통일전선 문건은 개혁개방 이후 40여 년만에 처음으로 발표한 것이다. 통일전선은 공산당을 중심으로 우군을 넓혀 적에 맞서 위기를 극복하는 전술을 말하는 것으로 위의 의견에 포함되는 대상은 "중국 내 민영기업과 기업가"뿐만 아니라 "중국 본토에 투자한 홍콩과 마카오 기업인"들도 포함하고 있다. 본 "의견"에

국진민퇴(國進民退)

국진민퇴는 시장에서 국유기업들은 특권과 이익을 독점하여 약진하여 비중이 커지고, 민영기업은 축소되거나 쇠퇴하는 현상을 의미한다. 이것은 중국이 글로벌 금융 위기를 극복하기 위해 실시한 '10대 산업진흥계획'에서 주요 산업에 대해 국유기업 주도의 구조조정 실시와 민간기업 퇴출을 종용하는 내용에서 시작된 것이다. 현재는 코로나 19로 중국에서 민영기업이 헐값에 넘어가 국유화되는 일이 급증하면서 '국진민퇴' 공포가 다시 커지고 있다. 2020년 상반기 상하이 증시와 선전증시에 상장된 112개 기업 중 46개의 민영기업의 최대 주주가 국유기업으로 바뀌었다고 한다.

는 "당의 말에 따르고, 당과 함께 가자(聽黨話 跟黨走)"라는 말과 함께 "사회주의와 애국주의 이념교육을 강화하라"는 말도 명시하였다. 또한, 민영기업가를 공산당원으로 육성하기 위한 인사 데이터베이스와 인재풀을 구축하는 동시에 국가 프로젝트에 민영기업을 적극 참여시킨다는 내용이 담겨 있다.

"의견"의 내용을 구체적으로 살펴보면 1조에는 "민영기업가는 우리 사람(自己人)"이라고 명시하였는데, '우리 사람(自己人)'이라며 자신들의 사람이라는 표현은 2018년 11월 시진핑 주석이 민영기업들과의 간담회에서 처음 언급한 표현이다. 홍콩 사우스차이나모닝포스트는 이에 대해 사회주의 체제에서 민영기업이 그 사명을 다해 조만간 국유화될 수 있다는 기업인의 우려를 잠재우기 위한 발언으로 분석하기도 하였다.

다음으로 "의견" 2조에는 "두 개의 흔들림 없는 발전을 견지하여 단합을 도모하고 민영경제인이 중요한 역할을 하도록 이끌어야 한다"고 하였다. 의견 2조의 두 개의 흔들림 없는 발전이란 국유·공유제 경제와 민영·비공유제 경제의 상생을 말한다. 비공유제는 중국의 공식문건에서 사유제를 대신해서 사용하는 용어이다. 이를 통해 중국공산당이 공유제 경제를 실현하기 위한 목표 달성을 위해 비공유제를 인정한다는 방침을 재확인하게 되었다.

이러한 민영기업에 대한 통제는 미국에 대한 직접적인 언급은 없었다. 그러나 인민대 경제학과의 자오시쥔(趙錫軍) 교수는 "이번 조치가 중국 국내 경제 활성화를 위한 '이중순환(雙循環)'경제 건설에 도움이 될 것"이라는 분석과 홍콩 사우스차이나모닝포스트의 "중국의 이러한 조치는 미국과의 무역 전쟁으로 위기에 처한 공산당이 전면적인 조직확대를 통해 당의 사회 장악력 강화를 꾀하고 있는 것과 같은

맥락" 등의 보도 등으로 봤을 때, 민영기업에 대한 통제는 미국의
압박에 대한 타개책이라고 보인다.

중·미 갈등이 갈수록 고조되고 경기 침체는 날로 심각해지며 중국
정부는 정책적 노선에 대한 비판을 받고 있다. 이에 당 조직의 확장과
사회 장악력에 대한 강화가 더욱 필요한 가운데 민영기업의 당에 대
한 충성을 요구하는 조치가 계속해서 나올 것으로 예상된다. 또한,
이런 민영기업과 공산당 관련 여러 조치들은 외국기업들과 중국 민영
기업들 사이에서는 중국이 당 조직을 통해 경영에 관여할 수도 있다
는 우려를 지울 수 없게 하고 있다.

4. 모든 상장기업 내 당위원회 설치는 과연 국진민퇴의 실현인가?

2018년 6월 17일 중국 증권감독관리위원회는 2002년 1월 7일 적용
을 시작한 「상장기업 관리규정(上市公司治理準則)」을 16년 만에 변경한
「상장기업관리규정 수정 초안(上市公司治理準則修訂稿)」을 발표하였다.
이것은 상장기업의 기업 경영을 위한 일련의 수정지침으로 주요 내용
은 "중국 내 모든 상장기업은 공산당 당장에 따라서 사내에 당조직을
설치해야 하며, 당 주도의 활동을 전개하며 당조직 활동을 회사설립
의 필요조건으로 한다"라는 것으로, 중국공산당의 민영기업에 대한
지배력 강화에 초점을 맞추고 있었다.

사실상 중국에서는 이러한 기업 내 공산당 조직 설립 의무화를
2015년부터 법률로 규정해 놓았지만, 국유기업 외에 대다수 기업들은
상징적 의미로만 받아들였으며, 민간기업에서는 이러한 당조직을 구

성하는 것은 필요에 따라 이루어지고 있었다. 그러나 2018년 9월 30일 중국 증권감독관리위원회와 국가경제무역위원회는 "상장기업은 공산당 당장에 따라서 당 조직 구성과 활동에 필요한 조건을 제공해야 한다"라는 조항을 적용할 것이라고 발표하였다. 이것은 중국공산당이 본격적으로 상장기업들의 경영에 개입할 근거 조항을 신설해 적용하는 것이며, 이로 인해 중국 내 민영기업에 대한 중국공산당의 개입이 한층 더 커질 것으로 전망하였다.

당중앙조직부 당내통계공보에 따르면 2018년 말 기준 당조직이 설치된 기업은 158만 5,000개사였다. 이는 법률로 규정된 2015년보다 약 2만 개 정도 감소한 수치이다.

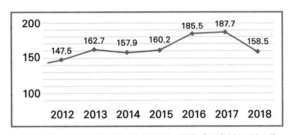

〈그림 2〉 중국 민영기업 내 당조직 설립 추이(단위: 만 개)

*자료: 중국공산당 중앙조직부(中共中央組織部) 사이트 내 2012~2018년까지의 「중국공산당 당내통계공보(中国共産黨黨內統計公報)」를 통해 필자 재정리.

중국기업 내 공산당 조직은 직장이나 직원과 관련된 각종 결정이 당노선을 따르도록 직장에 설치되며, 당 지부가 일반적으로 직원 노조도 책임을 진다. 이 때문에 당설립에 관한 규정을 사규에 명시해야 한다는 것은 민간기업은 당의 요구에 따라야 하며 시장경제 내 기업과는 다르다는 것을 의미한다. 이러한 것은 증권감독관리위원회가 수정 내용에 대한 "상장기업에 대한 당 건설 강화는 정부의 엄격한 당관리(從嚴治黨)의 필연적 요구사항이며, 당의 영도와 회사의 관리를 일치화시키는 것은 중국 특색의 기업 관리의 중요한 내용"이라고 평가한 것에서 더욱 잘 나타난다.

증권감독관리위원회가 수정에 대한 평가를 말하며, '중국 특색의 기업'은 당 통치를 언급할 때 사용하던 수사적 표현인 '중국 특색의 사회주의'라는 말과 아주 유사하다. '중국 특색의 사회주의'라는 말은 중국에서 자본주의 요소와 시장경제가 어떻게 허용되는 것인가를 설명할 때 주로 사용하던 말이다.

또한, 중국 증감위의 지침이 시행될 것이라는 발표가 난 후 저장성 지방 당국은 이러한 결정에 대해 해당 지역의 스타트업 기업들에게도 적용시키기로 결정하였다. 2018년 6월 18일 국영 뉴스 사이트인 저장 왕(浙江網)에 따르면 저장성에 위치한 워터 펌프 및 원예 장비 제조업체 레오그룹 당위원회가 저장 원링 소재 30개 기업의 당위원회와 협력하여 상장기업 '당위원회 연맹'을 만들기도 하였다고 한다.

당위원회 연맹은 첫째, 지역의 상장기업이 시장에서 경쟁력을 유지하기 위한 사업 혁신을 도와주며, 둘째, 향후 주식시장에 상장하는 데 필요한 자격을 갖춘 스타트업을 지원하고, 셋째, 지역 회사들을 위한 '정치적 풍향계'의 역할 및 회사 내 당 활동 '전시 부스' 역할도 할 것이라고 하였다. '정치적 풍향계'는 회사들이 당 노선을 따르는지를 확인하는 일에 대해 완곡하게 표현한 말이다.

중국 증권감독관리위원회는 10월부터 「상장기업 관리규정(上市公司治理準則)」(2018年修訂)을 시행한다고 하였으며, 이로써 당위원회 설립은 의무화가 되었다. 이 규정의 시행으로 중국공산당이 기업에 대한 개입을 본격화할 것이라고 보았으며, 중국 경제 전문가들은 상장준칙 개정으로 공산당의 의견에 따라 지배구조를 고치는 기업들이 늘어날 것이라고 보았다. 중국 내에서는 '사유제 소멸론', '사영경제 퇴장론', '민영기업 지배구조 민주화론' 등으로 민영기업인들의 우려가 커졌었다. 우려에 불을 붙이듯 중국 인력자원사회보장부의 추샤오핑(邱小平) 부부장은 2018년 9월 11일 「민영기업의 민주관리 심화, 내부동력의 혁신 발전 증강 현장 회의」에서 민영기업의 '민주관리'가 강화되어야 한다며, "직원들이 기업 관리에 공동참여하고, 발전의 성과를 함께 공유해야 한다"라는 발언을 하여, 공산당이 사유재산을 몰수할 수도 있다는 불안감이 증폭되기도 하였다.

그리고 9월 저장성 항저우(杭州)시 정부가 기간 간부 100명을 뽑아 알리바바, 지리홀딩스(吉利控股), 와하하(娃哈哈) 등 100개 중점기업에 정부 대표로 파견할 것이라고 하자, 기업인들은 난색을 표했다. 항저우시 정부는 파견되는 정부 사무대표들은 기업의 각종 어려움을 해결하고 도움을 주는 역할을 하게 될 것이며, 경영 간섭은 하지 않을 것이라고 하였다. 하지만 중국의 관영 매체들 중에서도 부당한 경영 관여가 일어날 수 있다고 하였다. 게다가 이러한 우려 속에 한 정치 평론가는 개혁·개방 40주년을 맞아 "공유경제 발전을 돕는 사영 경제의 임무는 끝났다. 이제 경기장을 떠나야 할 때"라는 글을 인터넷에 올리기도 하여 불안감을 가중시켰다. 그리고 비슷한 시기 마윈 알리바바 회장이 돌연 은퇴를 선언하면서 '국진민퇴' 논란은 더욱 거세졌다.

그러나 이러한 우려에 대해 리커창 중국 총리는 2018년 9월 19일 톈진에서 개막한 하계 다보스 포럼에서 "민영 경제발전을 지지하는 정책을 진일보하여 실천할 것"이라고 하였으며, 시진핑 주석 역시 같은 달 27일 "민영경제의 발전을 격려하고 지지하며 이끌고 보호할 것"이라고 하였다. 『인민일보』에서는 "중국의 민영경제 발전 지지는 명확하며 일관된 것이다", "공유제와 비공유제(민영)경제가 상호배척과 대립이 아니라 상호 보완하면서 유기적으로 통일되어야 한다"며 시진핑 주석의 발언에 대해 위와 같이 첨언하였다.

시진핑 국가주석은 민영기업가들과의 만남에서 "민영기업은 우리 사람"이라고 하기도 하였다. 그러나 이것은 중·미 무역전쟁 시기 민영기업을 불안감에 놓이게 하여 경제활동이 원활하게 돌아가지 않게 하기 위한 발언으로 보인다.

하지만 중국의 대기업 중에서 중국공산당의 눈 밖에 난 후 한순간 사라지는 사례들을 보며 이러한 상황에 마음 놓고 있을 수만은 없는 것으로 보여진다. 일례로 2018년을 기준으로 몇 년 사이에 밍톈(明天)그룹, 안방(安邦)보험그룹, 화신(華信)에너지 등 민영기업의 거물들이 숙청을 당했다. 『2017년 기업인 형사리스크 분석 보고서』에 따르면

중·미 무역전쟁

중·미 양국은 최대 무역교역국인 동시에 가장 많은 무역 마찰이 있었다. 2018년 주춤하던 중·미 양국의 무역 전쟁은 다시 격화되기 시작하였다. 2018년 3월 8일 미국이 중국에서 수입하는 철강과 알루미늄에 대해 각각 25%와 10%의 관세 부과 명령을 내렸으며, 22일에는 500억 달러 규모의 중국산 수입품에 관세 부과 명령을 내렸다. 이에 중국은 23일 돈육 등 30억 달러 규모의 미국산 수입품에 보복관세를 부과할 것이라고 하였다. 2018년 6월 제3차 무역협정이 결렬되며 통상갈등이 본격화되었다.

그러나 중·미 무역 전쟁은 중국 경제에 닥친 위기로 인해 시진핑 주석과 트럼프 미국 대통령은 2018년 12월 1일 아르헨티나 부에노스아이레스에서 열린 정상회담에서 무역전쟁에 대해 잠정적 휴전에 합의하였다. 이를 통해 기존 관세율 인상 및 추가 관세 부과를 미루고 향후 90일 동안 무역 협상을 벌이기로 하였다.

2017년 유죄를 선고받은 중국 기업가들 중 80.6%가 민영기업가들이라고 한다. 이 중 안방보험은 한때 해외로의 진출, 혁신적인 중단기 보험상품 판매로 돌풍을 일으키며 자산 규모 약 340조 원에 달했던 중국 3위의 민영보험회사였다. 우샤오후이(吳小暉) 전회장은 저장성 원저우 출신으로 공무원으로 일하다가 사업을 시작했다고 한다. 그는 자동차 랜탈과 매매업을 하다 2004년 자본금 5억 위안의 자동차 보험사 안방화재보험을 설립했으며, 2014년 설립 10년 만에 전 세계 직원 3만 명, 고객 3,500만 명이었으며, 2017년 6월 기준 총자산 1조 9,000억 위안의 기업이었다.

현재 이 회사는 청산절차를 밟고 있다. 이 기업의 몰락은 덩샤오핑의 외손녀 사위인 우샤오후이 전회장이 중국 정부의 금융리스크를 줄이고 자본 유출을 억제하려는 정책을 실행하던 중에 2018년 횡령혐의로 구속돼 18년 형을 선고받게 되면서부터이다. 그러나 일각에서는 그 원인이 뉴욕 월도프 아스토리아 호텔을 포함하여 여러 건의 대규모 해외 M&A를 진행하며 '괘씸죄'에 걸렸다고 이야기하기도 한다. 중국 최대 에너지 대기업인 CEF 전회장 예젠밍은 당국의 조사를 받고, 밍텐 그룹 창업자 샤오젠화는 당국의 조사를 받던 중 실종되었다고 하는데, 알려진 바로는 모두 현 공산당 지도부의 반대파 핵심인물과 긴밀한 유대가 있어서라고도 한다.

아무튼, 2017년 체포 연행설에 휘말린 우샤오후이 회장은 6월 14일 회장의 자리에서 내려왔다. 이와 동시에 안방보험이 중국 주식시장에서 보유하고 있던 상장사 27곳의 주식은 일제히 폭락해 시가 총액 약 10조 2,000억 원(620억 위안)이 날아갔다고 한다. 우샤오후이 회장이 당국에 연행된 원인은 당시 중국 정부가 금융업 분야에 대한 관리·감독을 강화하고 있던 가운데 안방보험의 공격적 사업확장에 주목하게 되었고, 연행한 이유는 자본의 해외유출을 통한 우샤오후이 회장의 부패혐의라고 하였다.

그동안 안방보험은 2014년 10월 미국의 월도프 아스토리아 호텔과 피델리티 보험, 100년 역사의 벨기에 비데아 보험사와 260년 역사의 델타로이드 은행, 네덜란드 비밧 보험, 그리고 한국의 동양생명보험과 알리안츠생명(한국법인) 등 해외 인수합병이 공격적으로 시행하였다. 그동안 안방보험은 불투명한 지배구조와 과다한 부채 그리고 미공개된 자금의 출처 등의 의혹이 있어왔으며, 우샤오후이 회장의 친인척과 지인 100여 명이 39개의 유령회사를 보유하고 있다는 보도가 나오기도 하였다. 2021년 1월 현재 회사는 청산절차는 밟고 있는 중이다. 하지만 청산절차로 없어지는 것이 아니라 국가가 안방을 인수하는 형태이다. 2019년 중국 금융 당국이 안방보험의 자산과 부채를 인수할 국유기업인 다자(大家)보험을 설립하였기 때문이다. 즉, 국가가 인수를 하는 것이다.

1978년 말 덩샤오핑의 개혁개방이 시장에 어느 정도 자율을 허락할 것인가를 두고 논란이 벌어졌다. 당시 경제 전문가였던 천원(陳雲)은 "새를 새장에 가둬 키우듯 시장도 정부 정책의 틀 속에 넣어 운용해야 한다", "새장이 없으면 새는 날아가 버린다"라는 일명 조롱(鳥籠)경제를 주장하였다. 하지만 이후 이러한 중국의 기업에 대한 전략은 잊혀져 있었다. 하지만 최근 중국에서 민영기업에 대해 이러한 전략을 쓰고 있는 것은 아닌가로 느껴지는 사건들이 발생하기 시작했다.

마윈은 중국의 금융기관과는 다른 파이낸싱 기법을 선보이며, 앤트그룹(螞蟻集團)이 지불결제 시장의 55%를 장악하고 있으며 은행 보험 등 그 영역을 확장시켰다. 그러나 마윈의 유니콘 앤트그룹의 IOP(기업공개) 불발은 1980년대 초 조롱경제에 대한 실제 예이자, 중국의 당과 기업 간의 관계를 보여주는 대표적인 예라 하겠다.

2015년 뉴욕증시 상장으로 글로벌 지분구조를 갖고 있던 글로벌 기업인 알리바바도 예외는 없었던 것으로 보인다. 마윈은 2010년 "국가가 원하면 언제든 무상으로 즈푸바오(支付寶)를 국가에 바칠 수 있다.", 2014년 "알리바바는 스스로 국가 기업으로 자리매김해야 한다." 라고 하였다. 그리고 2018년 4월 중·미 무역 마찰로 2017년 트럼프 당선인에게 약속한 5년 내 100만 개 창출에 대해 "미·중 무역 관계가 악화된다면 그 일자리 100만 개는 없어질 것"이라고도 하며 중국과 중국공산당에 대한 충성 맹세를 하기도 하였다.

그러나 2018년 10월 마윈은 해외 페이퍼컴퍼니가 소유한 중국 자본 법인인 VIE(Variable Interest Entities)의 지배권을 포기한다고 하였고, 알리바바 그룹과 공산당 기관지에서는 이에 대해 "핵심인물들에게 미칠 위험을 줄이고, VIE주주의 이익 안정성을 높이기 위한 것"이라고 하였다. 이것은 마윈에게 무슨 일이 생기면 기업에 영향을 주기 때문이라는 것이다.

중국기업에서는 해외에 페이퍼컴퍼니를 설립해 미국이나 홍콩에

마윈의 유니콘 앤트그룹(螞蟻集團)

앤트그룹은 2014년 설립되었으며 전자화폐 알리페이(Alipay)의 발행주체자 이자 중국 최대 e커머스 알리바바 그룹의 핀테크 계열사이다. 앤트그룹은 2020년 11월 홍콩과 상하이 시장에서 상장을 계획하고 있었으며, 상장이 되면 약 30조 6천 억원 규모의 자금을 조달할 수 있을 것이라 전망했다. 그러나 11월 3일 중국 금융 당국은 "앤트그룹의 상하이와 홍콩 증시 동시 상장을 무기한 연기한다"라고 발표하였으며, 결국 상장 중지되었다. 이로 인해 앤트그룹의 주식 33%를 보유한 알리바바의 시가 총액은 앤트그룹 조달 예상 금액의 약 3배 가까운 약 80조 5,000억원으로 줄었다.

서 상장한 후, 이 페이퍼컴퍼니가 각종 협약을 통해 중국 경영 실체를 간접적으로 통제하도록 하고 있다. 따라서 마윈은 해외상장주식과 중국 내 VIE 지배권을 모두 가져야 자신의 재산이 될 수 있었지만, 당시 중국공산당의 인정을 받지 못했기에, 공산당 혹은 지방정부에서 이것이 불법이라고 한다면 알리바바가 가지고 있는 주식은 휴짓조각이 되어버리는 것이다. 이 때문에 마윈의 VIE 지배권 포기는 상장되어 있는 주식을 넘긴 것은 아니지만 이것을 포기함으로써 주식을 넘긴 것과 마찬가지인 것이다.

마윈은 2020년 10월 24일 상하이에서 열린 와이탄 금융 서밋 연설에서 중국의 금융시스템에 대해 "중국의 금융 당국이 위험방지를 앞세워 지나치게 보수적인 감독 정책을 취하고 있으며", "중국 국영은행은 전당포 수준을 벗어나지 못하고 있다"라고 중국의 금융 후진성을 질타하는 맹비난하는 발언을 한 후 공식석상에서 자취를 감췄다가 약 3개월 만에 다시 나타났다.

마윈 3개월 만에 공식석상에 재등장 후 '공동부유'정책 강조 의미는?

'실종설'이 무성했던 알리바바 창업주 마윈이 약 석 달 만에 공식 석상에 모습을 드러냈다. 20일 마윈 재단이 주최하는 '농촌 교사 시상식'에 온라인으로 참석해 화상 연설을 진행했다. 저장성 항저우의 영어 교사 출신인 마윈은 2015년부터 농촌 교사를 대상으로 시상식을 진행하고 있다. 마윈은 이날 화상 연설에서 "앞으로 농촌 교육 공익사업에 더 전념하겠다"라며 '공동부유'정책을 강조했다. 공동부유는 과거 후진타오 주석이 농촌 중시 정책과 균등 배분을 강조하며 언급한 말로 '다 같이 잘 살자'는 의미를 가진다. 최근 공산당 지도부가 '공동부유'를 강조하며 소득의 분배를 강조하고 있는데, 마윈이 여기에 동조하는 발언을 한 것으로 보인다.

2020년 11월 2일 마윈과 알리바바 산하의 핀테크 기업인 앤트그룹의 징셴둥(井賢棟) 회장 등이 중국 인민은행과 증권감독관리위원회 등 4개의 금융기관에 소환되어 약담(約談, 사전 약속을 잡아 진행하는 조사와 교육)을 가졌다.

12월 11일 중국 정치국 회의와 12월 말 중앙경제공작 회의에서는 "반독점 강화와 자본의 무질서한 확장 방지"를 강조하여 이야기하였다. 게다가 12월 14일 중국 정부는 알리바바와 탄센트의 산하 기업에 독점 금지법 위반으로 벌금을 부과한다고 하였으며, 이에 알리바바는 당국에 알리지 않고 인수합병을 하여 반독점 규정을 위반했다는 명목으로 50만 위안의 과징금을 부과받았다. 그리고 12월 24일 양자택일 강요 문제와 관련하여 반독점 조사를 받고 있다는 사실이 보도되기도 하였다. 양자택일 강요는 알리바바가 타오바오와 같은 자사 플랫폼에 입점한 업체들에게 징둥(京東)과 같은 경쟁사에 입점하지 못하도록 둘 중 하나를 선택하라고 한 것을 말한다. 이를 통해 중국 당국이 말한 "반독점 강화와 자본의 무질서한 확장 방지"의 대상이 전자상거래 기업 특히 알리바바를 가리킨 것임을 알 수 있다.

12월 15일 중국 인민은행 금융안전국장 쑨톈치(孫天琦)는 앤트그룹이 은행을 통해 소액대출을 해주며, 그 대출리스크를 은행이 지고 앤트그룹은 리스크 없이 중개수수료를 챙기고 있는 상황에 대해 "무면허 운전을 하고 있는 것과 같다"라고 비판하였다. 12월 18일 알리페이를 통한 은행 예금 서비스는 중단되었다. 그리고 12월 28일 앤트그룹은 중국 금융당국으로부터 본업인 전자결제 업무만 충실히 하라는 통보와 함께 앤트그룹이 그동안 막대한 이익을 냈던 소액대출과 같은 전통적 금융산업 영역은 손대지 말라는 지시까지 받았다. 그리고 앤트그룹이 금융지주사로 전환한다는 내용을 담을 구조조정안을 제출하고 이에 대한 검토에 대한 소식이 발표되었다. 2021년 1월 27일 앤트그룹은 중국 중앙은행의 감독을 받기로 결정되었다.

일각에서는 알리바바가 중국 당국에 의해 이러한 규제를 받는 것이 마윈이 금융 행정 비판으로 인한 것이라는 시각도 있지만, 그것은 표면적인 이유이고 사실은 알리바바의 빅데이터가 중국을 장악하여 공산당 통치를 위협하게 된 것이 문제라고 보기도 한다.

〈표 2〉 2020년 10월~2021년 5월 사이 중국 당국의 알리바바 규제와 관련된 주요 내용

일자	내용
2020년 10월 24일	마윈, 공개 연설에서 "중국 국유은행의 전당포식 영업 수준의 금융 규제 문제" 비판
11월 02일	중국 금융감독기관, 마윈 면담
11월 03일	알리바바 산하 앤트그룹 기업공개(IOP) 무기한 연기
12월 14일	중국 당국, 알리바바에 반독점 금지법 위반으로 벌금 부과
12월 15일	쑨텐치(孫天琦) 인민은행 국장, 앤트그룹은 "무면허 운전을 하고 있는 것"이라 비판
12월 18일	시진핑 주석, "IT기업 무질서한 팽창 막을 것"이라고 함.
12월 24일	중국 신화사, "알리바바에 대한 반독점 행위 조사 중"이라 보도
12월 27일	중국 당국, 앤트 그룹 경영진과 면담
12월 28일	중국 당국, 앤트그룹의 금융지주사 전환 검토에 대한 소식 발표 중국 신화사, 앤트그룹에 5대 시정 조치 부과 관련 보도
2021년 1월 27일	앤트그룹 중국 중앙은행의 감독을 받기로 결정

그동안은 이들 전자상거래 기업들에 대한 규제는 강하지 않았았다. 현재 인터넷의 보급으로 전자상거래 시장은 급성장하기 시작했으며, 특히 알리페이의 경우 그동안 전자상거래를 통해 8억 8,000만 명이나 되는 막대한 고객의 데이터를 축적할 수 있었고, 앤트그룹은 이를 통해 융자를 받을 때 적절히 활용하였다. 알리바바는 전자상거래, 전자결제, 물류, 외식배달, 여행, 엔터테인먼트, 미디어, 인공지능, 스마트시티 관리, 클라우드, 반도체 등 모든 영역으로 사업을 확장하였다.

이를 통해 중국인의 일상을 통제할 수 있을 정도의 막강 파워를 가진 빅데이터를 쌓은 것이다.

중국은 이것을 경계하지 않을 수 없는 상황이 된 것이다. 현재 중국 당국은 알리페이와 같은 특권적 지위 즉 상세한 거래 데이터를 중국 인민은행과 중국공산당이 장악할 수 있도록 중국 중앙은행 디지털 통화인 '디지털 위안화'를 적극 추진하고 있다.

그리고 소액결제 기업인 알리페이와 소액대출 기업인 알리파이낸셜 등을 거느린 앤트그룹의 상장 중단은 핀테크 기술을 포함한 인터넷 기업에 대한 정부 정책의 변화를 의미하며, 동시에 이들에 대한 일종의 경고성 메시지라 할 수 있다. 알리바바 역시 안방보험과 같은 길을 걷게 되는 것은 아닌지 우려하고 있다.

안방보험과 알리바바의 현재 상황은 개혁개방 후 중국식 시장경제가 어떤 것인지 알 수 있는 사례라 할 수 있다. 중국은 경제성장에 도움이 되고 당에 충성맹세를 하더라도 공산당 지배체제에 위협이 되면 언제든지 통제하고 가차 없이 없애는 사회주의 국가라는 것을 다시 한번 확인시켜 주었다.

두 얼굴의 공자?
'비림비공(批林批孔)운동'과 공자학원

반대로 필요에 의해서 이전에는 비판의 대상이었던 인물이 우상화되기도 한다. 공자의 경우 마오쩌둥 시기 린뱌오와 공자를 비판하는 '비림비공운동'으로 공자를 철저히 짓밟았다. 그러나 개혁개방 이후 당의 이념이 약화되자 중화민족주의를 고양하기 위해 유교와 공자를 내세우고 있다. 현재 공자학원의 경우 중국어와 중국문화를 전파하며 전 세계에 개설되어 있다.

5. 외자기업은 공산당으로부터 자유로울 수 있을까?

외상투자기업의 경우도 민영기업과 같은 규칙을 적용해 기업 내 당조직을 만들어야 한다. 2017년 10월 중국공산당 중앙조직부 치위(齊玉) 부부장에 따르면 2016년 말 "중국 내 전체 민간기업의 273만 개 가운데 67.9%가 당 위원회를 구성하였으며, 외국인 투자기업의 기업의 70%인 10만 6,000여 개에서 당 조직이 설치되어 있다"라고 하였다. 사실상 이미 중국공산당을 대표하는 사람들이 민영기업과 외국기업에 들어와 기업을 파악하고 있는 것으로 보인다.

중국에서 가장 큰 외상투자기업인 대만 폭스콘(富士康)은 약 100만 명의 직원을 고용하고 있다. 2017년 9월 기준 이 기업에 설립된 당지부는 1030개, 당총지부는 229개, 사업 단위별로 16개의 상위 당위원회가 운영 중에 있으며, 3만 명의 당원이 활동 중이었다고 한다. 2018년에 폭스콘에서는 '당원 신분 밝히기 운동'이 벌어져 당원들은 "사랑으로 충만한 당원, 당신의 어려움을 도와 드립니다"라는 글자가 새겨진 붉은색 목도리를 두르고 다니기도 하였다.

그리고 중국 공장 내 공산당원들은 당헌과 지도자 연설문의 정신을 익혀 참된 공산당이 되자는 '양학일주(兩學一做)'를 하거나 사내 문화 등에 대해 토론을 하기도 한다고 한다. 르노차이나는 외국인 신입 직원을 대상으로 공산당 교육을 하고 있으며, 독일 보휘 중국지사의 공산당원은 매주 토요일 시진핑 국가주석의 연설문을 학습한다고 한다. 일부 기업에서는 직원들이 공산당 행사에 참석하느라 근무시간에 자리를 비우기도 한다고 한다.

2018년에 상하이 디즈니 테마파크에도 당위원회가 생겼으며, 2018년 1월 무렵에 당과 조합 활동을 조율하기 위한 공산당원인 전문가를 고용하려고 하였다고 한다. 게다가 2018년 8월에는 전 공산당원의 사상강연이 열렸으며, 70여 명의 공산당 소속의 직원이 참여하였다고 한다. 월트 디즈니의 중국 직원들 중 1.6%인 300명의 공산당원들은 당내 지위를 나타내는 상징물을 꺼내 놓거나 공산당 행사를 하고 있으며, 공산당원들을 위한 회관을 따로 마련하였다고 한다. 또한, 이들은 직원들의 복지상담을 맡으며 경영진과의 교섭단체 같은 역할을 하고 있다고 한다. 한국기업의 경우 2017년 쑤저우에 있던 삼성반도체가 사내 당조직의 적극적인 활동으로 중국 언론의 찬사를 받은 적이 있다. 삼성반도체의 당원은 356명이며 직원평가 KIP에도 당위 활동 실적을 반영한다고 하였다.

사실상 외자기업들이 공산당 활동을 막을 방법은 없으며, 중국에서 사회적 책임이라는 명분하에 당과 정부의 방침을 따라야 살아남을 수 있을 것이다. 게다가 중국 정책 방향 및 대외전략에 호응하지 않으면 중국 내 비즈니스가 어려울 수 있을 것이다. 이제 중국에 기업을 경영하고 있는 한국기업들은 중국에서 기업을 운영하는 것이 기업의 발전과 한국의 경제성장에 필요하다면, 중국이 왜 기업의 운영에 참여하려고 하는지 이유를 알아야 한다. 그리고 중국공산당이 기업운영 과정에서 관여할 상황에 대비한 전략을 세우고 어떻게 대응할지 생각해보아야 할 것이다.

참고문헌

김용준 외, 『중국현대기업의 문화와 제도』, 한국학술정보, 2012.

박범종·공봉진·장지혜 외 5인, 『한중지방외교와 지역발전』, 세종출판사, 2018.

박범종·공봉진·장지혜 외 5인, 『중국개혁개방과 지역균형발전』, 한국학술정
　　보, 2019.

박범종·공봉진·장지혜 외 5인, 『중국발전과 변화! 건국70년을 읽다』, 경진출
　　판, 2020.

배연해, 『중국을 보는 눈』, 창해, 2003.

서진영, 『21세기 중국정치』, 폴리테리아, 2008.

성균중국연구소 엮음, 『차이나핸드북』, 김영사, 2014.

유희문 외 11인, 『현대중국경제』, 교보문고, 2003.

정재호 편, 『중국 개혁-개방의 정치경제 1980~2000』, 2002, 까치.

한우덕, 『중국증시콘서트』, 올림, 2010.

홍성범, 「중국 대중창업, 만중창신 정책 추진의 역사적 맥락과 전망: '혁신'과
　　'시장'의 키워드 중심으로」, 『과학기술정책』 229, 2017, 26~31쪽.

'공산당 손바닥 위에서 놀아나야 하는' 중국 국내외 기업들
　　https://news.v.daum.net/v/20181006100117557 (검색일: 2020.11.11)

'기업살리기'내세워 공산당 간부 파견…中, 사기업까지 통제하나
　　https://lrl.kr/Kn9 (검색일: 2020.11.11)

"공산당과 함께 창업을" 中 정치 이념과 창업의 결합
　　https://platum.kr/archives/89105 (검색일: 2020.11.15)

9억 중국인 빅데이터 구축한 마윈…공산당은 위협 느꼈다
　　https://lrl.kr/Koa (검색일: 2021.01.21)

국진민퇴·무역광풍에도 민영기업은 달린다

　　https://lrl.kr/Kob (검색일: 2020.11.20)

마윈 "中 기업인, 좋게 끝난 사람 없어" 발언에 중국 발칵

　　https://lrl.kr/cqrO (검색일: 2021.04.20)

장건 중국 방직업의 개척자, 네이버 지식백과

　　https://lrl.kr/Kod (검색일: 2021.03.05)

中, 민영기업 본격 통제…美압박에 40년만에 통일전선 꺼냈다

　　https://news.joins.com/article/23885135 (검색일: 2021.01.21)

中, '상장기업 내 공산당 조직 만들고 당 조직 지원 의무화' 본격 시행

　　https://lrl.kr/bAp2 (검색일: 2020.11.17)

중국 IT 기업이 억대 연봉 주고 당서기 스카우트하는 이유

　　https://news.joins.com/article/23974260 (검색일: 2021.01.21)

중국에선 앞으로 '홍색(紅色) 자본가'만 살아남는다

　　https://lrl.kr/b0qX (검색일: 2021.03.15)

청년들이여, 공산당과 창업하라고?

　　https://news.joins.com/article/23302863 (검색일: 2020.11.25)

"改革開放40年百年杰出民營企業家"名單在京發布

　　https://lrl.kr/cqrS (검색일: 2020.12.15)

"大衆創業、萬衆創新"如何創? https://lrl.kr/cqrT (검색일: 2020.11.11)

"紅色引擎"助力富士康發展 https://lrl.kr/Koi (검색일: 2020.11.20)

2015年大衆創業、萬重創新報告: 打造中國經濟新引擎

　　https://lrl.kr/Koj (검색일: 2020.12.11)

2018年證監會系統全面從嚴治黨會議在京召開

　　https://lrl.kr/cQsQ (검색일: 2020.11.17)

2019年中國共産黨黨內統計公報 https://lrl.kr/dgtL (검색일: 2020.11.11)

江蘇成立張謇企業家學院 弘揚新時代张謇精神

　　https://lrl.kr/bapg (검색일: 2021.03.07)

改革開放40周年大會宣讀改革先鋒人員名單 馬雲、馬化騰在列

　　https://lrl.kr/Kon (검색일: 2020.11.21)

公私合營工業企業暫行條例

　　https://lrl.kr/d6vC (검색일: 2021.01.12)

邱小平副部長出席全國"深化民營企業民主管理, 增强創新發展內生動力現場

　　會"并講話 https://lrl.kr/bAqd (검색일: 2020.11.20)

國企黨建 | 深圳灣創業廣場"初級孵化器"里崛起黨建高地

　　https://www.sohu.com/a/208064475_683703 (검색일: 2020.11.21)

南通张謇第一小學揭牌 百年老校再現芳華

　　https://lrl.kr/Koq (검색일: 2021.03.05)

年薪最高64萬!網易、百度、滴滴面向中共黨員招聘黨建經理!

　　https://www.sohu.com/a/279674663_100000264 (검색일: 2020.11.21)

大批銀行從支付寶"撤退", 監管部門正式"喊停"四類攬儲行爲!

　　https://lrl.kr/bapl (검색일: 2021.01.15)

鄧小平、陳雲的改革思想比較 https://lrl.kr/dgtS (검색일: 2020.11.20)

劉鶴: 國企民企要相互配合 推進兼并重組和戰略性組合

　　https://lrl.kr/dgtT (검색일: 2021.04.12)

李克强出席2018年夏季达沃斯論壇開幕式并發表特別致辞

　　https://lrl.kr/cqr6 (검색일: 2020.11.20)

馬雲: 若中美經貿關係惡化, 爲美創造百萬就业承諾將作廢失效!

　　https://www.sohu.com/a/227909214_349715 (검색일: 2020.11.15)

馬雲終於現身! 消失數月后現身鄉村敎師頒獎典礼頒獎致詞

　　https://lrl.kr/dGuP (검색일: 2021.01.23)

螞蟻集團下架所有互聯網存款産品, 監管稱"無照駕駛"!互聯網存款何去何從?

　　https://www.sohu.com/a/439122999_169779 (검색일: 2021.03.04)

螞蟻集團港股 IPO獲中國證監會批准擬募資350億美元

　　https://lrl.kr/bapq (검색일: 2021.01.15)

蘇寧獲評全國脫貧攻堅先進集體　張近東:　參與這場波瀾壯闊的偉大戰鬪倍感

　　榮幸! https://lrl.kr/dgtX (검색일: 2021.02.28)

習近平在江蘇考察 https://lrl.kr/cqsa (검색일: 2021.02.28)

習近平在上海考察 https://lrl.kr/dgtZ (검색일: 2020.12.06)

實業報國　實干興邦 https://lrl.kr/bapu (검색일: 2021.03.10)

深圳灣科技董事長邱文:"不能讓低收入人群住的太舒服"

　　https://lrl.kr/bapv (검색일: 2020.11.21)

阿里巴巴證實馬雲放弃VIE架構所有權:　減少關鍵人員風險

　　https://lrl.kr/cqse (검색일: 2020.10.15)

阿里巴巴脫貧基金會正式啓動 馬雲:　投入100億到扶貧業務中

　　https://www.sohu.com/a/207865363_35515 (검색일: 2021.01.03)

安邦保險集團股份有限公司 https://lrl.kr/bAqr (검색일: 2020.10.15)

任賢良: 堅持黨建引領, 夯實發展根基

　　https://lrl.kr/bapy (검색일: 2020.11.21)

央行: 金融管理部門對螞蟻集團提出重點業務領域整改要求

　　https://lrl.kr/bAqt (검색일: 2021.01.15)

央行等四部門聯合約談螞蟻集團實控人馬雲及井賢棟、胡曉明

　　https://lrl.kr/KoG (검색일: 2020.11.15)

五年來, 習近平這樣多次闡述中國夢 https://lrl.kr/KoH (검색일: 2020.11.15)

溫岭上市公司 有了黨建聯盟 https://lrl.kr/KoI (검색일: 2020.11.15)

張謇 https://lrl.kr/KoJ (검색일: 2021.03.05)

在慶祝清華大學建校100周年大會上的講話

　　https://lrl.kr/d6vY（검색일: 2021.04.27）

滴滴程維獲全國脫貧攻堅先進個人表彰, 帶動超千萬就業機會

　　https://www.sohu.com/a/452624685_115479（검색일: 2021.03.05）

齊玉: 67.9%的非公企業和70%的外企都建立了黨組織

　　https://lrl.kr/KoL（검색일: 2020.12.15）

趙錫軍: 金融服務要跟上高質量發展要求

　　https://lrl.kr/bAqA（검색일: 2021.02.24）

從零到估值萬億, 誕生60個億萬富豪! 淺析螞蟻集團IPO背后的意義

　　https://www.sohu.com/a/409497804_334198（검색일: 2020.11.15）

中共中央 國務院關於營造更好發展環境支持民營企業改革發展的意見

　　https://lrl.kr/KoN（검색일: 2021.03.23）

中共中央辦公廳印發『關于加强新時代民營經濟統戰工作的意見』

　　https://lrl.kr/bAqC（검색일: 2021.03.05）

中共中央組織部, https://news.12371.cn/dzybmbdj/zzb/（검색일: 2020.11.20）

中國公產黨第十九次全國代表大會在京開幕　習近平代表第十八屆中央委員會

　　向大會作報告 李克强主持大會　2338名代表和特邀代表出席大會

　　https://lrl.kr/d6v3（검색일: 2020.11.21）

中國證監會: 上市公司治理准則

　　https://www.sohu.com/a/257694832_733746（검색일: 2021.04.03）

中央經濟工作會議再提强化反壟斷和防止資本無序擴張

　　https://lrl.kr/cqss（검색일: 2020.12.23）

杭州政府派干部進駐阿里、吉利等100家企業, 甚麼信號?

　　https://lrl.kr/d6v5（검색일: 2020.11.20）

제 **2** 부

강대국으로 가는 중국!
중화민족을 내세우다

중국을 강대국으로 만든 외교전략의 변화

박범종

1. 중국의 외교는 어디서 시작되나

중국의 외교정책 목적은 어디서 시작되나? 즉 외교정책 형성에 영향을 주는 요인은 무엇일까? 이러한 논의에 있어 가장 대표적 요인으로는 첫째 윤리적 내지 이데올로기적 요인, 둘째 유교사상과 사대주의라는 전통과 전례, 셋째 국내적 요인에 의한 필요, 넷째 외부적 요인과 환경, 다섯째 정치엘리트의 권력유지, 여섯째 국가의 능력, 일곱째 엘리트의 정향 및 개성, 신념체계에서 비롯된다고 본다.

이처럼 한 국가의 외교정책에 영향을 미치는 요인은 매우 다양하다. 무엇보다도 이러한 외교정책 목적과 성격은 각국의 정치체제와 이데올로기, 역사적·문화적 사실에 따라 달라진다.

일반적으로 외교정책은 그 국가가 처한 대내외적 환경과 그에 따른 변화에 따라 대외정책의 틀이 결정된다. 예를 들어 1978년 이전에는 중국 내의 정치, 경제 등 내부적 환경과 2차 대전 후 세계를 양분했던 미국과 소련이라는 두 축의 역학 관계가 중국의 외교정책에 중요한 영향을 미쳤다. 하지만 1978년 덩샤오핑(鄧小平) 이후 추진된 개혁개방이라는 중국 내부적 환경의 변화와 1980년대 중반으로 넘어오면서 시작된 동서양의 화해분위기, 민주화의 움직임이 중국 외교 정책을 변화시키는 중요한 요인들이었다.

중국은 1949년 이후 정치, 경제, 외교 등 여러 분야에서 질적 및 양적으로 크게 변화하고 있다. 경제적으로는 중국 건국 후 30년 동안 사회주의 경제체제로 일관하면서 폐쇄적이었지만 1979년 이후 문호를 개방하고 자본주의 시장경제 논리를 받아들이기 시작했다. 정치적으로는 1949년 이후 친소련 노선에서 반소련 노선으로 그리고 반미노선에서 친미노선으로 극과 극을 오가는 외교정책 기조의 변화가 있었다. 이것은 외교정책의 목적과 국가이익이 동일시되기 때문에 나타나는 현상이다. 즉, 국가이익은 정치행동의 수단으로 정책을 정당화시키고, 비난하는 수단으로 사용되며, 정치행동을 제기하는 수단으로 이용된다. 따라서 국가의 외교정책 목적은 국가적 이기주의에 기초한다고 볼 수 있다.

1990년대 이후 중국의 급속한 경제발전과 국제사회 편입으로 외교관계는 점차 다변화되고 복잡하게 변화되고 있으며, 이러한 과정에서 중국의 외교정책결정 권력도 점차 변화되고 있다. 예를 들어 중앙의 리더십과 함께 외교부와 대외무역경제협력부의 위상이 점차 강화된 반면, 탈냉전 이후 대외연락부의 역할은 축소되었다. 왜냐하면 개혁개방 이전에는 중국의 물리적 안전과 관련된 부처의 영향력이 컸지만, 현재는 중국의 해외무역과 경제협력이 국가이익을 결정하는 가장 중요한 요소로 자리 잡았기 때문이다.

중국과 미국은 최근 1년 넘도록 계속된 무역분쟁에 이어 화웨이 제재, 신종 코로나바이러스 감염증(코로나19) 책임론, 홍콩과 신장위구르자치구 인권 문제 등 거의 모든 영역에서 충돌하고 있다. 2020년 7월 20일 미국 법무부가 중국 정보당국과 연계해 코로나19 백신 정보 등 각종 기업 정보를 **빼내려** 한 혐의로 중국인 2명을 기소했다. 이들

휴스턴 중국 총영사관

1949년에 중화인민공화국이 수립되기 이전, 미국 휴스턴에는 중국 영사관이 존재했었다. 1935년에 미국 휴스턴에 영사관을 설치했던 중화민국 국민정부는 1937년에 미국 휴스턴 주재 부영사를 임명했고 나중에 영사, 총영사로 승격시켰다.

이후 1979년 1월 1일 미국과 중화인민공화국 간의 외교 관계가 수립되면서 미국과 중화인민공화국 정부는 상대방 국가에 대사관을 설치하는 한편 총영사관 설치를 논의했다. 1979년 8월 24일에는 지미 카터 미국 대통령과 보이보(薄一波) 중화인민공화국 국무원 부총리가 "중국 정부는 미국 정부가 중국 상하이·광저우 주재 총영사관을 설치하는 안건에 동의한다. 아울러 미국 정부는 중국 정부가 미국 휴스턴·샌프란시스코 주재 총영사관을 설치하는 안건에 동의한다"라는 내용이 담긴 공동 성명을 발표했다. 따라서 1979년 11월 20일에 정식 개관한 주휴스턴 중국 총영사관은 미국과 중화인민공화국 양국 간의 외교 관계 수립 이후에 중국 정부가 처음으로 미국에 설치한 총영사관이라는 정치 외교적 의미가 있다.

주청두 미국 총영사관

1981년 6월에는 미국 정부가 중국 청두 주재 총영사관을 설치하는 안건에 합의했다. 그리고 1985년 10월 16일에 주청두 미국 총영사관이 정식 개관했으며 조지 H. W. 부시 미국 부통령이 개관식에 참석했다.

은 첨단기술, 제약, 게임 소프트웨어 기업 등은 물론 미국과 중국, 홍콩 등에서 활동하는 반체제 인사와 인권 활동가를 타깃으로 삼았다. 법무부 당국자는 중국을 "사이버 범죄자에게 피난처를 제공하는 나라"라고 비난했다. 이러한 과정에서 미국은 휴스턴 "중국 총영사관 폐쇄"를 공지했고 결국 중화인민공화국 외교부도 2020년 7월 24일에 주청두(成都) 미국 총영사관을 72시간 이내에 폐쇄하라는 명령을 내렸다. 2020년 7월 24일 오전에 "중화인민공화국 외교부는 주중국 미국 대사관에 주청두 미국 총영사관 설립 및 운영에 대한 동의 결정을 철회한다는 결정"을 통보했다.

중화인민공화국 외교부의 이러한 조치는 2020년 7월 22일에 주휴스턴 중국 총영사관 폐쇄를 명령한 미국 정부에 대한 보복 조치이기도 했다. 왕원빈(汪文斌) 중화인민공화국 외교부 대변인은 "주청두 미국 총영사관 직원들은 자신들의 신원에 맞지 않는 행동을 벌이는 한편 중국에 대한 내정 간섭, 중국의 안보 이익 훼손을 자행했다"고 밝혔다. 이에 대해 미국 백악관은 중국 정부에 "눈에는 눈, 이에는 이" 수준의 보복 조치를 하지 말 것을 촉구했다.

이렇듯 미국과 중국의 역사적 외교 산실인 두 지역의 총영사관의 폐쇄는 미·중 간의 갈등이 확대되고 있음을 보여주는 사례이다. 특히 이러한 쌍방의 대결구도는 외교의 중요성과 외교정책의 의미를 다시금 생각해 보게 한다.

1) 중국외교정책의 목표, 배경 그리고 전략

국제정치는 복잡 다변화해서 국가와 국가 간 정치·군사·사회·문화 등이 유기적으로 상호작용하고 있다. 따라서 국제 관계는 국가 간의 문제뿐만 아니라 통상, 문화교류, 여행, 유학 등 민간과 개인적 차원의 모든 문제를 다룬다. 국제 관계 이론에는 행위 이론(action theory)과 상호작용 이론(interaction theory)이 있는데 외교정책은 행위 이론이다. 외교정책은 국가중심으로 한 국가가 외부환경에 대해 자국의 목적과 행위를 취급하는 것으로 일방적이다.

즉, 외교정책이란 한 국가의 정책결정자가 다른 국가 혹은 국제적 실체(국제정치 행위자: Main Actor)를 상대로 국익의 관점에서 특정한 목표를 달성하기 위해 전개하는 전략이나 계획된 행동방침이다. 이러한 외교는 국가가 국제정치무대에서 그 정치적 목적을 달성하기 위해 사용할 수 있는 가장 일반적이고 평화적인 방법으로 자국이 기대하는 목적을 달성하려는 행위의 하나이다.

따라서 중국 외교정책의 전략과 목표를 이해하려면, 우선 중국이 국제정치를 인식하는 방법에 대한 논의가 선행되어야 한다. 중국은 권력정치를 국제사회의 중요한 속성으로 간주하므로 국제사회의 지위를 향상시키기 위하여 현대화를 통한 종합국력을 추구한다. 그래서 중국은 전통적으로 국제정치에 대하여 현실주의적인 태도를 갖는데, 국가가 국제 관계의 주체이며 국가이익 추구를 외교의 최우선 과제로 간주한다. 마오쩌둥(毛澤東) 시대에는 이데올로기적 가치를 중시하여 수정주의(소련)와 제국주의(미국)에 맞서 제3세계 국가와의 연대를 강화하고 경제적 군사적 지원을 하였다. 그러나 개혁 개방기에는 이데올로기보다 실용주의에 기초하여 중국의 국익과 현대화를 위한 외교전략을 수행하였다. 강대국에의 열망은 19세기 중엽~20세기 중엽까지 일본과 서구제국주의의 침탈을 받은 역사적 경험인 '굴욕의 세기(百年國恥)'에 기인하고, 그러한 경험 때문에 주권(sovereignty)과 영토문제에 민감하고 단호한 태도를 나타낸다. 대만문제나 티베트 문제를 주권과 관련된 국내문제로 간주해 미국 등 다른 국가의 개입을 배제하는 것은 좋은 예이다.

중국외교정책의 목표는 전통성 그리고 역사성과 관련된다. 하지만 중국정부가 공식적으로 외교정책의 목표를 분명히 제시하기보다는 상황에 따라 중요한 관심의 표명으로 이어졌다.

중국인들은 역사적 경험을 토대로 첫째, 국제사회에서 자국의 몫을 자주적으로 추구하고자 한다. 둘째, 생존을 위해 확고한 안정보장을 유지해 나간다. 셋째, 경제발전을 이루어 국민경제를 도모해 나간다. 넷째, 실지(失地)회복을 포함한 영토의 통일이다. 다섯째, 주권과 독립을 자주적으로 확보하는 것이다. 여섯째, 사회주의 진영 내부의 결속과 평화공존을 견지한 '평화공존 5원칙'에 바탕을 둔 국제정치체제의 안정 유지이다. 결론적으로 어느 국가와 마찬가지로 중국 외교정책의 목적은 주권과 영토보전, 국가통일(대만문제), 사회주의 체제와 이데올로기 유지라 할 수 있다.

이러한 중국 외교정책 결정과정에서 형성된 전략과 목표는 엘리트들의 정치적 현실에 대한 인식이 중요한 영향을 미쳤다. 즉, 정책결정자들의 생각, 사고, 신념체계 및 이데올로기는 주어진 상황에서 정책결정자의 선택을 초래하는 요인으로 작용했다. 이처럼 한 국가의 외교 정책이 형성되는 요인이 복잡하게 작용하고 있지만, 중국외교정책의 형성배경에는 크게 세 가지가 있다.

(1) 전통적 중화사상(中華思想)이다

중화사상이란, 한족(漢族)이 한족의 문화를 자랑스러워하는 사상이다. 여기서의 '중화'는 한족의 문화를 뜻하며 또는 화이사상(華夷思想)

이라고도 한다. 이러한 중국의 중화사상은 전통의식에 근거하여 과거 중국의 종속국에 대한 권위를 회복하고 대한족 우월주의로서 주변국에 대해 영향력을 행사하는 데 있어 저력을 갖고 있다. 이러한 대국주의 요인은 상하(上下)와 주종(主從)이라는 위계질서의 전통에 기인한다. 이러한 중화사상은 1954년 제네바 국제회의에서 저우언라이(周恩來)에 의해 나타난 것으로 알려진다. 당시 외상이던 그는 '아시아 국가들이 상호간의 협상을 통해 서로 상응하는 의무를 지는 방식으로 아시아의 평화와 안전을 위해 공동으로 노력해야 한다는 것을 주장하였다. 이러한 의사표명은 중국의 참여 없이는 아시아와 관련된 문제를 해결할 수 없다는 대국 우월주의에서 나온 것으로 볼 수 있다.

(2) 민족주의이다

민족주의는 중국의 중화사상과 연계되어 있다. 19세기 구미열강 및 제국주의 세력의 중국 침략은 중국으로 하여금 주권과 천자(天子)의 개념을 일시 포기하도록 했으나, 제2차 대전 이후에는 중국을 해방시키기 위해 당파와 계급을 초월해 발현되었다. 민족주의는 근대적 이데올로기이자 담론이며, 그 역사적 연원은 근대사회의 성립과 밀접히 관련된다. 특히 일민족(一民族) 일국가(一國家)의 원리를 주장하는 민족주의는 자각적 민족의식이 성립한 근대 이후의 현상으로서 시민적 자유주의와 연결된다. 이러한 민족주의는 중국 공산주의 운동에서 이어져 왔고, 1954년 중국 헌법에서는 민족주의 노선을 명문화하고 있다.

"중국 내의 모든 민족은 자유롭고 평등한 거대한 가족으로 뭉친다. 통합된 중국민족은 상호간의 영원한 우의와 상부상조에 의하여 강화될 것이며, 제국주의와 민족내부의 공동의 적 그리고 열강의 대국주의 및 국제적 민족주의와의 투쟁에 의해 시작될 것이다."

이러한 중국의 민족단결을 중시한 민족주의는 대외적으로 안보를 견지하고 대내적으로 체제 안정을 기하는 데 있어 국민의 정신적 기반을 구축하는 데 있다. 특히 마오쩌둥은 1949년 9월 중국인민정치협상회의 개막사에서 "중국인민은 이제부터 일어설 것이다. 우리들의 업적은 장차 인류의 역사위에 쓰여 질 것이다. 그리고 세계의 평화와 자유도 촉진시킬 것이다. 우리민족은 이제 더 이상 모욕을 당할 민족이 아니며 우리들은 일어섰다"라는 것을 강력하게 주장하고 있다.

(3) 공산주의 이데올로기이다

공산주의는 모든 재산과 생산 수단을 사회가 공동으로 소유하여 계급의 차이를 없애는 것을 내세우는 사상이다. 중국은 공산정권 수립기를 전후로 마르크스-레닌주의 이데올로기와 마오쩌둥 사상을 대외정책 결정의 주요 이념으로 활용했다. 마오쩌둥은 공산주의 세계전략으로 폭력혁명을 신봉했고, 자본주의와 제국주의 그리고 수정주의 세력은 종국적으로 약화될 것으로 확신하고 있었다.

중국 외교정책의 기본방향을 규정하는 대전략으로는 마오쩌둥 시대의 '양대 진영론'과 '제3세계론'이나 덩샤오핑의 '도광양회(韜光養晦)'와 후진타오(胡錦濤)의 '유소작위(有所作爲)'가 있다.

마오쩌둥의 '양대 진영론'은 소련이 국제공산주의 운동을 주도하는 가운데 자본주의 진영과의 대결을 전개한 것이다. 이에 따라 중국은

미국과의 항쟁을 중소동맹을 근간으로 하여 '항미원조(抗美援朝)운동'
으로 규정하고 소련을 절대적으로 따르는 의존 관계를 맺게 된다.
이것은 중국이 정권초기 낙후된 경제를 사회주의적 생산 방법을 통해
발전시키기 위해 선진국인 소련의 경제적 원조와 후원이 필요했기
때문이다.

덩샤오핑의 '도광양회'는 "실력을 감추고 힘을 길러 때를 기다린다"
라는 의미로 천안문 사건 이후 미국과 서구의 강화되는 봉쇄정책에
맞서 강대국과의 정면대결을 피하고, 자국이익과 관련되지 않는 국제
문제의 개입도 피하라는 원칙을 담고 있다. 이것은 혁명과 전쟁이
시대의 성격이라 규정했던 마오쩌둥과는 달리 덩샤오핑은 중국의 개
혁개방을 추진하면서 평화와 발전을 시대주제라 인식한 것이다. 이
시대규정은 국제정치에 대한 근본적인 인식의 패러다임의 전환을 의
미하는 것으로 중국의 국제체제 편입을 가속화시켰다. 이것은 강대국
들의 세계전쟁 가능성과 중국의 침략 가능성을 낮게 평가하고, 국내
경제발전 전념을 위한 평화적이고 안정적인 국제환경이 조성되었다
는 것을 강조한 것이다. 이후 장쩌민(江澤民)과 후진타오 체제의 중국
외교도 이러한 평화발전의 시대주제 인식을 계승하고 있다.

후진타오의 '유소작위'는 필요할 때 적극 행동한다는 외교 전략을
통해 중국의 국제적인 적극적 역할을 강조하고 있다. 특히 중국은
1990년대 후반, 지속적인 경제성장과 국제사회의 영향력 확대를 바탕
으로 2000년 미국을 중심으로 제기된 '중국위협론'에 대응하기 위하
여 새로운 대전략에 대한 논의가 진행되었다. 이 논의에서 '책임대국
론', '화평굴기(和平崛起)' 그리고 '화해세계(和諧世界)'란 개념이 등장했
고, 각각의 표현은 중국 내부에서 논쟁을 유발했다. 사실 이 개념들은
후진타오의 새로운 외교 전략을 정식화하기 위한 수사이기도 하지만,

중국의 부상에 대한 국제사회의 우려를 불식시키기 위하여 강대국으로서 중국의 책임과 역할을 강조하고, 평화로운 발전에 대한 대전략을 담고 있다고 볼 수 있다.

무엇보다도 평화와 발전시대에 중국의 외교정책이 추구하는 것은 경제발전을 통해 현실문제를 해결하고, 오랜 현대화의 숙원인 중국식 사회주의 건설을 통해 강대국의 위상을 되찾는 것이다. 2002년 16차 당대회에서 후진타오와 원자바오(溫家寶)는 향후 20년을 위대한 중화민족의 중흥을 도모할 수 있는 전략적 기회의 시기로 보고 경제발전을 통해 '전면적 샤오캉사회(小康社會)'를 건설한다는 국가계획을 제시하였다. 경제발전에 필요한 기술과 자본을 도입하기 위해서는 안정적이고 평화적인 국제환경을 조성하는 것이 중요한 시대적 과제이므로, 미국을 비롯한 강대국과의 패권경쟁을 피하고 협력을 통한 국제사회의 안정을 추구하는 것이 중요한 과제였다.

2) 중국외교정책의 원칙

중국 외교정책의 목표를 결정하기 전에 보다 근본적인 두 가지 중요한 선행과정이 있다. 첫째, 시대의 성격을 규정하는 것이고, 둘째. 이러한 시대 인식에 근거해서 외교원칙을 설정하는 것이다.

중국의 외교정책은 영토의 보전과 주권의 상호존중, 상호불가침, 상호내정불간섭, 평등호혜, 평화공존 등의 '평화공존 5원칙'과 함께, 국제분쟁의 평화적 해결(무력사용 반대), 공정하고 합리적인 국제 정치경제질서 수립, 모든 국가의 평등한 국제사회 참여, 패권주의와 강권정치 반대, 제3세계 국가의 단결이라는 원칙이 있다. 이것은 중국의 외교적 수사나 문서에서 빈번히 볼 수 있는 원칙들이며, 때로는 양면적인 성격을 갖는다. 하지만 중국 외교정책의 실현에 가장 중요한 영향을 미친 원칙은 '친소일변도의 원칙', '반둥회담 정신', '반패권주의 원칙' 그리고 '독립자주외교 원칙'이다.

(1) 친소일변도 원칙

중국은 1950년대 소련일변도의 외교정책 기조를 유지하였다. 1949년 6월 30일 중국공산당 창립 28주년을 기념해 마오쩌둥은 『논인민민주전정(論人民民主專政)』이라는 글을 발표하였다.

"마르크스·엥겔스·레닌 그리고 스탈린에게 감사한다. 그들은 우리에게 무기를 주었다. 그들이 우리에게 준 무기는 기관총이 아니라 마르크스·레닌주의였다. 중국인은 소련인의 소개로 마르크스주의를 얻었다. 소련의 10월 혁명은 무산계급의 우주관으로 국가의 운명을 관찰할 수 있는 안목을 주었고, 또 자기 자신의 문제를 새롭게 생각하도록 우리에게 기회를 주었다. …… 그러므로 우리는 소련의 길을 걸어야 한다. 이것이 나의 결론이다."

이 당시 중국이 친소련 노선을 걷는 것은 선택이 아니라 시대적인 필연이었다. 왜냐하면 중국공산당이 건설되었을 때인 1948년은 동서 간 그리고 미국과 소련 간 극단적으로 대립하던 시기였다. 그리고 중국은 아직 소련과 동맹조약을 체결하기 전이어서 안전보장도 확보되지 않았기 때문이다. 또한 국공내전으로 생존의 위협을 받고 있었기 때문에 공산혁명을 성공적으로 이끌어낸 소련의 노선을 추구하는 것은 당연한 일이었다. 결국 이러한 중국의 친소정책은 안보상의 문제가 가장 큰 이유였고, 1950년 2월 중국은 소련과 「우호·동맹·원조 조약」을 체결한다. 이러한 중소동맹은 ① 1945년 8월 14일 중국국민당 정부 간에 맺어진 조약과 협정을 무효화시켰고 ② 몽고인민공화국의 독립을 인정하였다. ③ 소련이 동북지역에서 일본의 패전으로 획득한 재산일체를 중국에게 무상으로 인도하게 했으며 제5조에는 평등, 호혜, 국가주권과 영토보존의 상호존중 그리고 내정불간섭원칙이 명기되었다.

또한 「중국 내 창춘철도와 뤼순 항구 및 다롄에 관한 협정」도 있다. 이 협정에 따르면 ① 창춘철도를 공동 관리하되, 모든 재산과 권리를 1952년까지 무상으로 중국에 인도한다. ② 뤼순 항구의 해군 기지로부터 소련군은 1952년 말까지 철수하고 모든 군사시설을 중국에게 이양한다. ③ 다롄 지역의 행정은 중국 정부의 관할 아래 둔다는 것 등이다.

특히 소련이 중국에 대한 장기 경제차관을 제공한다는 협정에서는 총액 3억 달러 규모의 차관을 1950년부터 1954년까지 매년 6천만 달러를 공여한다는 것이 포함되어 있었다. 하지만 1953년 저우언라이의 '평화5원칙'과 1958년 개최된 확대공작회의에서 마오쩌둥은 "중국은 국내외 정책을 결정할 때 원조보다는 자력갱생을 우선시 하여야 한다."고 역설하였다. 이러한 마오쩌둥의 사상을 실현하기 위해 중국은 삼면홍기운동을 전개하였다.

"삼면홍기(三面紅旗)"는 1950년대 후반 중국 인민에게 사회주의 국가 건설을 촉구하는 이념적 슬로건이었다. "3개의 빨간 깃발" 이라고도 불리는 "삼면홍기"는 '사회주의 건설을 위한 총노선', '대약진 운동 '및 '인민공사'로 구성되었다.

이 운동의 목적은 자력으로 중국 경제를 건설해 소련에 대한 의존으로부터 탈피하려는 것이었다. 이후 1958년 5월 중국경제위원회는 소련에 경제원조를 요청했으나 소련은 이를 거부하였고, 1957년 소련이 중국에게 원자탄 제조기술을 제공하기 위해 1957년 10월 체결한 중소국방기술협정을 1959년 6월 일방적으로 폐기하였다.

이후 소련은 중국에 파견한 소련 기술자 1,390명을 1960년 7월에 철수시켰고 257건의 과학기술합작 및 343개의 기술제공협약을 폐기하였다. 이러한 소련의 조치들에 대해 중국은 "소련의 신의를 저버린 행위가 중국 국민경제를 파괴하고 중국 사회주의 사업에 큰 손실을 안겨주었다"며 강하게 비난하였다. 이로써 1960년대 중국과 소련은 실질적 단교상태에 접어들었고, 중국 외교정책의 기조는 '친소외교정책'에서 '반소외교정책'으로 바뀌었다.

(2) 반둥회담 정신

반둥회담(Bandung Conference, 1955.4.18~24)은 과거 제국주의 식민통치를 경험했던 아시아 및 아프리카 신생국 29개국 340여 명의 대표가 참여한 회의로서 두 대륙 국가들 간에 친선과 협력을 촉진하고 선린 우호 관계를 증진시키기 위한 목적으로 회동한 것이다. 이 회의는 아시아·아프리카 인민들이 일치단결해 제국주의 및 식민주의 반대, 각 민족의 독립 쟁취, 세계 평화의 유지, 각국의 우호협력 증진을 목적으로 세계 평화 및 협력을 촉진하는 내용을 담고 있다. 또한 중국 측 대표 저우언라이가 국제정세와 관련해 '평화 공존 5원칙'을 국제적으로 천명했다는 의미도 담고 있다. 이러한 반둥회의는 중국이 제3세계 외교시대의 막을 올린 것이며, 1964년까지 10년간 제3세계 25개국과의 외교 관계를 유지하게 된다.

　무엇보다도 반둥회의는 ① 스탈린의 사망(1953.3)으로 인해 국제공산주의 운동이 퇴출되면서 마오쩌둥이 중국의 자주적 입장을 천명하고, 소련의 종속적 의존에서 탈피하려는 움직임의 표출이다. 즉, 중국은 공산주의 진영뿐 아니라 제3세계에서 중국의 정통성을 확보하려고 한 것이다. ② 제국주의와 식민주의를 대표하는 미국에 대한 반미·반제 투쟁을 이어가기 위해 각국 인민의 민족해방 국가 독립 투쟁을 고취시키려는 의도도 있었다. 이러한 반둥회의를 통해 중국은 모든 문제를 소련의 지시나 후원 없이 자주적, 독자적으로 참여하고 주관함으로써 중국의 독보적인 위치와 능력이 있다는 것을 보여준 것이다.

(3) 반패권주의 원칙

　중국은 안보에 최대의 위협이 누구인가 하는 판단을 바탕으로 강대국과의 관계에서 '우적개념(友敵槪念)'의 변화에 따라 대외정책을 결정하였다. 냉전 시기 중국이 대외 관계에서 일관되게 주장해 온 주된 이데올로기였던 '반패권주의' 역시 주변 안보환경에 대한 중국지도부 인식의 표출이었다.

　건국 직후인 1950년대에 마오쩌둥은 혁명 시기부터 누적된 소련과의 불편한 관계에도 불구하고 이른바 반미(反美)·반패권주의를 주창

　　마오쩌둥의 입장에서 미국은 국공내전 중에 국민당을 적극적으로 지원했을 뿐만 아니라, 내전종결 이후에도 지속적으로 대만의 국민당 정부를 지지하고 중국에 대한 봉쇄정책을 펼친 주적(主敵)이었다. 심지어 한국전을 통해 직접 교전을 벌이기도 한 구체적이고 현실적인 위협이었던 것이다.

하고 소련과 동맹조약을 체결하며 소련일변도 정책을 적극적으로 추진한 것은 당시 최대의 위협으로 인식했던 미국으로부터의 안보 위협을 상쇄하기 위한 것이었다.

하지만 1968년 소련의 '브레즈네프 독트린(Brezhnev Doctrine)'의 발표와 1969년 초 중·소 국경 충돌로 인해 미국뿐만 아니라 소련도 중국에 위협을 가하는 국가로 인식하였다.

중국이 소련의 군사적 팽창을 중요한 안보위기로 간주하게 된 계기는 1975년 사이공의 함락과 그에 따른 힘의 공백상태가 소련의 군사력을 동원한 팽창주의에 의해 모스크바에 유리하게 전개될 수 있다는 정세판단에 기인한다. 이로 인해 대외적으로 세계혁명론과 반미 제국주의, 반소 수정주의 기치를 내세우며 미국·소련 양 강대국 모두를 패권주의로 규정하였다.

특히 중국의 반소적 패권주의는 1976년 마오쩌둥과 저우언라이의 사망에도 불구하고 대외행위를 규제하는 원칙으로 적용되었다. 그리고 중국은 1978년 중·일 평화우호조약에도 반패권주의 조항을 포함시켰다.

중국은 문화대혁명의 극심한 혼돈기를 거치며 1970년대에 외교적 고립과 위협에서 탈피하기 위한 고육지책으로 '제3세계론'을 주창하며 미·소 양 패권국에 대항할 수 있는 견제세력으로 제3세계국가들과 반패권 통일전선을 기치로 관계발전을 모색했다.

브레즈네프 독트린은 소련의 제5대 서기장인 레오니트 브레즈네프가 1968년 11월에 폴란드 공산당 5차 대회의 연설에서 발표한 독트린이다. 이 독트린은 그해 8월에 소련군이 체코슬로바키아에서 일어난 프라하의 봄을 막기 위해 군사 개입한 것을 정당화하는 주장으로 흔히 '제한주권론'이라고도 한다.

이처럼 냉전 시기 중국 대외정책은 미·소 양 강대국 중에서 어느 쪽이 중국에 더 위협적인 존재인가 하는 판단을 기준으로 주적을 설정하고 이러한 주적으로부터 제기된 위협에 대항하는 연합전선을 구축하는 것이 핵심이었다. 요약하면 중국은 미국과 소련을 공적(共敵)으로 지목하고 양 대국으로부터 압박 받으며 지배당하고 있는 제3세계의 투쟁세력을 규합해야 한다는 것을 명분으로 삼았다.

(4) 독립자주외교 원칙

독립자주외교의 원칙은 새로운 국제정세의 변화에 따라 국가이익, 주권 안보를 수호하는 21세기 중국 외교전략의 출발점이다. 독립자주외교 원칙은 자국의 독립과 주권을 수호하고 어떠한 형태의 외래간섭과 침략에 반대하는 중국외교정책의 근본 원칙 중 하나이다. 그리고 중국건국 이후부터 그리고 1980년대 중국의 대외정책에서 시종일관 지배적인 외교 원칙이었다.

반패권주의가 미·소와의 관계를 조정하기 위한 목적인 것처럼 독립자주외교도 강대국과의 입장을 국제정세 변화에 맞게 새롭게 설정하기 위한 의도가 깔려 있다. 이러한 독립자주외교 원칙도 덩샤오핑의 대외정세관과 중국지도부의 인식변화에 따른 것이다.

1979년 3월 미국의회에서 통과된 '대만관계법'은 미국과 대만의 군사협력이 지속될 수 있는 근거를 마련한 것이었고 중국은 이에 대해 강하게 반발하였다. 또한 안보유지에 있어서도 소련의 팽창주의에 대한 경계가 더 이상 필요하지 않다는 판단 하에, 중국의 경제발전과 개방적 평화공존 견지 그리고 자주독립확립과 안보유지라는 측면에서 독립자주외교 원칙으로 수정되었다.

이에 따라 덩샤오핑은 당 대회 개막사에서 중국인의 자력을 강조하면서 자주독립과 자력갱생을 강조하였고 후야오방(胡耀邦)은 중국공산당 제12대(1982.9.1~11) 당 대회에서 독립자주외교 정책을 천명하였다. 이러한 독립자주외교 원칙은 1986년 3월 당시 국무원 총리 자오쯔양(趙紫陽)에 의해 더욱 세련되게 다듬어졌으며, 10가지로 제시되었다.

이러한 독립자주외교 원칙은 ① 중국이 전방위적 평화공존을 실천할 수 있고 ② 독립주권을 회복해 국제사회에서 능동적 행위자로 등장했으며 ③ 미·소와의 관계를 외교적으로 재 조종해 세력균형의 달성에 성공했다. ④ 현상유지의 평화지향 자세로서 국제정치경제질서에 참여하게 되었고 ⑤ 탈이념의 실용주의 노선이 정착할 수 있는 계기를 마련했다고 평가된다. 그리고 1989년 말 동구권의 몰락과 소련의 해체에 따른 국제정세의 변화에 따라 중국은 부당두(不當頭)의 독립자주원칙을 제기하고 있다. 부당두란 각국의 자주독립을 존중하며 특히 우방국들과 중국과의 관계에서 서로 상대방 국가에 대한 영향력 행사의 배제를 의미한다.

2. 중국외교의 기초: 저우언라이(周恩來)의 '평화5원칙'

1) 저우언라이의 평화 5원칙

인간은 사회의 산물이며 외교정책에 있어서 큰 역할을 하는 정책결정자도 마찬가지이다. 외교정책결정은 개인적인 스타일에 따라 약간의 차이가 생길 수 있다. 왜냐하면 외교정책이 결정되는 과정은 최고정책결정자의 성격이나 개성, 가치관, 자신의 환경과 경험에 따라 달라질 수 있기 때문이다. 이러한 중국 외교의 중심에는 1949년 중국공산당 성립 이후부터 27년 동안 당중앙위 정치국 상무위원의 지위와 국무원의 총리직을 맡아온 제2인자로서의 실무 정치가였던 저우언라이가 있다.

1953년 12월 31일 저우언라이가 주창한 「평화공존 5원칙(和平共存五項原則)」은 1954년 6월 저우언라이 총리가 인도와 버마를 방문하고, 1954년 6월 28일 발표된 중국－인도 공동성명 내용에 포함되면서 세상에 처음으로 나왔다. 저우언라이 총리는 "각국의 정치제도는 각국 인민에 의해 선택되었기 때문에, 공산혁명을 이들 나라에 수출하지 않을 것이며 중국은 버마공산당을 지원하지 않을 것"이라고 주장했다. 뿐만 아니라, 중국은 1954년 제네바회담에서 베트남 전쟁의 휴전을 성사시켰으며, 제네바 협정을 준수하고 남베트남에 대해 도발하지 않도록 북베트남 당국에 압력을 가하였다. 북한과 한반도에 대한 중국정부의 정책도 '평화공존' 정책의 연속선상에 있었으며, 이는 구체적으로 전쟁의 재발방지를 통한 안정적인 '현상유지'로 나타났다.

그리고 1955년 중국의 주도로 개최한 반둥회의에서 중국의 저우언라이 총리는 "모든 국가는 대소강약을 막론하고 국제 관계에서 평등한 권리를 누려야 하고 주권과 영토가 존중되고 침해되어서는 안 된다. 또 다른 국가의 내정에도 간섭해서는 안 된다. 모든 국가는 평화적으로 공존하여야 한다"는 「평화공존 5 원칙」을 강조했고, 자본주의 국가들에게 공산혁명을 수출하거나 지원하지 않을 것을 약속하였다. 이러한 평화공존 5원칙은 "영토주권의 상호존중, 상호내정불간섭, 상호불가침, 평등호혜, 평화공존"으로 중국외교의 기본 원칙이 되었다.

중국은 「평화공존 5 원칙」을 국가헌법에 명시하고 더 나아가 국제관계 수행의 근본원칙으로 삼았다. 1972년 미중연합성명에서도 "사회제도 상이함에 상관없이 양국은 '평화공존 5원칙'에 근거해 양국 관계를 처리한다"라고 명시하였다.

또한 중국은 세계 160여 개 국가의 수교 성명 혹은 조약에도 이를 명시하고 있다. 그리고 미국의 이라크 침공과 북핵 문제에 있어서도 「평화공존 5원칙」에 근거해 국제 관계를 처리하고 있다. 그러나 중국이 강조하는 「평화공존 5원칙」은 철저하게 중국 측 입장에서의 인식과 평가가 적용되고 있으며, 중국의 의도하는 세력균형에 유리하도록 이 원칙을 적용하고 있다.

2) 저우언라이의 생애와 중국외교에서의 업적

반세기 동안 격랑의 역사 속에서 중국 제2인자로서의 삶을 살았던 저우언라이는 1976년 1월 8일 78세의 나이로 눈을 감았다. 저우언라이는 마오쩌둥과 함께 혁명과정에서 줄곧 중국공산당의 주요위치에 있었으며, 1949년 중공정권 수립 이후 27년 동안 당 중앙위 정치국 상무위원의 지위와 국무원의 총리직을 맡아온 제2인자로서의 실무 정치가였다.

과연 그는 누구인가? 그의 삶과 생애는 어떠한가?

그는 1898년 3월 5일 장쑤성 화이안(淮安)에서 태어났다. 그의 아버지는 훌륭한 교육을 받은 관료였다. 하지만 그가 태어난 지 얼마 안 되어 부친이 사망했고, 10살이 되기 전. 친어머니와 양어머니 그리고 양할머니를 모두 잃고 고아가 되었다. 그는 고향 화이안을 떠나 동북 지방의 선양에 살고 있던 숙부에게 갔다. 12살부터 신식교육을 받기 시작했고, 평등과 혁명 사상과 같은 서구 사상을 익히기 시작하였다. 이 당시 신해혁명이 터져 청조는 붕괴하고 공화정이 성립되었다.

1913년 15세 때 텐진의 난카이 중학교에 입학하고 1917년 졸업 후 일본 와세다 대학으로 유학을 떠났다. 그러나 1918년 일본의 대중압력이 강해지자 귀국해 난카이대학교에 입학했다. 1919년 그는 베이징에서 시작된 5·4운동 때 학생시위운동을 지도하고 그해 말 투옥됨으로써 혁명가로서의 첫발을 내딛게 되었다. 그리고 1919년 9월, 12명의 남학생과 8명의 여학생으로 "각오사(覺悟社)"를 조직해 활동하던 덩잉차오(鄧穎超)를 만났고, 두 사람은 저우언라이가 프랑스 유학을 다녀온 후인 1925년에 결혼했다.

그는 1920년 6개월간의 옥살이를 하고 나와 서양문물을 습득하기 위해 프랑스로 유학을 떠났고, 파리대학교에서 정치학을 전공했다. 파리 유학시절에 마르크스-레닌사상에 빠졌고, 리리싼(李立三)과 중국 공산주의 청년단을 조직했다. 이어 1921년 천두슈(陳獨秀)와 리다자오(李大釗) 등이 중국공산당을 창당하자, 1922년에 파리에서 중국공산당 지부를 조직했다. 그는 독일, 벨기에 등 유럽 각국을 거쳐 공산주의청년단을 선발했고, 1924년에는 국공합작을 위해 귀국해 1924년 황푸 군관학교 정치부 부주임이 되었다.

이때는 제1차 국공합작으로 중국공산당이 쑨원(孫文)의 국민당에 합당되던 때였다. 1927년 장제스가 일으킨 상하이 쿠데타로 인해 공산주의자들에 대한 대량학살이 이루어졌고, 저우언라이는 황푸군관학교를 탈출해 남쪽의 한커우(漢口)로 도망갔다. 그 후 그는 제5차 중국공산당대회에 참석해 비서장에 임명되었으며, 당시 마오쩌둥보다 서열이 높았다. 그리고 그는 장시성의 성도인 난창(南昌)으로 도망가서, 민중 봉기를 조직해 난창봉기를 주도했으나 실패하게 된다.

그는 1927년 당 군사부장으로 당선되었지만, 1931년 4차 반포위토벌(장개석 국민군)로 홍군 해방구 근거지를 버리고 대장정을 떠나야만

했다. 그리고 1935년 구이저우성 준이회의(遵義會議)에서 펑더하이(彭德懷) 린뱌오(林彪)의 군사조수를 동원해 「진지전이 아닌 유격전, 게릴라전」을 주장한 마오쩌둥이 중국공산당을 장악하게 되었다.

1936년 12월 장쉐량(張學良)이 장제스(蔣介石)를 구금한 시안(西安)사변에서 저우언라이는 지금 공산당과 국민당의 내전이 우선이 아니고, '항일투쟁' 만주에 침략한 일본을 몰아내는 것이 우선이라고 장제스를 설득하여 2차 국공합작을 성사시킨다. 이후 1945년 종전 후에도 장제스 총통을 설득해 '쌍십협정(雙十協定)'을 이끌어내었다.

1949년 중국 건국 후 저우언라이는 총리 겸 외무부 부장에 선임되어 미국의 중국대륙 봉쇄라는 지난한 정치적 상황 속에서도 중공의 최고행정 책임자로 내치를 다지는 한편 중공외교를 도맡아 중공의 대외적 지위를 높였다. 1949년 11월 저우언라이는 마오쩌둥을 수행하여 모스크바를 방문해 오랜 시일이 걸린 중소 30년 우호조약을 성사시켰다. 1950년에는 한국전쟁 때 미군과 유엔군의 북진을 경고한 그는 '의용군'이라는 이름으로 중공군을 전장에 밀어 넣었다.

저우언라이는 1954년부터 1957년에 걸쳐 전개된 반둥외교의 주역이었고, 평화의 세일즈맨이라는 칭송을 듣기도 했다. 그러나 중소분쟁 초반에 그의 외교는 시련을 겪었고, 1959년 대약진운동의 실패로 큰 곤욕을 치렀다. 또한 1965년에 일어난 문화대혁명은 그에게 가장 큰 시련을 안겨주었다.

쌍십협정(雙十協定)은 1945년 10월 10일에 충칭에서 마오쩌둥과 장제스가 헐리(Hurley, G. P.)의 중개로 맺은 협정이다. 중국 국내의 평화 여론과 미·소 등의 내전 반대로 인해 내전 회피, 정치 협상 회의 개최, 각 당파의 평등한 지위 승인 따위를 합의했지만, 양측의 긴장은 여전했다.

문화대혁명 동안 류사오치(劉少奇)를 비롯한 많은 당지도자들이 숙청되고 국방장관 린뱌오(林彪)는 반란음모로 죽음을 당했지만, 그는 총리, 부주석, 군사위원회 부주석, 당정치국 상임위원으로 중공의 제2인자가 되었다. 그의 끈기와 설득력 때문에 '담판선생(談判先生)'이라는 별명을 얻었고, 중공건국 후 가장 어려운 조정역을 맡은 때가 문화대혁명과 장칭(江靑) - 린뱌오 간의 세력 다툼이었다.

그의 말년 업적으로 가장 높이 평가받는 것은 소련으로부터 미국 쪽으로 외교의 방향을 옮겨간 것이다. 1971년 미국 탁구선수들을 초청해 '핑퐁외교'를 시작으로 1972년 닉슨대통령을 베이징에 초대한 것이었다. 저우언라이 생애 가장 하이라이트로 손꼽이는 닉슨 초청외교는 1969년 10월의 우수리 강 유혈충돌 이후 대소 견제책인 '원교근정(遠交近政)정책'의 일환으로 이루어진 것이다. 이러한 외교성과를 통해 성숙한 미·중공 화해외교의 주도자로서 각광을 받았다.

그는 중국공산당이 수립된 1949년부터 1976년 1월 8일까지 중화인민공화국의 초대 국무원 총리를 지냈는데 지난날 한때 각각 부총

문화대혁명은 중국공산당 주석 마오쩌둥이 중국 혁명정신의 재건을 위해 1966년부터 1976년까지 추진한 대격변이다. 소련의 혁명이 잘못된 길로 접어들었음을 확신한 마오쩌둥은 중국이 소련식 사회주의 건설노선을 따라가게 될 수도 있다는 두려움과 자신의 위치에 대한 우려 때문에 역사의 흐름을 역류시키고자 중국을 혼란 상태로 몰아넣었다. 학교를 폐쇄하고, 홍위병에게 전통적인 가치와 부르주아적인 것을 공격하게 했으며, 당의 관료들을 공개 비판함으로써 그들의 혁명성을 점검했다. 운동은 신속히 확대되었으며, 수많은 노인들과 지식인들이 학대받고 많은 사람들이 죽음을 당했다. 그 후 10여 년 동안 린뱌오의 실각 등 내부 대립이 끊이지 않다가 마오쩌둥의 사망 후 종결되었다. 문화대혁명의 후유증은 계속 중국의 문젯거리로 남아 있다.

리였던 린뱌오와 덩샤오핑이 각기 총리 권한대행을 잠시 맡은 일도 있다. 1949년 10월 1일부터 1958년까지 중화인민공화국의 외교부장을 지냈으며 1954년 9월 27일부터는 마오쩌둥으로부터 중국공산당 인민정치협상회의의 주석직을 넘겨받아 1976년 1월 8일 사망할 때까지 재임했다.

특히 마오쩌둥이 정치와 군사를 주관한 반면 그는 외교와 협상, 교육 문제를 분담하였다. 고위 권력자임에도 청렴하였으며 권력자로 행세하지 않았다. 성실성과 친화력으로 인망을 얻었으며, 2인자임에도 지위에 연연하지 않고 마지막까지 마오쩌둥을 성실하게 보좌하여 애국적 인물로 알려져 있다. 이처럼 그는 중국 현대사에서 대체로 중공의 외교정책을 배후에서 조정하면서, 미국과 일본 및 그 밖의 비공산국가들과의 데탕트를 주도했던 노련한 외교관, 유능한 행정가, 헌신적인 혁명가 그리고 실용적 정치가로 평가된다.

3. 중국의 개혁개방 이전과 이후 외교정책은 어떻게 다른가?

1) 개혁개방 이전: 이데올로기, 반패권주의

외교정책 결정과정에는 정치적 현실에 대한 엘리트들의 인식이 중요한 영향을 끼쳐왔다. 정책결정자들의 생각, 사고, 신념체계 및 이데올로기—단순하고 직관에 의한 것이든 혹은 복잡하고 체계적인 것이든—는 주어진 상황에서 정책결정자의 선택을 초래하는 요인으로 작용한다는 것이다.

이러한 측면에서 중국공산당 지도자들의 국제정세와 외교정책 인식을 형성했던 주요한 기반은 마르크스－레닌－마오쩌둥 사상이었다. 예를 들어, 마오쩌둥 시대 외교정책 결정자들이 국제정치체제를 보는 기본적인 시각은 세계를 3대 진영(자본주의 진영, 사회주의 진영, 제3세계 진영)으로 구분하는 '3개 세계론'이었고, 1960년대 사회주의 진영 내 중·소분쟁의 이면에는 마오쩌둥의 공산혁명에 대한 사상이 배경으로 작용하였다.

중국정부 수립 전 류샤오치를 비롯한 친소주의자들은 미국에 대해 강경한 적대적 태도를 보였으나, 저우언라이와 황화(黃華) 등은 미국과의 원만한 관계를 유지하면서 경제적 원조를 획득하려고 했다. 하지만 류사오치와 같은 친소련파는 제국주의 세력과의 유대와 협력은 불가한 것으로 판단해 마오쩌둥으로 하여금 친소일변도 정책을 선택하도록 유도했다. 그 결과 마오쩌둥은 7월 1일 『논인민민주전정』에서 친소일변도의 정책을 채택했고, 한국전쟁을 겪으면서 더욱 심화되었다. 하지만 스탈린의 사망 이후 마오쩌둥은 대소의존의 심각성을 깨닫고 중국의 자주적 입장을 모색하게 된다. 그리고 마오쩌둥은 당내 주요 인물인 가오강(高崗)을 숙청하게 된다. 가오강이 숙청된 이유는 마오쩌둥이나 당 정치국을 경유하지 않고 스탈린과의 관계를 유지하면서 소련의 스파이로서 반당음모를 꾸몄다는 것이었다.

이 사건 이후 중국은 소련과 계속해서 마찰을 빚었고, 공산주의 이데올로기에 대한 이견과 자본주의·제국주의에 대한 기본전략과 관점 그리고 양국 간의 국가이익이 서로 상충하게 된다. 그럼에도 불구하고 중국은 국제공산주의 운동에 있어 국제주의 이데올로기를 견지하는 것이 정통 공산주의 길이라고 확신하였다.

1960년대를 전후해 중국은 소련과 관계가 악화되었고, 내부적으로는 대약진운동의 실패로 경제위기가 초래되었다. 당시 중국과 인도와의 관계악화는 인도로 하여금 미국과 소련과의 관계를 밀접하게 하는 계기를 만들어주었다. 하지만 중국 내정과 외부환경의 변화 속에서도 중국 공산주의자들은 마르크스-레닌주의 프리즘을 통해 현실을 바라보았다.

특히 중국은 제국주의와 자본주의가 존재하는 한 그들과의 전쟁은 필수불가결하다는 인식을 갖고 있었고, 폭력 투쟁 및 혁명 없이는 사회주의로의 전환이 불가능하다는 일관된 영구혁명론을 주장하고 있었다. 이러한 국제적 상황 속에서 1960년대 중반까지 중국은 미·소 초강대국이 지배하는 국제정치체제에 대항하기 위해 국제통일전선을 구축하는 데 초점을 두고 있었다. 그리고 중국은 제3세계를 후비세력으로 동원하기 위해 급진주의 노선을 채택했고, 미·소 간의 화해정

1969년 중국과 소련의 국경에선 충돌이 지속적으로 일어났다. 4월부터 6월에 이르는 기간, 극동과 신장에서 충돌이 자주 일어났으며, 1969년 7월 8일, 흑룡강 성 고르진스키 섬에서도 충돌이 있었다. 가장 규모가 컸던 사건은 1969년 8월 13일, 신강성 유민현 사건이었다. 중국군은 이전부터 카자흐스탄 국경지대의 잘란스콜 호수를 자주 침범했고 소련군은 참호를 구축하고 BTR 장갑차 두 대를 전진 배치했다.

긴장이 고조될 때 중국군이 기관총을 발사했고 소련군은 곧바로 맞보복을 했다. 곧 이어서 소대 규모의 수십 명의 중국군이 대전차화기로 무장한 채로 공세를 취했고 언덕 하나를 점령했다. 그러자 소련군 차량화소총부대가 반격을 가했고 언덕은 탈환되었다. 이 사건 이후 소련은 핵공격을 언급하는 강경한 노선을 취했다. 프라우다는 중국이 위험한 나라로 변했다고 비난했으며 소련군 기관지 〈붉은 별〉은 '현대의 모험가'들에게 압도적인 핵공격을 안겨주겠다고 선언했고 소련이 중국을 핵으로 공격하기 위해 동유럽의 지지를 호소한다는 소문도 흘러나왔다.

책을 비판하였다. 특히 소련과의 관계에서는 1968년 체코사태와 이에 이은 브레즈네프의 '제한주권론'의 주장으로 인해 적대감이 증폭되었다. 또한 1969년 초에 발생한 중·소 국경에서의 무력충돌 사태는 소련에 대해 더욱 강경한 입장을 추진했고 소련을 제일의 주적이라고 표현할 정도로 강하게 비판하면서 반소정책을 강화해 나갔다.

중국은 국제사회에서 소련의 전통적인 입장인 '양대 진영론'을 정면으로 거부하고 '중간지대론'을 제시하면서 제3세계에서의 혁명투쟁을 주도해 나가겠다는 의견을 밝혔다.

이러한 관점에서 중국은 제3세계가 개발도상국을 중심으로 세력을 규합해 새로운 유엔창설을 제의한 인도네시아의 요구를 지원하고, 미·소로부터의 경제원조 거부, 그리고 식민주의 잔재와 아프리카의 인종차별 정권에 대항하여 투쟁하는 민족해방운동을 지원할 것을 주장했다.

이처럼 중국의 급진적 외교행위가 제3세계를 중심으로 확산되는 가운데 미국이 월남전에 개입했고 중국 내부에서는 이에 대한 군사전략적 대응책이 논의되었다. 당시, 마오쩌둥과 린뱌오에 의해 전쟁을 베트남에 한정시켜 월맹을 지원하자는 입장과 총참모장 뤄루이칭(羅瑞卿)은 소련과의 제휴를 통한 적극적 방어전략을 주장했다. 하지만 중국은 군대를 파견해 월맹을 지원했고 민족해방운동에 있어 연대감

중간지대론은 세계는 사회주의 진영과 제국주의 진영 그리고 그 중간에 두 개의 중간지대가 존재한다는 것이다. 제1중간지대는 아시아, 아프리카, 중남미의 신생독립국 및 독립을 쟁취하려는 국가들이며, 제2중간지대는 지배계급이 착취자이며 억압자이면서 미국의 지배에서 벗어나려는 이중적 성격을 지닌 국가들로 서구유럽, 북미, 오세아니아 여러 나라들이라고 규정한다.

을 확인시켜 주었다. 이것은 중국이 소련뿐 아니라 미국과도 전쟁을 불사하겠다는 혁명적 급진노선을 채택한 것이다. 하지만 1966년부터 시작된 중국 내에서의 최대 권력투쟁인 '프롤레타리아 문화대혁명'과 중국의 '조반외교(造反外交)'는 지나치게 비현실적이었고, 세계혁명이라는 이데올로기가 외교의 효율성을 완전히 부정한 결과를 초래했다고 비판받고 있다. 그럼에도 불구하고 마오쩌둥은 공산주의는 인류사회에서 반드시 보편적으로 이루어진다는 신념을 갖고 있었다. 이러한 호전적 혁명적 급진노선은 마오쩌둥의 좌경노선에 기인한 것이었고, 이것은 국제정치 현실을 무시한 외교를 추진해 중국을 위기에 빠뜨렸다는 부정적 평가도 있다. 하지만 1972년 10월 3일 제27차 UN총회에서 당시 중국외무부 부장인 차오관화(喬冠華)는 "제3세계 국가들은 보다 광범위하게 연합하여 최강대국의 침략정책, 팽창정책, 전쟁정책에 반대하고 있다"고 강조하였다. 또한 1973년 8월 제10대 중국공산당 대회에서 "중국공산당은 전 세계에 순수한 무산계급, 피압박 인민과 견고하게 단결하여 미·소 초강대국의 패권주의에 대항할 것이다"라고 밝히고 있다. 또한 저우언라이도 정치보고를 통해 미·소에 의한 패권추구가 국제정세 불안의 근원이라고 주장하며 반패권투쟁의 필요성을 주장하였다.

2) 개혁개방 이후: 실용주의, 자주외교

중국의 국제적 고립으로 인해 중국지도자들은 외교정책에 있어서 이데올로기라는 독립된 가치를 추구하기보다는 국가이익이라는 큰 범주에서 보완적 의미를 지니는 것이 보다 많은 이해 관계를 조정할 수 있다는 인식을 갖게 되었다.

따라서 상대적으로 온건한 방향으로 이데올로기가 완화되면서 현실 국제정치경제 질서에 있어 다양한 인식과 접근이 생겨나게 되었다. 1969년 이후 중국이 안정을 되찾으면서 국제정치에 있어서도 현상유지의 시각을 갖게 되었고 1970년 이후 실용주의 외교로 전환되기 시작했다.

(1) 실용주의 외교

저우언라이의 사망(1976.1.8)과 마오쩌둥의 사망(1976.9.9) 이후, 덩샤오핑의 등장으로 중국은 새로운 국면을 맞이하게 된다. 덩샤오핑은 1950년대부터 실용주의적 입장에서 정치적 식견과 경륜을 쌓아왔고, 그가 주장한 '흑묘백묘론(黑猫白猫論)'은 그의 실용주의적 입장을 가장 잘 대변해주는 이론이다.

덩샤오핑은 제11기 3중전회 결의에 의해 복권되면서 현대화 정책을 실용주의 정책에 따라 적극 추진해야 한다는 것을 강조한다. 덩샤오핑은 마오쩌둥 사상에 근거한 화궈펑(華國鋒)의 제11대 노선마저 수정하기 위해 '실사구시', '이론과 실천의 결합', '진리표준' 등 이데올로기상의 투쟁을 지속적으로 전개하면서 현대화 정책을 추진할 수 있는 새로운 이념적 기반을 마련하였다. 덩샤오핑은 4개 현대화의 실용주의 노선을 대서방 관계를 확대하고 유지하는 명분으로 이용하려 했으며, 대외 관계에 있어서도 대미·대소 간 등거리 외교를 통한 실용주의 외교를 추진하였다.

덩샤오핑이 실질적으로 정권을 장악하고 개혁개방을 추진하면서 중국은 미국의 지원이 필요했다. 그래서 중국은 1979년 1월 1일 미국과 국교를 정상화하였고, 덩샤오핑은 1월 29일부터 2월 5일까지 미국을 방문해 미국 카터 대통령과 회담을 통해 중·미 관계를 강화했다. 이로써 중국은 1970년대 말 친미적 외교정책 기조를 갖게 되었다. 특히 1980년대 초 중국과 미국은 실질적인 동맹 관계를 맺었고, 세계 전략문제와 중국의 안전보장문제를 협의할 정도로 밀접한 관계로 발전했다. 실제로 미 국방장관 브라운(Harold Brown)이 중국을 방문해 덩샤오핑과 회견하는 자리에서 덩샤오핑은 미·중 관계를 동맹 관계라고 언급하였다. 이로서 동서 간 그리고 미국과 소련 간 긴장이 완화되고 이념적 및 정치적 갈등이 크게 줄었다.

당시 중국은 1980년대 경제발전에 국력을 집중해야 했고, 이를 위해서는 충분한 자본과 기술 그리고 평화로운 국제환경이 절실했다. 그리고 소련의 위협에 대해 중국이 국방비 지출을 증가해야 하는 것은 매우 큰 부담이었다. 그래서 중국은 평화롭고 안정된 국제환경을 조성하고 국경지역 주둔군을 감축해 국방비를 절감하면 경제발전에 더욱 큰 역량을 투입할 수 있다는 계산을 했고 소련과도 관계를 개선하였다. 뿐만 아니라 1970년 대 말부터 중국은 국내 경제발전을 위해 평화롭고 안정된 국제환경 조성이 필요했다. 그래서 남서부 접경국가들에 대해 선린우호정책을 추진하였고, 우호적인 국가와는 협력을 더욱 강화하는 방식으로 각국의 관계를 조절해 나갔다. 즉, 중국은 오랫동안 국제적으로 전면에 나서기보다 국내적 발전에 초점을 집중시키는 '도광양회(韜光養晦)'전략을 견지했다.

장쩌민(江澤民)의 집권 초기인 1990년대 초반에서 중반까지의 중국 외교가 1989년 천안문 사건으로 인한 외교적 고립을 뚫는 데 주안점을 둔 수세적·피동적 성격을 띠었다면, 1997년 이후 '다극화외교'의 강화는 세계 지도국으로서 적극적으로 세계문제에 관여하겠다는 적극적·공세적 성격으로 변화한 것이다. 이것은 1997년 제15차 전국대표대회와 홍콩귀속을 계기로 더욱 적극성을 띠게 되었다. 제15차 전국대표대회에서 제시된 정치보고에서 장쩌민은 "국가목표의 최우선 순위가 경제발전임을 재확인했고, 현 국제정세가 다극화로 발전되고 있다는 것"을 강조했다. 이에 대한 대응방안으로서 반패권주의의 다극화외교를 제기했고, 구체적 방안으로 '강대국외교'의 강화와 '주변국과의 선린우호외교' 등을 추진했다.

강대국외교의 일환으로 중국 지도부는 정상외교를 강화하여, 1997년 옐친 대통령의 중국방문과 중·러정상회담(11.10), 중국총리 리펑(李鵬)의 일본방문에서 중·일정상회담(11.11)을 가졌다. 그리고 1998년에는 블레어 영국총리와 조스팽 프랑스 총리의 중국방문(10월), 장쩌민 주석의 러시아 및 일본방문(11월) 등에 따른 중국과 이들 강대국들과의 정상회담을 통해 각각 전략적 동반자 관계를 수립하였다. 특히 중국은 1997년 4월과 1999년 8월 두 차례의 중·러정상회담을 통해 미국 단극체제 탈피를 위한 다국적 국제질서의 확립과 중국과 '전략적 협력의 동반자' 관계를 구축·확대하여 미·일 군사동맹의 강화에 공동대응하기로 합의하였다.

중국은 역내 국가들과의 관계 증진을 강화하기 위해 역내 주요 분쟁지역인 한반도, 캄보디아, 인도와 파키스탄 문제해결을 위해 과거에 비해 보다 적극적인 역할을 했다. 이를 위해 중국은 양자 관계의

도광양회는 '칼날의 빛을 감추고 어둠 속에서 힘을 기른다'는 뜻으로 '자신의 재능을 드러내지 않고 참고 기다린다'는 의미가 있다. 본래 〈삼국지연의〉에서 유비가 조조의 산하에서 머무르며 은밀하게 힘을 기르던 것에서 유래한 고사성어로, 중국은 2000년대 이전까지 도광양회 노선에 따라 경제력과 국력이 생길 때까지 강대국들과 전술적으로 협력하는 외교로 전환되었다.

발전과 동시에 '아세안 지역 포럼(ARF)'과 '동북아 협력대화' 등 지역 안보대화에도 적극 참여하고 있다. 이후 중국의 외교정책은 장쩌민과 주룽지(朱鎔基)로 대표되는 제3세대를 거쳐 후진타오와 원자바오의 제4세대 엘리트들로 이어졌다.

제4세대 후진타오를 중심으로 한 지도부는 2003년부터 '화평굴기(和平堀起)'라는 중국의 외교노선을 채택하고 있다. 이와 함께 후진타오 지도부는 '유소작위' 전략도 내세웠다.

이러한 화평굴기와 유소작위의 전략 하에 중국은 국제분쟁의 조정 역할을 중시하게 되고 다자외교의 길로 들어서게 되었다.

후진타오의 제4세대 그룹은 첫째, 중국은 국제사회에 편입하여 국제체제에 순응하는 국가임을 지속적으로 표명하고 있다. 중국은 선량한 세계시민으로서 국제연합(United Nations)을 지지하고, 환경, 빈곤, 마약, 난민, 테러 등 세계적 문제 해결을 위해 노력할 것이며, 미국의 이해 관계에 도전하는 세력이 아님을 강조하고 있다. 둘째, 미국중심의 국제체제에 대해 중국이 정면 대응하는 것은 중국에게 유리하지

화평굴기란 평화적인 수단과 방법으로 개방된 체제 하에 세계 각국과 협력하고 세계 평화를 수호한다는 것으로 한국어로 번역하면 '평화적 부상'이다. 이 용어는 정비젠(鄭必堅)이 2003년 11월 3일 보아오 아시아포럼에서 처음 제시했다. 이러한 화평굴기는 중국의 지도자들이 외교에 있어 '평화'에 초점을 맞추고 있음을 의미하며, 사상적 근원을 '화위귀(和爲貴)'와 '화이부동(和而不同)' 등의 '화(和)'에서 찾을 수 있다.

유소작위는 필요할 때 역할을 마다하지 않는다는 뜻으로 이전보다 적극적으로 국제 관계에 개입해 국익을 확대한다는 전략이다. 즉 평화적인 성장을 의미하는 화평굴기의 이면에는 유소작위를 통해 중국의 영향력을 강화한다는 의도를 포함한다.

않을 것이라는 의견에 동의했다. 뿐만 아니라 중국은 국제정치구조 속에서 미국은 물론 한국, 북한, 일본 등 동아시아 주요 국가들과의 다자 관계를 구축해나가고자 하였다. 예를 들어 동아시아 국가들과는 다자적·쌍무적 관계를 강조했으며, 미국과는 경쟁구도가 아닌 협력 관계 구축을 추진해 나갔다.

2005년 후진타오는 2005년 9월 유엔(UN)창설 60주년 정상회의 연설에서 "지속적인 평화와 공동번영의 화해세계(和諧世界)를 구축하겠다."는 '화해세계론'을 외교정책의 주요 지침으로 제시했다. 이것은 중국의 경제적·정치적 부상이 세계의 평화와 발전에 밀접하게 연계되어 있으며 국제사회의 미래를 위해 중국이 노력할 것임을 약속한 것이다. 이후 '화해세계론'은 17차 당 대회 공작보고는 물론 시진핑(習近平)체제가 출범하는 18차당 대회 공작보고에도 그 내용이 포함되는 등 후진타오 시기 대외정책의 주요 이념이자 목표로서 작용하였다.

따라서 2002년 제16차 전국대표대회와 2003년 제10기 전국인민대표대회를 통해서 등장한 중국 제4세대 엘리트 그룹의 외교정책에 대한 인식은 이전세대와는 상대적인 의미에서 보다 개방적이고 실용적인 성격을 갖고 있다고 평가된다.

(2) 독립자주외교

1982년 국제환경의 변화(동서 간의 긴장완화, 중·미 국교 수립)와 국내환경의 변화(경제건설의 필요)에 따라 1982년 9월에 개최된 중국공산당 12차 전국대표대회에서 총서기 후야오방은 독립자주 외교정책의 원칙을 보고하였다. 그는 이 보고에서 "우리가 자주독립적인 외교정책을 견지하는 것은 우리가 세계평화의 옹호, 인류 진보의 촉진이라고 하는 숭고한 국제적 의무를 수행하는 것과 일치한다"고 주장했다. 이러한 입장은 1983년 6월 6일에 열린 제6기 전국인민대표대회 제1회 총회에서 자오쯔양 총리의 정부활동보고에서도 "……독립, 자주, 비블럭의 주지와 원칙을 계속 견지하면서 제국주의, 식민지주의 및 어떠한 행태의 강권정치에도 반대하는 것을 마음속으로부터 원하고 있다"고 언급했다. 이처럼 "중국건국 이래 33년간, 중국은 어떠한 강대국이나 혹은 국가집단에도 의존하지 않았으며, 강대국의 어떠한 압력에도 굴복하지 않았음을 우리는 실제의 행동으로 전 세계에 보여주었다. 그리고 중국의 외교정책은 중국인민과 세계인민의 기본 이익으로부터 출발하고 있다"고 강조하였다.

자오쯔양 총리는 1984년 캐나다 의회에서 행한 연설에서 "중국 외교의 기본원칙은 독자성이다"라고 강조하였고, 첸치천(錢其琛) 외교부장도 독일외교협회에서 「중국의 외교정책」이라는 제목의 연설을 하면서 "중국 외교정책의 기본은 외교정책을 독립 자주적으로 결정하는 것이다."라고 역설했다. 또한 당14대보고와 당16대보고에 의하면 외교정책 목표는 중국의 독립과 주권 수호와 세계평화와 발전의 촉진이다. 이처럼 1980년대를 일관했던 독립자주외교 원칙 또한 철저히 중국의 실리를 중국적 관점에서 자주적으로 해결하겠다는 것을 의미한다. 이러한 중국의 독립과 주권수호 사례는 소련의 붕괴로 미일동맹이 강화되고, 9·11사건 이후 대량살상무기의 확산저지를 위해 미국이 추진하는 NMD 체제에 대만을 포함시키려 하자, 국가주권의 수호차원에서 중국이 강력하게 반발한 데서 찾을 수 있다.

이처럼 중국의 독립과 주권수호와 관련해 대만, 티벳, 신장의 분리독립 움직임 등 중국의 영토 및 주권문제와 관련하여 후진타오 지도부도 영토와 주권문제는 중국의 국내문제라 생각하며, 제3국의 간섭을 배제하고 차단하려고 한다. 특히, 대만문제에서 미국의 개입은 용납할 수 없으며, 평화적인 대만문제 해결이 불가능하다면 무력의 사용 역시 과거에 그러하였듯이 선택될 수 있는 대안 중의 하나로 간주하는 것도 독립자주외교 원칙과 연관된다.

하지만, 독립자주외교 원칙에 있어서 주권의 수호는 과거의 '절대주권' 개념이 아니라 국가이익과 필요성에 따라 일부를 양도할 수 있는 '상대주권'을 의미하는 것으로 변화하고 있다. 동시에 국가안보의 전통적인 국토수호뿐만 아니라 21세기 새로운 안보위협인 테러리즘, 마약, 질병 등의 문제에 있어서도 국제적 협력과 협약을 강조하고 있다.

4. G2시대 이후 중국외교의 목표와 방향

1) 중국의 패권주의 – 신국제질서

1992년 제14차 전국대표대회는 '평화공존 5원칙'을 토대로 평화(和平), 안정(穩正), 공정(公正), 합리(合理)적인 '신국제질서'를 제시하였다. 1997년 제15차 전국대표대회에서도 '신국제정치경제질서'는 평화공존 5원칙을 토대로 해야 하며 이는 유엔헌장의 원칙과 취지에 부합한다고 주장하였다.

2000년대 미국 주도의 단극체제는 동아시아 국제정치에도 강력하게 작동했으며, 미국의 조지부시(G. W. Bush) 행정부는 강경하고 일방주의적 외교정책들을 통해 미국 패권을 더욱 강화시켜 나가는 데 집중했다. 그리고 미국은 국제체제로 편입하고 급격한 경제 성장을 이루는 중국에 위협을 느끼고 가상의 적에 가까운 경쟁 관계로 인식하기 시작했다. 왜냐하면 2003년 후진타오 체제가 등장하면서 중국은 국력신장에 대한 자신감이 생겨났고, 국제사회에서 책임을 지는 대국 부상론을 부각시켰기 때문이다.

또한 2007년 제17차 전국대표대회는 중국이 구상한 이상적인 국제질서관을 "영구적 평화와 공동번영의 조화세계"로 규명하였으며 중국은 건설적인 역할을 수행할 것이라는 역할론을 대두시켰다. 이러한 중국 내 움직임과 중국의 부상에 미국과 역내 국가들은 재차 중국위협론을 제기하였다.

하지만 2008년 세계금융위기 발생 이전까지 중국은 '책임 있는 강대국', '평화적 부상' 등의 구호 아래 충돌과 갈등을 회피하고 평화와 협력을 강조하는 온건한 외교정책을 추구해 왔다. 이러한 중국의 대국 부상론과 중국위협론은 중국이 2010년에 세계 제2위의 경제대국으로 성장했고, 2020년대 들어서는 미국마저 제치고 규모 면에서 세계 최대의 경제국으로 등장할 것이라는 전망에서 기인된 것이다.

중국은 2012년 11월 제18차 전국대표대회를 통해 2002년 16차 당대회에서 등장한 후진타오와 원자바오 중심의 4세대 지도부가 퇴진

2002년 제16차 전국대표대회는 "국가는 정치적으로 상호존중·공동협상을 해야 하며 자국의 의지를 타국에게 강요해서는 안 되며, 경제적으로 상호촉진·공동발전을 해야 하며 빈부격차를 조성해서는 안 된다. 문화적으로 상호참조·공동번영을 해야 하며 타민족의 문화를 배척해서는 안 되며, 안보적 측면에서는 상호신뢰, 호혜, 평등 및 협력의 신안전관을 수립해야 하며, 대화와 협력으로 분쟁을 해결해야 하며 무력을 사용하거나 무력으로 위협을 가하는 것은 안 된다"는 것을 내용으로 신국제정치경제질서를 구체화시켰다.

하고, 시진핑과 리커창(李克强)을 중심으로 하는 5세대 지도부가 등장했다.

시진핑 지도부는 전임 지도자들이 주장해 온 '전면적 샤오캉 사회 건설'과 '중화민족의 위대한 부흥' 그리고 '평화발전'의 길을 자신의 집권기간 지속되어야 할 대외정책목표로 삼았다. 이와 더불어 시진핑은 인류문명공동체와 신형 국제 관계 구축을 내세워 '중국 특색의 대국외교'를 제기해 전개하고 있다.

중국이 말하는 '새로운 대국 관계'는 대(對)EU 관계, 대일 관계 등을 포함하지만 그 핵심은 사실 대미 관계에 놓여 있다. 이러한 중국의 신형 대국 관계 수립에 대한 주장은 시진핑에 의해 처음으로 공식화된 이후 2012년 5월 제4차 미·중 전략경제대화와 동년 6월의 G20 정상회담 시 개최된 미·중 정상회담에서 후진타오 전 국가주석에 의해서도 재차 강조되었다.

결론적으로 시진핑 정권의 외교정책구상 출발점은 강대국으로서의 중국으로 위치를 설정하는 것이었다. 2012년 11월 제18차 전국대표대회에서 시진핑 주석은 중국의 부상한 국력에 맞게 "더욱 적극적으로 국제문제에 참여하고, 책임 있는 대국의 역할을 발휘하며, 글로벌 이슈에 공동으로 대응할 것"이라고 강조했다.

중국위협론이 본격적으로 등장한 것은 1990년대 초반이었다. 1992년 9월 『타임』지 아시아 지국장을 역임한 먼로(Ross H. Munro)는 "잠에서 깨어난 용: 아시아의 진정한 위협은 중국에서"라는 글에서 중국이 깨어나면 전 세계를 놀라게 할 것이라는 서방의 예언을 인용하면서 등장했다. 이러한 중국위협론은 중국의 급속한 경제성장과 이를 토대로 한 군사력 강화가 주변국가와 지역질서에 위협요인으로 작용하는 것을 말한다.

또한, 2013년 3월에 시진핑은 국가주석으로 취임하면서 "중국공산당 창당 100주년에 샤오캉 사회 완성의 목표가 실현되고, 중화인민공화국 건국 100주년에는 사회주의 현대화라는 국가목표가 실현됨으로써 중화민족의 위대한 중흥의 꿈이 이루어질 것"이라는 '두개의 백년' 목표를 제시했다. 또한 시진핑은 일대일로(一帶一路)를 국가의 최고 전략으로 제시하면서 중국이 세계 범위에서 더욱 적극적으로 진출해야 한다는 것을 강조했다. 그리고 중국은 일대일로의 상대국과 "상호 연계와 소통(互聯互通)" 방침을 수립하고, 정책소통(政策溝通), 도로관통(道路聯通), 무역상통(貿易暢通), 화폐유통(貨幣流通), 민심상통(民心相通)의 '5가지 방향(5通)'을 제시하고 있다.

시진핑은 2014년 11월 중앙외사공작영도소조의 외사공작회의의 연설에서도 "주변국과의 신형 국제 관계의 수립 그리고 주요 강국 간 신형 국제 관계의 건설과 같이 보다 능동적인 안보접근법을 담은 중국외교"를 역설했다.

시진핑 지도부의 대외정책은 '중국의 꿈(中國夢)'이라는 비전을 제시하면서 대내적 국민통합을 추동하고, '신형 대국(新型大國) 관계'라는 대국외교의 틀을 제시함으로써 미·중 관계의 안정화를 꾀하고자

시진핑은 외교정책의 우선순위인 중국의 국익 확보를 위해 강대국 외교의 필요성을 강조했다. 2014년 외사공작회의에서 시진핑은 개혁개방 이후 처음으로 '중국 특색의 대국외교(中國特色大國外交)'를 직접적으로 언급함으로써 중국외교 이념의 새로운 변화를 이끌어냈다. 또한 덩샤오핑 정권부터 이어져오던 '도광양회'전략을 암묵적으로 버려야 한다고 선언했다. 이러한 시진핑의 '중국 특색의 대국외교'는 중국의 외교가 강대국 정체성에 기반을 둔 강대국 외교로 변화하고 있음을 의미한다.

하며, 이와 동시에 핵심이익(核心利益)이라는 원칙에 대해서는 포기하지 않겠다는 강한 의지를 내보이고 있다. 이러한 시진핑 정권의 강대국 정체성은 2017년 이후 더욱 더욱 확고해진 모습을 보인다. 2017년 중국공산당 제19차 당 대회에서 시진핑은 '신형 국제(新型國際) 관계'와 '인류운명공동체(人類命運共同體)'의 구축을 제시하고 있다. 이러한 신형 국제 관계와 인류운명공동체는 중국이 미국과 비슷한 글로벌 리더의 지위를 전제함으로써 제시된 것이며, 중국이 '책임있는 대국'으로서의 역할에 대한 자신감을 표현한 것이라고 볼 수 있다.

2) '신형강대국론'과 중·미 관계의 변화와 전망

1949년 중국공산정권 수립 이후 현재까지의 중·미 관계를 살펴보면, 1950~60년대에는 쌍방이 각각 동서냉전구조에 편입되어 적대적 관계를 유지한 반면, 1972년 상해공동성명과 1979년 국교정상화를 통해 1970~80년대는 협력적인 관계를 구축하였다. 중·미 양국이 상호간 이념적 차이에도 불구하고 협력 관계를 유지하였던 것은 소련에 대항하기 위한 전략적 이유 때문이었다.

한편 1980년대 후반 사회주의권 붕괴로 인해 대·소 전략적 유대관계가 소멸한 탈냉전기 중·미 관계는 이전과는 상이한 양상을 보이고 있으며, 군사, 안보 문제뿐만 아니라 경제, 인권, 대만문제 등에서 협력과 갈등 관계가 동시에 표출된다. 그리고 중·미 관계의 이러한 변화는 주로 미국의 대중국정책에 의해 결정되어져 왔다. 하지만 중국위협론의 등장과 시진핑 시대 신형 강대국 관계의 추진으로 인해 중·미 관계는 중국의 국가이익이라는 중국 외교정책의 변화에 따라 결정되고 있다. 특히 신형 대국 관계는 40여 년의 미·중 관계에서 중국이 미국에 제안한 최초의 양자 관계 틀이라는 점에서 중요한 구조적 변화이다.

하지만 이러한 중국의 외교정책의 변화는 미국뿐 아니라 중국 주변 국가 간 갈등을 초래하고 있다. 이러한 갈등은 중국과 미국 사이에서 가장 분명하게 나타났다. 2010년 들어 중국은 미국의 대만에 대한 무기판매, 구글(Google) 사태, 위안화 평가, 그리고 달라이 라마 면담 등 일련의 이슈와 관련하여 공방을 전개하였다.

특히 중국의 부상은 2009년 7월 미국이 오랫동안 거부해 온「동남 아우호협력조약(TAC: Treaty of Amity and Cooperation in Southeast Asia)」에 서명함으로써 아세안 국가와의 관계를 강화하게 했다. 또한 2010년 9월 미국 오바마 대통령은 뉴욕에서 처음으로 아세안 국가 지도자들과 정상회담(US-ASEAN Summit)을 개최했고, 해상안보와 항해자유의 중요성을 강조하는 공동성명을 채택하여 남중국해 문제와 관련한 중국의 입장을 비판했다. 또한 오바마 대통령은 동년 11월 인도, 인도네시아, 한국, 일본을 순방했고, 2011년 11월에는 최초로 동아시아정상회의(EAS: East Asia Summit) 참가를 위한 순방 길에서 미국의 '아시아로의 회귀'를 공식적으로 선언했다.

이것은 미국이 동아시아 국가들과의 관계를 강화함으로써 중국을 견제하기 위한 외교 전략이다. 또한 중국에 대한 위협인식이 확산됨에 따라 지역 국가들은 중국과의 경제 관계를 증진시키면서도, 동시에 중국의 부상이 초래할 위협에 대비하려는 노력을 강화하고 있다.

2009년 2월 필리핀 의회는 중국의 반대에도 불구하고 남사군도 일부 도서를 자국의 영토로 포함시키는 '영해기선법안'을 가결했다. 그리고 중국은 2010년 9월 격화된 중·일 간 '조어도(일본명 센카쿠) 분쟁' 이후 현재까지도 일본과의 대립 관계를 지속하고 있다. 이 과정에서 중국의 남중국해 정책은 2010년을 기점으로 변화되기 시작했다. 2010년 중국은 남중국해를 자국의 핵심 이익에 편입시킴에 따라 남중국해에서 공격적인 모습을 보여주기 시작했다.

중국은 2010년부터 남중국해에서 행정 관할권의 확대, 인공섬 건설, 군사훈련 그리고 권익보호 행동 등 일련의 행위를 통해 자국의 남중국해에 대한 주권 행사를 강화시켰다.

이에 대항해 2012년 6월 21일 베트남 국회도 「베트남 해양법」을 표결로 통과시켰다. 이 법안은 서사군도와 남사군도를 베트남의 영토로 편입하였을 뿐만 아니라 베트남의 해양경제 발전 그리고 영토와 주권 유지를 강화시키는 규칙도 새롭게 제정하였다.

말레이시아도 대륙붕 한계 정보 제출 전인 2009년 3월 총리가 분쟁이 있는 탄환초에 상륙하는 방식으로 도서의 주권을 선포했다. 이처럼 중국과 주변 5개국이 연결되어 있는 남중국해 영유권문제를 둘러싸고 갈등이 더욱 강하게 표출되었다. 이러한 중국과 주변국의 반응은 남중국해 문제를 국제화시켰고, 영토와 주권 문제에 강경한 중국의 외교정책 기조를 재차 확인시킨 계기가 되었다.

시진핑 주석은 2012년 오바마 대통령과의 만남에서 "중·미 양국은 전략적 신뢰의 강화, 상대 국가 핵심 이익에 대한 존중 및 포용적인 협력을 전개하여 공동으로 글로벌 문제에 대응해야 한다"고 제안하였다. 이러한 '신형대국관계론'은 2013년 6월 7~8일 이틀 간 시진핑 중국 국가주석이 오바마 미국 대통령과의 만남과 양제츠(楊潔篪) 전 중국 외교부 부장이 제5차 중·미 전략경제대화 연설에서도 언급되고 있다.

신형 대국 관계는 첫째는 불충돌(不冲突), 불대항(不对抗)이다. 즉, 객관적이고 이성적인 판단을 통해 전략의도를 파악하고, 파트너십을 강조함으로써 대화와 협력을 통해 갈등과 이견을 해소하는 것이다.

둘째는 상호존중이다. 상대방의 사회제도와 핵심이익을 존중하며 구동존이(求同存異)를 원칙으로 포용을 통해 공동발전을 도모하는 것이다. 셋째는 원-원 구도의 추구이다. 이러한 신형 대국 관계는 강대국과의 협력을 보장하는 것과 중국의 자주성과 영향력을 확대하는 것이다.

특히 시진핑 시기에 적극 제기하고 있는 신형 강대국 관계의 주 대상은 미국이지만 다른 강대국 관계에도 확대 적용되고 있다. 그 내용은 첫째, 중국은 미국의 국제질서 안에서 비군사적 방식으로 미국과 계속 경쟁을 하겠다는 것이다. 둘째, 중국의 새로운 국제적 지위를 반영하는 상호 평등하고 호혜적인 관계를 요구하고 셋째, 상호 핵심이익 혹은 전략적으로 중시하는 사안은 존중해주기를 요구한다. 그리고 중국은 '새로운 아시아 안보체제 수립 구상'처럼 미국을 배제한 새로운 국제기구의 수립을 제안하고 있다.

2013년 10월 24~25일 중국은 건국 이후 처음으로 주변외교공작좌담회를 소집했고, 시진핑 국가주석은 '두 개의 100년' 및 '중화민족의 위대한 부흥'을 주변외교의 전략 목표로 설정하고, 국가주권·안보·발전이익 수호, 주변국과의 정치 관계·경제유대·안보협력·인문유대 강화 등을 강조했다. 특히 '친(親)·성(誠)·혜(惠)·용(容)'이라는 새로운 주변외교 이념을 제시하고, 중국과 주변국 관계에서 운명공동체 개념을 강조했다.

또한 시진핑은 2013년 보아오 포럼에 참석하여 주변국가의 중요성을 강조하고, 중국은 주변국가와의 관계 강화를 통하여 주변국들로 하여금 중국의 지역질서 제창에 동참 또는 유도하는 데 주력하고 있다. 특히 중국이 제시한 일대일로 구상과 아시아인프라투자은행(AIIB) 등과 같은 아시아 구상 전략은 중국이 자국을 강대국으로 인식하며, 이러한 강대국 정체성을 바탕으로 외교 관계와 국제사회 속 역할을 설정하고 있음을 나타내는 것이다. 이에 대해 미국을 포함한 주변 국가들은 중국이 여전히 주변 국가들을 대응한 지위로 인정하지 않는 중화주의적 심리를 갖고 있다는 의구심을 갖고 있다. 왜냐하면 시진핑 주석이 중국의 동아시아 정책 및 주변외교에서 과거보다 더 적극적이고 주도적으로 추진하면서 향후 중국이 패권국으로 부상할 가능성이 높다고 보기 때문이다.

이러한 주변국의 의구심을 무마하기 위해 중국은 자신들이 보유한 전략적·경제적 이점을 활용하여 주변 국가들과의 협력을 강화함으로써 미국의 재균형 전략에 대응하려고 노력한다. 예를 들어, 현재에도 남사군도 등 잠재적 영토분쟁이 여전히 해결되지 않고 있음에도 불구하고 중국은 경제적 교류 증대 등을 매개로 하여 베트남, 미얀마, 인도, 남아시아 주변국들과 우호 관계 증대에 노력하고 있고, 인도와 베트남 같은 구소련과 협력 관계를 유지했던 국가들과의 관계 진전으로 미국의 세력 확대를 견제하며 남방 포위선 구축을 저지하고자 한다.

시진핑 주석은 2015년 3월 28일 보아오포럼 연차총회에서 "아시아 운명공동체 건설을 촉구하면서, 우선 중국과 동남아국가연합이 더욱 긴밀한 운명공동체를 건설하고 아세안과 한·중·일 3국이 2020년까지 동아시아 경제공동체 건설을 위한 노력"을 강조하고 있다. 그리고 신경제구상으로 추진 중인 일대일로와 아시아 인프라투자은행을 아시아 협력의 중요한 수단으로 제시했다. 이러한 시진핑의 신형강대국론은 1990년대부터 유지해 온 중국외교의 핵심 기조인 도광양회, 유소작위를 포기하고 중국의 외교적 접근이 '적극작위(積極作爲)', '분발유위(奮發有爲)'로 적극적이고 공격적으로 전환했다는 것을 보여주는 것이다.

따라서 향후 미·중 관계는 양국의 종합국력, 상호 전략적 불신 해소

여부, 신형 대국 관계에 대한 미국의 호응 여부 등에 따라 영향을 받을 것이며 지역별·이슈별로 전략적 협력과 경쟁 및 갈등이 일상화되는 복합적인 관계가 지속될 가능성이 높다. 예를 들어, 글로벌 이슈(테러, 환경, 글로벌 경제회복, 우주안보 등)에 대해서는 전략적 협력 기조가 우세할 것이고, 지역적 이슈에 대해서는 상호 전략적 불신으로 인해 역내 영향력 확대 경쟁과 갈등이 불가피하지만, 민감한 지역적 이슈(남중국해문제, 북핵문제 등)에 대한 지정학적 차원의 현상 유지 가능성도 배제할 수 없다. 뿐만 아니라 쌍무적 차원의 이슈(대만문제, 사이버안보, 무역적자 등)에 대해서는 전략적 갈등 기조가 우세할 것이다.

5. 중국의 목표와 꿈은 어디로 향하나?

1978년 개혁개방 이후, 중국은 급속한 경제성장을 바탕으로 미국을 대응할 G2국가로 성장하였다. 이에 시진핑은 '중국몽' 실현이라는 목표를 세웠고, 중국의 부상에 따른 중국위협론이 대두되고 있다. 그렇다면 중국은 세계화의 흐름 속에 세계공동체에 편입했고, 중국의 외교정책은 어떠한 방향으로 전개될 것인가?

2013년 3월 시진핑은 국가주석으로 취임하면서 '중국몽'을 제시해 강대국으로서의 의지를 표명했고, '일대일로'를 국가의 최고 전략으로 제시하면서 중국이 세계 공동체 안에 더욱 적극적으로 진출해야 한다는 것을 강조하고 있다.

무엇보다도 중국은 외교정책에 있어 기존의 '도광양회' 원칙을 강조하기보다는 적극적인 '유소작위'나 '주동작위(主動作爲)'와 같은 원칙들을 강조하면서 광역적·전략적·능동적이며, 전문화되고 보다 유연하게 진화하고 있다. 현재 중국은 국익을 강조하고, 동아시아의 지역 강국으로서가 아니라 세계를 전략공간으로 보고 이를 대상으로 대외정책을 전개할 대전략을 추진하는 '유라시아의 허브 국가', '중앙국가'가 되고자 한다. 또한 중국은 스스로 다자기구를 조직하여 자국의 외교력을 확대하고 있다. 예를 들어 러시아 및 중앙아시아 국가들과 안보협력을 위한 상하이협력기구(Shanghai Cooperation Organization)와 아시아 국가들과의 경제협력을 위한 보아오포럼에 참여하고 있다. 결국, 중국은 다자주의 참여를 통해 국제규범과 제도의 형성과정에 직접적인 역할을 하고, 책임 있는 강대국으로서의 이미지를 제고하는 외교 전략을 지속적으로 구사할 것으로 보인다.

특히 시진핑 주석은 외교정책에 있어 적극적인 개입과 능동적 태세를 보여주고 있다. 따라서 중국은 글로벌 차원에서의 국익 추구를 위하여 지역대국에서 글로벌 국가로 나아가 '세계적 강대국'으로 성장하는 데 비전을 두고 있으며 이러한 중국의 전략적 지향은 글로벌 수준으로 확장될 것으로 보인다. 하지만 향후 중국의 신형 강대국의 외교전략의 성공여부는 주변국가와의 '친, 성, 혜, 용'의 전략적 신뢰의 구축여부, 일대일로를 비롯한 글로벌 전략에서 강대국과의 이익의 조화여부 및 지역의 이슈문제에 대한 적절한 대응 여부가 관건이 될 것이다. 그럼에도 불구하고 미·중 관계는 중국 외교 전략의 핵심적인 과제이기에 우호적인 미·중 관계를 유지하는 것이 중국의 가장 중요한 전략적 과제일 것이다. 따라서 미·중 간의 갈등은 양국과 주변국들의 경제 및 안보 이해 관계에 위협이 될 수 있기 때문에 중국과 미국 양국은 공동이해의 폭을 넓히고 갈등을 줄여 협력을 증대시키는 것이 중요하다.

참고문헌

권혁재·최지영, 「시진핑 체제 중국 경제외교의 발전과 특징: '중국의 꿈(中國
　　夢)'을 위한 교두보의 실현」, 『현대중국연구』 16(2), 2015, 81~124쪽.

김관옥, 「미국과 중국의 외교패권경쟁: 재균형외교 대 균형외교」, 『국제정치
　　연구』 19(1), 2016, 1~22쪽.

김병일, 「중공외교정책(中共外交政策)의 변화(變化)와 시비곡직(是非曲直):
　　반패권주의외교(反覇權主義外交)와 독립자주외교(獨立自主外交)를 중
　　심(中心)으로」, 『사회과학연구』 13, 1987, 145~164쪽.

김슬기, 「국제사회의 대북 제재」, 『KDI 한국개발연구원 북한경제리뷰』 2월
　　호, 2016, 49~66쪽.

김재관, 「중국 신지도부의 대한반도 정책의 변화」, 『국제정치논총』 45(2),
　　2005, 131~163쪽.

김재철, 「중국의 공세적 외교정책」, 『한국과 국제정치』 28(4), 2012, 29~59쪽.

김흥규, 『시진핑 시기 중국 외교와 북중관계』, JPI 정책자료 No 2015-06,
　　2015.

노병렬·천병돈, 「중국 외교정책의 사상적 근원」, 『양명학』 27, 2010, 275~
　　300쪽.

류동원, 「강택민시대 중국외교의 난제」, 『21세기정치학회보』 11(1), 2001,
　　135~157쪽.

리단, 「중국외교 3.0: 시진핑 시기의 변화와 지속」, 『中國學』 65, 2018, 379
　　~401쪽.

리단, 「동북아다자안보협력에 대한 중국의 인식과 전략: 6자회담을 중심으
　　로」, 『한국동북아논총』 55, 2010, 329~354쪽.

박병광, 「시진핑 지도부의 등장과 중국의 대외정책」, 『전략연구』 60, 2013, 139~170쪽.

서정경, 「중국의 강대국 정체성과 주변외교의 발현: 對 중앙아시아 인식 및 정책」, 『국제정치논총』 56(3), 2016, 129~163쪽.

송영우, 「21세기 중국의 외교정책과 외교」, 『중국연구』 21, 2002, 5~29쪽.

신종호, 「시진핑 시기 중국의 대외전략 변화와 한반도 정책에 대한 영향」, 『통일정책연구』 25(2), 2016, 133~157쪽.

유동원, 「21세기 중국의 대외인식과 외교정책: 연속성과 변화」, 『대한정치학회보』 11(2), 2003, 1~24쪽.

이동률, 「시진핑체제 외교정책의 변화와 지속성: 제18차 전국대표대회 보고를 중심으로」, 『중소연구』 36(4), 2013, 17~56쪽.

이철원, 「신중국 성립(1949~1954) 시기 외교정책에 관한 연구: 이데올로기의 영향을 중심으로」, 『中國硏究』 75, 2018, 159~177쪽.

차창훈, 「21세기 중국의 외교정책: 국내외적 환경변화와 전략과 목표를 중심으로」, 『한국정치외교사논총』 29(1), 2007, 163~203쪽.

천용, 『중국 반패권주의 외교정책의 변화발전과 한중관계』, 선인출판사, 2012.

친티엔·차창훈, 「중국 대외정책의 현상 변경 서막?」, 『21세기정치학회보』 27(3), 2017, 139~166쪽.

홍건식, 2018. 「시진핑의 중국몽과 정체성 정치: 일대일로, AIIB 그리고 패권 정체성」, 『국제정치논총』 58(1), 2018, 99~146쪽.

Deng, Yong, "China: The Post-Responsible Power", *Washington Quarterly*, 37(4), 2015, pp. 117~132.

Harry Harding, "Change and Chinese Foreign Policy", *Problems of Communism*

(March-April, 1983), pp. 1~19.

Jervis, Robert, *Perception and Misperception in International Politics*, Princeton: Princeton University Press, 1976.

Kim, S. Samuel, "China's Path to Great Power Status in the Globalization Era", *Asian Perspective*, 27(1), 2003, pp. 35~75.

Kim, Samuel, "International Organization in Chinese Foreign Policy", *Annals*, No. 519, 1992.

Lam, Willy Wo-Lap, *Chinese Politics in the Hu Jintao Era: New Leaders, New Challenges*, Armonk, N.Y.: M.E. Sharpe, 2006.

Larson, D. W., "Will China be a New Type of Great Power?", *The Chinese Journal of International Politics*, 8(4), 2015, pp. 323~348.

Miller, H. Lyman and Liu Xiaohong, "The Foreign Policy Outlook of China's Third Generation Elite", In David M. Lampton(ed.), *The Making of Chinese Foreign and Security Policy: in the Era of Reform*, Stanford: Stanford University Press, 2001.

Schram, Stuart R., "Economics in Command? Ideology and Policy since the Third Plenum, 1978~1984", *The China Quarterly*, No. 99, 1984, pp. 417~161.

Shambaugh, David, "Beautiful Imperialist: China Perceives America", *Princeton*, NJ: Princeton Univiersity Press, 1991.

Solomon, Richard H., *Chinese Negotiating Behavior: Pursuing Interests Through 'Old Friends'*, Washington D.C.: United States Institute of Peace Press, 1999.

Suettinger, Robert L., "The Rise and Descent of Peaceful Rise", *China Leadership Monitor*, No. 12, 2004, pp. 1~10.

Yongjin Zhang and Greg Austin(eds.), *Power and Responsibility in Chinese Foreign*

Policy, Canberra: Asia Pacific Press, 2001.

中共中央文獻硏究室·中華人民共和國外交部, 「和平共處五項原則(1953.12.31)」, 『周恩來外交文選』(北京, 中央文獻出版社, 1990).

헌법 강화로 중국 특색의 사회주의 길을 가는 중국

박미정

1. 국가의 기초를 다지다

2021년은 중국공산당 창당 100주년이 되는 해이다. 중국공산당은 1921년 상하이(上海)에서 마오쩌둥(毛澤東)을 포함해 전체 당원 57명 중 13명이 모여 창당하였으며 장제스(蔣介石)의 국민당과 국공내전을 거쳐 1949년 10월 대륙의 정권을 잡았다. 창당 100년, 집권 71주년 과정에서 중국 법제는 역사적 변혁과 사회 형태의 발전을 통해 제정과 개정을 반복하며 중국 정부의 통치 권력을 유지하기 위한 중요한 도구로 인식되었다.

중국은 1954년 사회주의 헌법을 제정한 이후 1975년, 1978년, 1982년 3차례 전면 개정을 했다. 현행 헌법은 1982년 헌법은 1988년, 1993년, 1999년, 2004년 그리고 얼마 전인 2018년 3월 11일에 일부 개정되었다.

　중국헌법 제64조 제1항은 헌법 개정은 전국인민대표대회 상무위원회 또는 1/5 이상의 전국인민대표대회 대표가 제청하고 전체 대표의 2/3 이상의 다수로 통과된다고 규정하고 있다. 하지만 헌법 개정에 관한 건의는 항상 집권당에서 제기했으며 전인대 상무위원회는 이를 헌법개정안으로 확정하고 전인대에 제청하여 심의 통과시키고 있다. 그리고 중국 헌법은 공산당의 당장(黨章)이 개정되고 나서 개정되며 당장의 개정 내용을 반영하는 방식을 취하고 있다.

　중국의 제5차 헌법 개정에서 개정된 부분은 헌법 서언, 총강, 그리고 국가기구에 한정되어 있다. 이번 개정의 주요 내용을 3가지로 요약한다면 '당·국가체제의 실정화', '국가주석의 연임제한 폐지', '국가감찰위원회의 신설'로 정리할 수 있다. 하지만 중국 헌법학계에서 줄곧 논의되어 온 기본권 보장에 대한 개정은 없었고 중국식 위헌심사제도인 '헌법감독'과 관련해서는 전인대 산하의 법률위원회를 '헌법 및 법률위원회개정'으로 명칭만 변경했을 뿐이다.

　헌법 개정이란 헌법의 규범성을 높이기 위하여 헌법에 규정된 개정 절차에 따라 헌법의 기본적 동질성을 유지하면서 헌법전의 조문이나 문구를 수정·삭제·증보하는 행위를 말한다. 하지만 국가의 기본법으로서 헌법의 잦은 개정은 오히려 헌법의 규범성과 안정성을 약화시킬 수도 있기 때문에 신중을 요구하며 이를 방지하기 위하여 세계 대다수 국가들은 경성헌법을 채택하고 있다.

　2018년 중국의 헌법 개정에 전 세계의 관심이 컸다. 지금까지 헌법에 의하여 한 차례 연임만이 가능하였던 국가주석의 연임제한을 폐지하였고 국가감찰위원회라는 새로운 헌법기관을 설치하였기 때문이다.

이글에서는 신중국 건립 시 초기 헌법 제정부터 2018년 개정된 헌법에 이르기까지 이루어진 핵심적 개정 사항들에 대해 살펴본다. 그리고 이슈가 되어 온 2018년 헌법 개정 내용에 대하여 검토하고 쟁점들을 살펴본다. 이를 통해 중국 헌법 개정의 주요 내용을 이해하고 사회주의 국가인 중국이 현 단계에서 추구하는 헌법적 가치 지향점을 이해할 수 있을 것으로 기대한다.

2. 헌법에 들어간 주요 사상과 이론

2018년 3월에 수정된 중국 헌법의 서언(序言)에는 "중국 각 민족 인민은 계속 중국공산당의 지도를 받으며 마르크스·레닌주의와 마오쩌둥 사상과 덩샤오핑 이론과 "3개 대표" 주요 사상과 과학적 발전관과 시진핑 신시대 중국 특색 사회주의 사상이 이끄는 대로 인민 민주주의 전제정치를 견지하고, 사회주의 노선을 견지하고, 개혁 개방을 견지하고, (…중략…) 중국을 부강하고 민주적이며 문명적이고 조화롭고 아름다운 사회주의 현대 강국으로 세우고, 중화민족의 위대한 부흥을 실현할 것이다."라는 내용이 있다. 여기서 중국 정치의 통치 이론이라 할 수 있는 "마르크스레닌주의, 마오쩌둥 사상, 덩샤오핑 이론, 3개 대표 주요 사상, 과학적 발전관, 시진핑 신시대 중국 특색 사회주의 사상"이 있다.

1) 중국 통치 기반 이론

(1) 마르크스레닌주의와 마오쩌둥 사상

마오쩌둥 사상은 1920년대부터 마오쩌둥이 사망한 1976년에 이르기까지 중국공산당 내에서 마오쩌둥과 그의 지지자들에 의해 만들어진 혁명 이데올로기이다.

일부는 마르크스레닌주의를 수용했지만 근본적으로 중국 현실에 기초한 혁명사상이라는 점에서 독자성을 지닌다. 마오쩌둥의 정치적인 입장은 20세기 초 중국이 겪었던 위기상황 속에서 형성되었다. 당시 중국의 국내 상황은 서구 열강과 일본의 침탈을 겪으며 국력은 쇠퇴하고 민심은 분열되어 있었다. 최대 과제는 중국을 통일하고 외국의 침략세력을 쫓아내는 것이었다.

젊은 마오쩌둥은 민족주의자였으며 1919~20년에 마르크스레닌주의를 접하기 이전부터 이미 반제국주의와 반서구적인 성향을 강하게 지니고 있었다. 그의 민족주의는 사상의 기초가 되는 상무(尙武)정신과 밀접하게 연결되어 있었다. 중화인민공화국을 건국하는 과정에서 군대는 중요한 위치를 차지했다. 1950년대와 1960년대에 발생했던 중국공산당 내부의 갈등을 처리하는 과정에서도 군부의 지원이 있었기에 가능하였다. 어지러운 정국 속에서 마오쩌둥의 정치사상은 천천히 구체화되었다. 기회를 포착하는 데 민감했으며 이데올로기상의 미묘한 차이점을 잘 파악하는 능력을 지니고 있었다.

1921년에 극소수의 지식인들이 레닌의 동방우회작전을 표방하는 코민테른의 도움을 받아 무산계급을 조직하였다. 계급투쟁의 수단으로 노농 독재정치를 수립하고 사유재산제를 철폐하여 점차 공산사회에 도달하는 것을 궁극적인 목표로 하는 중국공산당을 창설하였다.

마오쩌둥은 중국공산당의 창당대회에 참가한 후 후난성의 책임자로 창사(長沙)에 돌아와 노동운동과 당세확장을 위하여 노력하였다. 당시 농민은 독자적으로 혁명의 주도권을 장악할 수 있는 존재가 아닌 도시의 프롤레타리아를 지원하는 주변세력으로 인식될 뿐이었다.

마오쩌둥은 농촌 지역을 중심으로 수억 명이 넘는 민초의 힘을 이용하여 혁명을 이끌어나가려 했다. 빈곤하고 무력한 무산계층이었던 농민 계층 속에서 잠재력과 응집력을 발견했기 때문이었다. 농민에게 프롤레타리아 사상을 전파하고 농민의 독자적인 힘만으로 혁명을 이끌어 나가자고 제안했다. 당시 중국에는 프롤레타리아의식이 보편화되어 있지 않았지만 마오쩌둥을 비롯한 공산당원들은 1940년대까지 농민을 혁명화하는 데 성공하였다. 1949년 중화인민공화국을 수립한 후 사회주의를 건설하기 위해 잠시 동안 스탈린식 모델이 채택되기도 했다.

1950년대 중반에 와서는 구소련 정권 내부의 권력 쟁탈 영향으로 대외 정책 노선을 수정하였다. 그 이후 중국공산당은 전문적인 경영과 기술을 습득한 엘리트들이 정치 세력으로 대두하기 시작했고 점차 경직화·관료화 성향을 띠게 된다. 엘리트들은 다른 국가, 특히 소련에서는 경제성장을 위한 부수적인 수단으로만 이용되었다. 1955년 마오쩌둥주의자들은 농업의 집단화를 가속화했다. 이후 대약진운동이 잇달아 추진되었고 5개년계획의 정화작업이 시작되었으며, 중국 전역에서 소규모의 산업을 창출하도록 대중을 동원했다. 이 시도는 낭비적·비효율적이며 일관성 없는 경영으로 인해 실패했다.

1966년 마오쩌둥의 지시를 받은 당 지도자들은 문화대혁명을 일으켰다. 이 혁명은 자라나고 있던 엘리트와 관료를 억누르고 대중의 의지를 선동하기 위해 반지성주의(反知性主義)를 이용하는 데 초점이 맞춰졌다. 당 지도자들은 평등의 가치와 농민이 지닌 검소하고 소박한 미덕을 강조했다. 수많은 도시노동자·학생·지식인이 사상교육을 받도록 농촌으로 추방되었다.

마오쩌둥 사상은 경제와 산업경영으로 향하는 엘리트와 관료 세력의 합리적 욕구에 맞서 혁명의 열정과 대중 투쟁 심리를 이용해 막으려는 의지로 표출되었지만 지나치게 과격하고 경제 부문에 대해 무기력했다. 이로 인해 마오쩌둥 사후에는 교육과 경영기술을 강조하는 노선이 대두되었다. 1980년대 이후 경제 성장기를 거쳐 오면서 마오쩌둥 사상은 옛 지도자의 낡은 사상으로 여겨지게 되었다.

(2) 덩샤오핑 이론

덩샤오핑은 쓰촨성 광안(廣安)의 부유한 농가에서 태어났다. 일찍이 프랑스 유학을 통해 자본주의를 경험한 것이 후에 자본주의 방식을 과감하게 도입할 수 있었던 배경이라 할 수 있다. 대약진운동이 실패로 돌아가고 민생이 파탄 지경에 이르게 되자 1960년대 초 경제회생을 위해 자본주의적 요소를 일부 도입해야 한다고 주장하였다. 이로 인해 문화대혁명 시기에 갖은 고초를 겪게 된다.

마오쩌둥 사후 이른바 '문화대혁명 4인방'이 축출되고 다시 복권되면서 1978년 12월, 제11기 3중전회에서 문화혁명 종결 이후의 3년에 걸친 논란을 정리하는 개혁개방의 기본사상을 제시하였다. 덩샤오핑은 "마오쩌둥 사상의 기본 관점은 실사구시이며 마르크스레닌주의의 보편원리를 중국혁명의 구체적 실천과 함께 결합시키는 것"이라고 하였다.

덩샤오핑은 국가기구 정비 및 개혁개방정책을 통해 시장경제를 도입하면서 중국의 발전을 이끌었다. 그는 실용주의 노선 하에서 많은 이론들을 창출하였다. 중국식 사회주의는 중국의 현실에 맞게 보편적 원리를 결합시켜야 하는 것이라고 정의했다. 이의 가장 핵심적인 내용은 사회주의 초급 단계론이다. 초급 단계론은 중국은 자본주의 단계를 거치지 않았기 때문에 100년간의 사회주의 초급 단계가 필요하며, 이 단계에서 일정 수준을 달성해야 한다는 것이다. 그의 이론들은 사회주의자들에게도 많은 논란을 일으켰으며, 중국의 현실을 철저히 인식하고 이념이나 사상의 굴레와 속박으로부터 벗어나려는 사상해방과 함께 발전하였다.

덩샤오핑의 등장 이후 중국은 세 차례의 사상해방을 거쳤는데 첫 번째 사상해방은 마오쩌둥 사후 1977년 덩샤오핑이 공식 복귀하면서 시작되었다. 그것은 마오쩌둥과 그의 사상에 대한 무조건적 숭배로부터의 해방이었다. 이후 중국은 이전과는 다른 개혁개방의 길을 걷기 시작한다.

두 번째 사상해방은 1988년부터 사회주의와 자본주의에 대한 광범위한 재인식을 추진하면서 시작되었다. 자본주의를 인정하지 않는 기존의 이론적 틀을 수정했고, 1992년 '남순 강화'를 통해 계획과 시장 모두 경제 수단임을 강조하였다. 세 번째는 1997년에 중국의 소유제 구조를 어떻게 개혁할 것인가에 시작되었다. 개혁 결과 기존의 공유

문화대혁명 4인방

장칭(江靑)·왕훙원(王洪文)·장춘차오(張春橋)·야오원위안(姚文元)을 가리키며 홍위병을 앞세워 문화대혁명을 이끌며 당시 중국을 암흑기로 만들었다는 평가를 받는다.

제라는 이념에서 벗어나 자본주의 사회의 소유제인 사유제(私有制)를 사회주의 사회에서도 실행할 수 있다는 것으로 재정립하였다.

잘 알려진 바와 같이 "쥐만 잘 잡는다면 검은 고양이든, 흰 고양이든 가릴 필요가 없다"는 흑묘백묘론(黑猫白猫論)과 "부자가 될 수 있는 사람을 먼저 부자가 되게 하라"는 선부론(先富論)은 개혁개방과 관련된 덩샤오핑의 대표적 실용주의 이론이다. 경제 성장에 있어선 사회주의적인 방식이든, 자본주의적인 방식이든 가릴 필요가 없다는 그의 사상은 지금의 중국을 이끈 시금석이 되었다.

덩샤오핑은 남순 강화 때 동남쪽의 홍콩 땅을 바라보며 당나라 시인 잠삼(岑參)의 시 구절을 한 수 인용했다.

'동방풍래만안춘(東方風來滿眼春)',
동쪽에서 바람이 불어오니 눈에 봄이 가득하구나.

상하이와 선전, 중국 동쪽에 개혁개방 바람이 불어와 중국은 긴 겨울잠에서 깨어났다.

(3) 3개 대표론

국가 주석(1993~2003)을 지낸 장쩌민(江澤民)은 일부 비판 세력에도 불구하고 덩샤오핑이 주창한 사회주의 시장경제 체제를 1992년 10월에 소집된 제14차 전국대표대회에서 공식적으로 확정하였다. 당시 사회주의 시장경제의 추진으로 1992년의 국내 생산은 전년 대비 14.2% 증가하고, 산업 부문별로는 1·2·3차 산업이 각각 4.7%, 21.7%, 11.6% 증가하였다. 개혁·개방 이래 현대화 건설은 지속적인 발전 단계로 접어들었다.

장쩌민은 2000년 15기 5중전회에서 '전면적 샤오캉 사회 건설'이라는 새로운 목표와 함께 '3개 대표론'을 발표하였다. 샤오캉은 의식주 걱정이 없는 물질적으로 안락한 사회, 비교적 잘 사는 중산층 사회를 의미한다. 장쩌민 국가주석이 2002년 16차 당 대회에서 "2020년까지 전면적인 샤오캉 사회를 달성하겠다"고 발표한 이후 중국 발전을 일컫는 상징적인 표현으로 자리 잡았다.

3개 대표론은 장쩌민이 발표한 것으로 공산당이 추구하는 이익은 i) 자본가 계급의 이익을 대표하는 선진 생산력, ii) 지식인 계급을 위한 선진 문화, iii) 광대한 인민의 근본 이익을 대표해야 한다는 이론이다. 개혁 개방에 따른 경제 성장으로 성장한 자본가와 지식인 계층을 포용해야 한다는 필요성에서 나온 것이다. 당이 권력 기반을 자본가계급으로까지 넓힌다는 의미를 내포하고 있다.

2002년 11월 열린 16차 전국대표대회에서 '3개 대표' 이론이 공산당의 당장(黨章)에 삽입되었다. 이후 2004년 3월 제10기 전국인민대표대회 2차 총회에서는 '3개 대표' 이론이 중국의 지도이념으로 헌법 전문에 삽입되었다.

(4) 과학적 발전관

과학적 발전관은 중국 4세대 지도자(2002~2012)인 후진타오(胡錦濤)가 제시한 정치 이념이다. 그동안 성장을 주도해 온 불균형 성장 방식의 문제들을 바로잡는 데에 중점을 두었다는 점에서 장쩌민 정권과 비교되었다. 또한 엘리트보다는 대중에 보다 중점을 둔 것이 특징이기도 하다. 과학적 발전관은 i) 경제발전모델 전환, ii) 균형 발전, iii)

지속 가능한 발전으로 설명할 수 있다.

경제발전모델 전환은 중국의 미래를 위해 개발도상국 경제구조는 개편이 불가피하다는 사상이다. 균형발전은 선부론을 바탕으로 베이징, 상하이, 광저우 등 대도시와 동부 연안의 성(省)급 도시들이 급속한 발전을 이루었지만 상대적으로 낙후된 서부와 내륙지역을 어떻게 발전시키느냐에 대한 과제이다. 즉, 서부지역과 동북 3성, 중부지역 역점 개발과 함께 도시와 농촌의 동시발전을 추진해야 한다는 사상이라 할 수 있다. 지속 가능한 발전은 에너지, 자원절약, 환경보호에 중점을 둔 발전 방식을 채택해야 한다는 이론이다.

과학적 발전관과 함께 주목받았던 후진타오 주석의 조화로운 사회 건설은 민주와 법치, 공평과 정의, 안정과 질서, 인간과 자연의 조화로운 생존이 실현되는 사회를 말한다. 후진타오는 교육, 의료, 주택 등 3대 민생문제를 해결하는 방법으로 조화사회 건설을 시도하였다.

조화사회 건설을 새로운 국정 목표로 제시한 배경은 급속한 경제성장으로 나타난 심각한 사회 문제들 때문이었다. 개혁 개방 이후 경제발전 과정에서 발생한 지역 간·계층 간 빈부격차 등 다양한 사회·경제적 모순들이 지속 가능한 성장에 발목을 잡았다. 이를 그대로 방치할 경우 정부에 대한 국민의 불만이 누적되어 사회 전반에 부정적 영향을 미칠 수 있다는 인식에서 비롯된 것이다.

(5) 신창타이(新常態)·일대일로(一帶一路)

중국의 신창타이는 미국의 뉴노멀(New Normal)과 유사한 개념으로 이해되고 있다. 뉴노멀은 "시대 변화에 따라 새롭게 규정한 기준"을 의미하는 용어로 저성장과 저소비, 저수익률 같은 현상이 일반화되고 새로운 표준이 된 상황을 일컫는다. 미국이나 유럽연합 등 서방 국가에서는 경제 성장을 저해하는 요인들이 고착화되고 있는 가장 큰 원인을 성장 포화로 인한 부작용에서 비롯된 것으로 보고 있다. 따라서 이런 현상을 새로운 정상(normal)으로 수용하고 안정적으로 유지해나가기 위해 경제정책의 초점을 맞추어 가고 있다. 일각에서는 이러한 현상 유지나 수동적 대처 방안을 놓고 성장회의론에 가깝다는 지적도 있다. 장기적 경기 둔화세를 시대적 흐름으로 인식하고 안정적으로 유지해나가려는 점에서 중국의 신창타이와 뉴노멀은 유사한 개념이라 할 수 있다.

하지만 선진국의 경우 글로벌 금융위기 이후 정부와 기업, 가계가 앞 다투어 부채 축소에 나서면서 저성장, 저소득, 저수익률 등 3저 현상이 새로운 표준이 되면서 뉴노멀로 규정하였다. 즉 뉴노멀은 과거와 비교되는 현재의 저성장 상황을 가리키는 개념으로 해석된다. 반면 중국의 신창타이는 새로운 질서와 새로운 표준, 새로운 성장 방식으로의 전환으로 이해해야 한다. 성장률 목표는 낮추더라도 지속적인 성장을 뒷받침할 수 있는 성장 패러다임으로 전환하는 데 목적이 있다. 저임금의 낡은 성장 방식을 탈피하고, 아시아와 유럽지역을 포괄하는 대규모 개발사업과 새로운 물류 네트워크를 건설해 성장 동력으로 삼으려는 공격적 대처 전략이다. 따라서 중국이 주창하는 '신창타이'는 중국 경제에 새로운 발전 기회를 가져올 것이라는 긍정적인 의미로 해석되고 있다.

5세대 지도부(2013~현재)이자 현 중국의 국가 주석인 시진핑(習近平)은 2014년 말 개최된 중앙경제공작회의에서 신창타이의 특징에 대해 다음의 9가지를 언급하였다. i) 소비의 개성화와 다양화 추진, ii) 신기술, 신비즈니스 투자 확대, iii) 저가품에서 고급품으로의 전환, iv) 신흥산업과 서비스산업 발전, v) 기술 진보에 기반 한 경제성장, vi) 차별적인 시장 경쟁, vii) 녹색, 저탄소 순환성장, viii) 부채 등 거품위험 제거, ix) 생산과잉 해소 등으로 간단하게 요약된다. 이상의 특징들을 종합해보면 신창타이는 중국 경제의 고속성장시대가 끝나고 중속 성장기로 접어들면서 경제 성장의 체질을 개선하기 위한 주요 정책 과제라 할 수 있다.

일대일로(一帶一路)는 중국에서부터 동남아, 중앙아시아, 중동 지역 등을 거쳐 유럽대륙에 이르는 지역을 육로와 해로로 연결하여 관련국과 경제협력을 강화해나가는 전략이다. 여기에서 일대와 일로는 각각 육상과 해상으로 연결된 실크로드 경제권역을 가리킨다.

일대는 중국에서 중앙아시아, 중동 등 지역을 거쳐 유럽에 이르는 육상교통망을 구축해 '육상실크로드 경제권역'을 형성하기 위한 전략이다. 일로는 중국에서 동남아 및 중동의 주요 해상거점을 거쳐 유럽에 이르는 '21세기 해상실크로드 길'을 구축해 고효율의 운송통로를 구축하겠다는 전략이다.

2013년 9월과 10월에 시진핑 주석은 중앙아시아와 동남아 지역을 순방하며 처음으로 육상 및 해상실크로드 구축과 관련된 구상을 발표했다. 중국은 일대일로 전략을 통해 연계선 상의 국가들과 정치, 경제, 문화 등을 포괄하는 이익공동체, 운명공동체, 책임공동체를 형성해 긴밀한 경제협력동반자 관계를 구축하는 데 목적을 두고 있다.

일대일로 전략의 추진 배경은 현 중국의 경제 상황과 밀접한 연관이 있다. 글로벌 경제위기 이후 중국 경제는 뚜렷한 성장 둔화세를 겪었다. 저성장세를 보이는 가장 큰 원인이 생산설비과잉으로 인한 공급과잉에서 비롯된 것으로 파악하고 꾸준히 경기부양책을 시행했으나 성장률 회복세가 기대에 미치지 못했다. 이에 중국 정부는 현

중국 경제가 중속성장기인 신창타이 시대에 접어들었음을 선언하며 구조개혁에 집중하기 시작했다. 단기적 부양정책보다 중장기 경제개발계획에 중점을 두고 논의가 이루어졌다. 새로운 성장 동력 확보의 필요성이 제기되었고 일대일로의 대규모 투자 개발 사업 추진을 통한 지속적 경제 성장 해법이 마련되었다.

2) 중국 헌법상 정치제도 기구

(1) 전국인민대표대회(全國人民代表大會)

전국인민대표대회(이하 전인대)의 성격과 지위는 다음의 3가지 측면에서 설명할 수 있다.

첫째, 전국 인민의 대표기관이며, 전국 인민을 대표하여 국가권력을 행사한다.
둘째, 최고 국가권력기관이다.
셋째, 국무원과 최고인민법원, 최고인민검찰원 등은 모두 전인대로부터 선출되며, 전인대의 감독을 받는다.

전인대는 1954년 출범하였으며 한국의 국회와 성격이 비슷하다. 전국 31개 성(省)·시(市) 지역과 인민해방군 대표 2900여 명이 모여 주요 국정을 심의하고 법률을 의결한다. 중국공산당 주도로 1년에 한 번 3월경에 열리고 있으며 정부의 경제 및 정치 운영에 대한 방침을 정한다.

구체적으로 헌법 개정 및 헌법 집행 감독, 기본법률 제·개정 임무를 담당하는 것을 비롯해 국가주석·국가부주석·국무원총리 등의 선출

및 파면에 권한을 가지며 국가예산과 예산집행 상황 심의·비준 등의
역할도 맡고 있다. 전인대는 중국에서 최고의 법적인 지위와 의사결
정의 권한을 갖고 있는 최고권력기관이지만 실제로는 공산당 산하
기관으로 간주된다.

(2) 전국인민대표대회 상무위원회

전인대는 상무위원회를 둔다. 상무위원회는 전인대의 폐회기간 동
안 전인대의 직권을 행사하는 상설기구이다. 전인대 상무위원회 위원
은 전인대 대표 중에서 선거로 선출하며 선출된 위원 중에서 위원장
1명, 부위원장 약간 명, 비서장 1명, 위원 약간 명을 둘 수 있다.
상무위원회 위원으로 선출된 사람은 정부기관이나 사법기관, 검찰
기관의 직무를 겸직할 수 없다. 전인대 상무위원회 위원의 임기는
5년이고 위원장과 부위원장은 연임할 수 있으나 초과하여 선임될 수
없다.
전인대 상무위원회의 주요한 직권은 아래와 같다.

① 전국인대에서 제정한 법률 이외의 기타 법률제정 및 개정. 전인대의
   폐회기간 중에 전국인대가 제정한 기본 법률의 부분적 개정 및 보완
② 헌법과 법률의 해석
③ 헌법준수 여부의 감독과 국무원, 중앙군사위원회, 최고 인민법원 및
   최고인민검찰원의 업무 감독. 국무원과 지방인대가 제정한 행정법규
   및 결의 중 헌법이나 법률과 상호 저촉되는 것에 대한 폐지
④ 국가사무 중에 중대한 문제에 관한 결정. 예를 들면 국민경제와 사회발
   전계획 및 국가 예산의 집행과정 중에 반드시 조정해야 할 부분의 방안

에 대한 심사 및 승인, 특사 결정, 전쟁 선포에 대한 결정 등

⑤ 국무원 총리의 제의에 따른 국무원 각 부 부장, 각 위원회 주임, 심계장

　（審計長: 최고감사기구의 수장), 비서장 등의 임면을 결정

⑥ 전국인대 선거의 주최와 전국인대의 소집

⑦ 전국인대가 부여한 기타 직무상의 권한

(3) 국가 주석

중국의 국가 주석은 1954년 헌법에 선출과 지위에 대해 규정하였다. 그러나 문화대혁명이 시작된 후 주석은 공석이었고 주석제도는 사실상 존재하지 않았다. 1970년 8월 9기 2중 전회에서 헌법 개정을 위한 초고에 마오쩌둥의 의견을 근거로 하여 국가 주석을 설치하지 않았다. 이후 1982년 헌법에서 주석 제도가 회복되었다.

중화인민공화국 주석과 부주석은 전인대에서 선거로 선출되며 동시에 파면시킬 권한도 가진다. 따라서 주석의 법률적 지위는 전인대를 넘어서지 못한다. 중국의 국가주석은 우리나라에서 시행하고 있는 대통령에 비하면 권한이 없고 형식적으로 국가를 대표하는 것에 불과하다. 현재의 주석은 1954년 헌법에 규정된 주석보다도 지위가 격하되어 국무원 업무에 참여하거나 관여하지 않는다. 단지 전인대의 결정이나 전인대 상무위원회의 결정에 근거하여 직권을 행사하며 따라서 어떠한 행정 책임도 지지 않는다. 주석과 부주석 후보 자격은 선거권과 피선거권이 있는 만 45세 이상의 중국 공민(公民)이라야 한다. 국가 주석의 임기는 전인대의 임기와 같은 5년이고 연임할 수 있으나 연임을 초과할 수 없다.

중국 헌법 규정에 의하면 법률공포권, 임명권, 명령선포권, 외사권,

영전권 등을 갖는다. 법률공포권은 전인대와 전인대 상무위원회에서 법률안이 통과된 후에 주석이 공포한다. 공포되지 않은 법률은 효력을 발생하지 않지만 최고국가권력기관에서 통과된 이상에는 반드시 공포해야 한다. 임명권은 주석이 전인대에 국무원 총리의 인선을 지명하고 전인대의 결정에 따라서 국무원 총리와 구성 인원을 임명하는 권한이다.

명령선포권은 전인대 상무위원회의의 결정에 근거하여 특사령·계엄령·전쟁선포권 및 동원령 선포권을 가지는 것을 의미한다. 외사권은 국가를 대표하여 외국사절을 접견하는 권한이다. 전인대 상무위원회의 결정에 근거하여 해외 파견 공무원의 파견과 소환 및 외국과 체결한 조약과 협정을 승인 혹은 폐기하는 권한까지 포함한다. 영전권은 전인대 상위회의 결정에 따라 주석이 국가 훈장과 영예 칭호를 수여하는 권한에 해당된다.

(4) 국무원

중국 헌법 제85조에 중국 국무원은 중앙인민정부이며, 최고국가권력기관의 집행기관이자 최고국가 행정기관이라고 규정하였다. 이 규정은 국무원의 성질과 지위를 설명한 것이다.

국무원은 총리, 부총리 약간 명, 국무위원 약간 명, 각 부 부장, 각위원장 주임, 심계장(최고감사기구의 수장), 비서장으로 구성된다. 총리의 인선은 국가주석이 지명하여 전인대의 결정을 거쳐 국가주석이 임명한다.

국무원의 기타 구성인원의 인선은 총리가 지명하여 전인대의 결정을 거쳐 국가 주석이 임명한다. 전인대의 폐회기간에는 총리의 지명에 근거하여 전인대 상무위원회에서 각부 부장, 위원회 주임, 심계장, 비서장의 인선을 결정하고 국가주석이 임명한다.

국무원의 임기는 전인대와 같고, 총리, 부총리, 국무위원은 연임할 수 있으나 연임을 초과하여 선임될 수는 없다. 국무원은 행정조치의 규정, 행정법규의 제정, 결의와 명령의 공포, 국민경제, 사회발전계획과 예산의 편성과 집행, 전국 각급 행정기관의 업무를 통일적으로 지도하는 권한을 행사한다.

(5) 중앙군사위원회

중앙군사위원회는 최고 군사영도기관이다. 1954년 헌법에 중화인민공화국 주석은 국방위원회 주석을 겸임한다고 규정하였다. 이 규정은 1975년 헌법에 국가주석이 없어지면서 사문화되었다. 그러나 1982년 헌법에서 국가주석이 회복은 되었지만 중앙군사위원회 주석을 겸임한다는 규정은 회복되지 못했다.

중국의 군대인 인민해방군은 당에서 창건한 군대로 창건된 이래로 계속해서 당이 지도해 왔다. 이러한 역사적인 이유로 인해 군대의 실질적인 통수권은 당에 있었다. 1982년 헌법이 공포된 후에 국가의 중앙군사위원회가 건립되어 국가기구의 일부분이 되었으며 당 소속의 중앙군사위원회와 국가 소속의 중앙군사위원회가 명칭에서도 일치되었다. 실질적으로 국가와 당이 전국의 군사력을 통일한 것으로 볼 수 있다. 이것은 1982년 이후 당 소속의 중앙군사위원회 주석이 국가 소속의 중앙군사위원회 주석을 대부분 겸직해 온 경우를 보더라도 알 수 있다.

(6) 중국 사법제도

중국에서는 공안기관(경찰), 인민법원, 인민검찰원을 3대 사법기관이라 한다. 공안기관은 수사기관, 인민법원은 심판기관, 인민검찰원은 감독기관으로서의 기능을 한다. 하지만 근본적으로 중국의 사법독립은 공산당의 영도를 전제로 하고 있다.

1982년 헌법은 "인민법원은 법률의 규정에 따라 독립하여 재판권을 행사하고 행정기관·사회단체·개인의 간섭을 받지 않는다."라고 하여 사법 독립을 명문화하였다. 그러나 중국에 있어서 사법독립은 여러 측면에서 서구 민주주의 국가의 그것과는 구분된다.

개혁·개방 이후에는 당(黨)과 법(法)의 관계에 있어서 당도 반드시 헌법과 법률의 범위 안에서 활동하여야 한다는 원칙적 규정을 마련하였다. 하지만 구체적 법리 적용 단계에서 당이 헌법과 법률을 초월하는 경우를 흔히 목격할 수 있다. 구체적으로 각급 인민법원마다 조직되어 있는 당조(黨組)가 당의 사법사무 대리인으로서 재판업무에 당의 정책과 방침이 그대로 반영되도록 지도하고 있다. 또한 중국 헌법은 '인민법원은 법률이 정하는 바에 의하여 독립하여 재판권을 행사하며 행정기관, 사회단체 및 개인에 의한 간섭을 받지 아니한다.'고 규정하고 있지만 위 규정의 사회단체에 공산당 조직은 포함되지 않는다고 해석되고 있다.

공산당은 구체적인 재판사무에도 상당한 영향력을 행사하고 있다. 법원에 중요한 사건이 있으면 지방 당위원회에 보고하여 지침을 받는다거나 동일한 분쟁에 대하여 서로 다른 사법기구 사이에 다른 결정이 나왔을 때 당의 정법위원회가 나서서 조정을 하는 일은 다반사이다. 검찰은 행정기관이 아니라 법원처럼 독립된 일종의 사법기관으로 인정된다.

헌법상 인민검찰원에는 법률감독권이 부여되어 있으므로 인민법원의 재판활동에 대해서도 그 합법 여부를 감독할 권한을 가진다. 검찰은 최고인민법원의 최종심 판결에 대해서도 재차 불복을 제기할 수 있는 등 법원에 대하여 우월적인 지위가 제도적으로 보장되어 있다. 인민검찰원의 법률 감독은 소송 감독에 머물고 있으며 검찰과 법원 사이에 감독-피감독의 상하 관계는 제도화된 것으로 이해할 수 있다.

문화적으로도 사법독립을 방해하는 요인이 상당수 내재돼 있다. 중국 국민들 사이에는 분쟁이 있어도 법원에 가서 송사로 해결하는 것을 꺼리는 심리가 보편화되어 있다. 따라서 사법작용에 의한 권리보호에 무관심한 경향이 많아 사법 독립의 실현에 장애요인이 되고 있다. 소송에서 승소하려면 인간 관계를 잘 이용해야 한다는 일명 '꽌시문화(關係文化)'가 중국사회의 보편적인 관념이라고 할 수 있다. 이러한 '꽌시' 문화는 사법독립에 대단히 부정적인 영향을 미치는 요인으로 작용한다. 담당 법관에게 영향력을 행사할 수 있는 인물과의 인간 관계를 이용하거나 뇌물을 써서 사건을 해결하고자 하는 관념이 통용되는 분위기는 사법 독립을 저해하는 중대한 원인이 된다. 중국에서는 그러한 사례가 적지 않은 것으로 알려지고 있다.

이외에도 중국의 사법제도를 연구하는 학자들이 공통적 지론은 중국의 사법제도는 합법적인 내용 이외에 각종 비공식적인 사항들이 현실에서 큰 영향을 끼치고 있다는 것이다. 따라서 중국의 사법제도를 연구하기 위해서는 구조적인 문제보다 현실적인 문제를 연구해야 한다는 의견도 적지 않다.

(7) 지방 인민정부

중국은 각 지방에 인민정부를 두고 있다. 지방인민정부는 각 성, 자치구, 시, 주(州), 현(縣), 구(區), 진(鎭), 향(鄕)의 최고 행정지도기관이며 관리기구이다. 지방 각급 인민정부는 해당지방의 최고 국가권력기관이며 각급 인민대표대회와 그 상무위원회의 감독을 받는다.

국가주석은 중화인민공화국의 국사를 관리하는 명목상의 국가원수이다. 직권으로는 전인대와 전인대 상무위원회의 결정에 따라 법률을 공포하고 국무원 총리, 국무위원, 각 부 부장, 각 위원회 주임을 임면한다. 특별사면령, 계엄령, 전쟁동원령을 선포하며 국가를 대표해 해외 외교사절을 접견한다. 임기는 5년이고 3선이 금지되어 있다. 국가 중앙군사위원회는 전인대에서 선출하며 군대통수권을 갖는다. 그러나 군대에서 당의 정치적 활동을 지도하고 감독하는 산하 기구인 당 중앙군사위원회와 동일한 기구이다.

지방공안기관으로는 공안청, 공안국, 국가안전국이 있다. 국가의 최고 재판기관은 최고인민법원이며 지방법원은 성급에 고급인민법원과 중급 인민법원을 두고 현급에 기층인민법원을 둔다. 중국의 재판제도는 4급제와 2심제로 이루어져 있다. 국가의 최고 법률 감독기관은 최고인민검찰원이며 지방 법률기관은 성급과 현급에 각급 인민검찰원이 배치된다. 최고인민법원장과 최고 인민검찰원장의 임기 역시 5년이며 3선이 금지되어 있다. 이와 같은 중국의 사법체계는 일정한 제도적 틀을 갖추고 있음에도 불구하고 국가의 안전과 공산당의 영도적 지위라는 우선순위에 밀려 명확한 독립성과 자율성을 보장받지 못하는 한계를 갖고 있다.

3. 중국 헌법 제정과 개정 변천사

1) 공동강령(共同綱領) 제정

1954년 헌법이 제정되어 발효되기 전에 중국의 기본법 역할을 한 것이 공동강령이었다. 공동강령의 성격은 서문에서 "중화인민공화국은 신민주주의 즉, 인민민주주의 국가이다. 노동자계급이 지도하고 노농동맹을 기초로 하여 민주적 계급과 국내의 각 민족을 결집한 인민민주전정을 실행한다. 제국주의, 봉건주의 및 관료자본주의에 반대하며 중국의 독립, 민주, 평화, 통일, 부강을 쟁취한다."는 내용을 당면 목표로 삼았다.

건국 초기 마오쩌둥과 중국공산당은 기본적으로 신민주주의 혁명론의 연장선에서 계급적 연합에 기초한 연합 정권기구의 구축과 새로운 정치질서의 건설, 그리고 국가경제의 회복 등을 추진하였다. 이러한 정치적 목표와 과제를 공동강령을 통해 제시하였다.

인민해방군이 대륙을 거의 점거한 뒤 새로운 정권의 수립 과정에 공산당을 비롯한 통일 전선에 참가한 각계가 참여하였다. 공산당을 위시하여 민주당파, 여러 인민단체, 각 지구 인민해방군, 각 소수민족, 해외 화교, 기타 애국민주분자의 대표로 구성된 중국인민정치협상회의 제1회 전체 회의가 1949년 9월에 개최되었다.

회의에서 「중국인민정치협상회의공동강령」, 「중국인민정치협상회의조직법」이 제정되고 같은 해 10월, 중화인민공화국이 수립되었다. 공동 강령의 출현은 이전까지의 봉건주의와 관료주의에 의한 중국 통치가 막을 내리고 인민민주공화국이 성립되는 것을 의미했으며 중화인민공화국의 국체와 정체를 확립하는 것이었다.

공동 강령은 전문 및 총칙, 정권 기관, 군사제도, 경제정책, 교육문화정책, 민족정책, 외교 정책 등 7장 60조로 이루어져 있다. 외국 열강들이 과거 중국에서 가졌던 모든 특권을 취소, 관료 자본을 몰수하고 토지를 개혁하도록 규정하였다. 동시에 중화인민공화국 성립 후의 각종 기본 국가정책과 국민의 기본권리를 규정하였다.

공동 강령은 중국 인민정치협상회의가 전국인민대표대회 직권을 대행하여 제정되었다. 당시에는 새로운 국가 건설에 대한 지도 경험도 부족했을 뿐만 아니라 대다수 간부급 인사와 군중들이 사회주의 국가에 대한 인식과 자각에 대해 제대로 인지되어 있지 않았다. 그럼에도 불구하고 공동 강령은 법률적 효력에 있어 국가헌법으로서의 특징을 가지고 있었으며 중화인민공화국 건국 초기에는 임시헌법 역할을 하였다. 점차 국가 정비 체제를 마련해 가면서 정식 헌법 제정에 있어 중요한 기본적 토대를 제공하였다.

2) 1954년 헌법 제정

1949년 건국 이후 중국은 오랜 준비기간을 거쳐 1954년 9월 최초의 사회주의 국가 헌법을 공포하였다. 1954년 헌법은 사회주의 국가 헌법의 전형이라고 알려진 구소련의 1936년 헌법을 모델로 한 것이다. 사회국가로의 점진적인 이행에 관한 경제조항, 중앙과 지방의 정부조직 및 국민의 기본권 등에 관하여 상세히 규정했다는 점에서 자체적으로 모범적인 사회주의 헌법이라는 평가를 받았다. 1954년 헌법은 전문을 제외하면 4장 106조로 이루어져 있으며 주요한 내용은 다음과 같다.

1954년 헌법은 국가체제 정비와 사회제도의 기본원칙 및 여러 기본정책을 실행하기 위해 마련한 것이다. 헌법 제4조에서는 "중화인민공화국은 국가기관과 사회역량에 의거하여 사회주의 공업화와 사회주의 개조를 거쳐 점진적으로 착취제도를 폐지하고 사회주의 사회를 건립한다"고 규정하였다. 당시 존재한 여러 가지 생산수단 소유제로 국가소유제, 집체소유제, 개체노동자소유제, 자본가소유제 등이 있다.

이러한 4가지 소유제 방식에 대해 중국 정부는 입장을 달리하여 추진하였다. 국가소유제와 집체소유제 방식은 발전시키고 나머지 소유제 방식은 사회주의 방식에 입각해 개조하였다. 국영기업 육성에 중점을 두고 중공업 중심의 경제 성장 방식을 채택하였다. 또한 부농 지주 계급의 재산을 몰수하고 경제 활동을 제한하면서 점차 지주 계급을 소멸시키는 정책을 취하였다.

1954년 헌법에서 확립된 체계는 이후의 헌법 개정에서도 계승되었다. 이 시기 헌법의 특징을 살펴보면 다음과 같다. 첫째, 헌법 초안은 원칙성과 융통성의 원칙을 융합하여 민주주의적 원리와 사회주의 원칙을 실현하는 것을 목표로 하였다. 둘째, 구조와 내용을 보면 주로 구소련의 1936년 스탈린 헌법을 기본적으로 참고하였다. 한편 1954년 헌법은 중국 역사상 사회주의 성격을 띤 초기 헌법이었다. 셋째, 사회주의 헌법의 본질적 특성을 뚜렷하게 담았다는 평가와 함께 법률 규범 조항이 선명하게 드러나는 점에서 법률 제정에서 요구되는 과학성에도 부합한다는 평가를 받는다. 1954년 헌법은 중국 건국 후 최초의 사회주의 헌법이었으나 건국 전의 임시헌법적인 성격을 가진 공동강령을 기반으로 한 역사적 산물로 평가받고 있다.

3) 1975년·1978년 헌법 개정

(1) 1975년 헌법 개정

신중국 건립 후 헌법 제정 초기에는 이상적 사회주의 건설을 위한 사회 분위기가 활발하였다. 하지만 몇 년 지나지 않아 국가 지도자의 권력이 법 위에 군림하며 헌법을 폐기하는 상황에 이르렀다. 1957년 반우파투쟁이 일어나고 1958년 대약진운동이 진행되면서 1954년 헌법은 점차 폐기되기 시작했다. 인민대표대회는 갈수록 그 기능이 약화되었다.

실제로 대약진운동 기간에는 각급 인민대표대회가 제대로 열리지 않아 사법 및 행정기관에 대한 감독 기능이 약화되었고 권력행사도 점차 형식에 그쳤다. 대약진운동 기간 중 사법부·감찰부·국가법제국이 철폐되고 형법·민법 등의 입법 활동도 중지되었다.

당시 중국의 최고지도자였던 마오쩌둥에 의해 주도된 문화대혁명은 1966년부터 1976년까지 10년간 진행되었다. 1966년 8월 천안문광장에서 백만인 집회가 열렸고 이곳에 모인 홍위병들은 전국의 주요 도시에 재집결하였다. 이들은 마오쩌둥 사상을 찬양하고 낡은 문화를 타파한다는 명분으로 대대적인 시위를 전개해나갔다. 학교를 폐쇄하고 모든 전통적인 가치와 부르주아적인 것을 공격하였다. 또한 당의 관료들을 공개적으로 비판하고 전국 각지에서 실권파들이 장악한 권력을 무력으로 탈취하였다.

문화대혁명의 희생자는 지금까지도 정확히 판단할 수 없지만 사망자 천만 명과 피해자 일억 명 정도로 집계되며, 경제적 손실은 약 5,000억 위안(당시 기준 약 80조원)에 이른다고 추정하고 있다. 국가

중앙에서부터 홍위병, 노동자, 농민 등 일반 계층까지 총동원시켜 의도적으로 선동하면서 정적들을 공격했던 격렬한 정치투쟁이라고 할 수 있다.

문화대혁명이 시작되고 얼마 지나지 않아 중국 지도자층 내부에 사인방(四人幇)이라는 집단이 나타났다. 국가 중앙지도자 계급층에서는 사인방이 조종하는 중앙 문화대혁명 조직이 나서 저우언라이(周恩來)가 이끄는 국무원의 정상적인 활동을 약화시키고 국가 권력의 중심이 되려는 시도가 있었다. 동시에 지방에서는 자체적으로 혁명 위원회를 조직하여 지방 정부의 직능을 대신하면서 국가 기구마저 혼란 상태에 빠지게 되었다. 10년간의 문화대혁명은 사상적 혼란, 중국공산당과 정부기구의 약화, 국민경제의 파괴, 과학·문화 분야의 후퇴, 그리고 전통사회 풍조의 심각한 훼손을 가져왔다.

이러한 대혼란 속에 1975년 1월 17일 제4기 전국인민대표대회 제1차 회의에서 제2부 헌법이 통과되었는데 이것이 바로 1975년 헌법이다. 이 헌법은 중국의 문화대혁명 시기에 제정되었으므로 문혁 헌법이라고도 한다. 이 시기의 헌법은 개정 당시의 목적을 이루지 못하고 헌법으로서의 역할도 제대로 하지 못했다. 헌법이 현실에서 효력을 상실하여 조정 작용을 할 수 없었고 기본적으로 시행에 이르지 못하였다. 문화 대혁명을 통해 중국 사회는 사회주의가 과연 무엇인지, 이상적 사회주의 국가를 건설하는 방향성이 제대로 정립된 것인지, 공산주의라는 형태로 건립된 사회주의 국가가 어떤 구조적 제약 아래 놓여 있는지, 그것이 어떤 이데올로기적 왜곡과 국가적 혼란을 낳았는지에 대해 깊이 성찰하게 된다.

(2) 1978년 헌법 개정

1976년 10월 마오쩌둥이 사망하자 문화대혁명을 이끈 일명 문혁사인방은 곧 체포 감금되었다. 1977년 8월, 중앙당은 제11차 전국대표대회에서 문화대혁명은 종결되었다고 선포하였다. 사인방에 의해 파괴된 법제 시스템의 빠른 회복을 위해 재정비가 시급했으므로 1975년 헌법의 개정은 필수적인 것이었다.

1978년 제5기 전국인민대표대회 제1차 회의에서 1978년 헌법을 통과시켰다. 이 헌법에서는 20세기 말까지 중국을 농업, 공업, 국방과 과학기술 현대화의 위대한 사회주의 강국으로 건설하자는 전략 목표를 제시하였다.

전문과 본문 4장 60개조로 구성되어 있으며 제1장 총강, 제2장 국가기관, 제3장 공민(公民)의 기본적 권리와 의무, 제4장 국기·국장·수도로 구성되어 있다.

당시 문화대혁명이 끝난 지 채 일 년밖에 되지 않은 상황을 감안하면 1978년 헌법 역시 기본 내용에서 한계를 갖는다. 개정 조항에 있어서도 1975년 헌법의 영향을 완전히 벗어나지 못하였다. 하지만 1954년 헌법의 일부 조항들을 인용하였고 문혁 시기 폐지된 통치 사상 및 공민의 권리 보장이 강화된 헌법 조항들을 대폭 부활시켰다. 이러한 점에서 어느 정도 1975년 헌법보다 한 걸음 발전했다는 평가를 받는 과도기적 헌법 개정이었다.

4) 1982년 헌법 개정

1978년 12월, 제11차 3중전회에서는 문화대혁명의 종결 선포와 함께 현대화 건설을 국가의 근본 임무로 규정하였다. 1982년 헌법은 개혁 개방을 통해 실용주의 정책을 추진하고 국가의 기본적 성격과 기능을 재정비하기 위한 법률적 기준이 되었다.

헌법 구성은 서언, 제1장 총강, 제2장 국민의 기본 권리와 의무, 제3장 국가기구, 제4장 국기, 국장, 수도로 구성되어 총 4장 138개조로 이루어졌다. 1978년 헌법까지 계속 유지되었던 혁명에 관한 규정을 대폭 삭제하면서 문화대혁명 시기의 극좌노선과 완전히 결별하고 실용주의 노선을 전면적으로 채택하고 있다. 국민 개인 법률의 법률상 지위와 권리보장을 중시하고자 국민의 기본 권리와 의무에 대한 조항을 국가기구 조항 앞에 두며 강조하였다.

가장 큰 특징은 경제부문에서 나타나는 혁명에 가까운 두드러진 변화이다. 첫째, 헌법 제15조에서는 경제체제의 기본이 사회주의 공유제를 기초로 하는 계획경제라고 명시하면서도 시장 기능의 보조 작용을 인정하였다. 둘째, 헌법 제7조에서는 국영 경제의 주된 작용을 인정하면서도 헌법 제16조에서는 국영기업에 대하여 경영관리의 자주권을 제한적으로 인정하였다. 헌법 제11조와 제18조에서는 공유제에 대한 보완으로써 개체공상(個體工商) 경제와 외상(外商) 투자기업 경제의 합법적 지위를 인정하였다. 특히 국가 전반에 심각한 파괴를 초래한 문화대혁명을 극복하기 위해 법제 질서를 파괴하는 행위를 규제하고 헌법 유지에 관한 조항을 증설하였다. 헌법 제5조에서 전국의 모든 국가 기관, 정당, 사회단체, 기업과 사업 조직은 반드시 법률을 지켜야 하며 모든 헌법과 법률을 초월한 특권을 가지지 않는다고 명시하였다.

뒤이어 1988년 4월 제7기 전인대 제1차 회의에서 1988년 헌법개정안은 채택되었다. 개정의 주요 내용은 토지사용권의 양도 인정, 사영

경제의 헌법적 지위를 인정한다는 것이다. 여기에서 사영경제는 사회주의 공유제 경제의 보완 역할을 하는 경제 방식을 의미한다. 헌법 제10조 제4항은 토지 사용권의 매매와 양도가 합법적으로 시행될 수 있도록 관련 헌법 규정이 개정되었다. 기존의 어떠한 조직이나 개인도 토지를 침해·점유·매매 또는 기타 형식으로 불법 양도할 수 없다는 조항에서 법률의 규정에 따라 토지의 사용권을 양도할 수 있다는 내용으로 개정되었다.

5) 1990년대 헌법 개정

1990년대에 들어 1993년과 1999년에 걸쳐 두 차례 헌법 개정이 단행되었다. 1982년 헌법을 부분 개정한 1993년 3월 제2차 헌법 개정의 주요 내용은 사회주의 초급 단계를 규정하였으며 사회주의 시장경제를 실시하고 국영기업을 국유기업으로 개칭한 것을 특징으로 한다.

덩샤오핑을 중심으로 한 개혁 세력들은 중국공산당이 주도하는 국가 체제를 고수하면서도 사회주의 초급 단계론에 입각하여 사회주의 시장경제를 도입하는 개혁개방정책을 추진함으로써 정치적 안정과 경제발전을 달성하는 데 성공하였다.

1999년 3월의 제3차 헌법 개정은 1997년 9월에 개최된 제15차 전국대표대회의 보고 내용을 반영한 것이다. 주요 내용은 덩샤오핑 이론을 지도사상으로 확립한 것과 법에 따라 국가를 통치한다는 법치주의 전략 방침을 강조하였다. 그리고 개인경제와 사영경제 등 기타소유제 경제를 사회주의 시장경제의 중요 구성 부분으로 확인하였고 이에 근거한 개혁 절차를 추진해 나갈 것을 명시하였다. 공유제를 주체로 공동 발전시키는 것은 중국 사회주의 초급 단계의 기본 임무이며 동시에 비공유제 경제는 중국 사회주의 시장경제의 중요한 구성 부분이라고 규정하였다. 동시에 다양한 분배 방식을 허용하도록 명시하고 있다. 1999년 소유제에 대한 개헌 내용을 구체적으로 살펴보면 다음과 같다.

첫째, 헌법 제6조에서는 중화인민공화국 사회주의경제제도의 기초는 생산수단의 사회주의공유제라는 것을 전제하였다. 국가는 사회주의 초급 단계에서 공유제를 주체로 다양한 소유제 경제를 공동 발전시키는 기본 경제 제도를 견지한다는 내용을 삽입하였다.

둘째, 헌법 제8조에서는 농가 위탁 생산을 위주의 각종 책임제와 생산·판매·신용·소비 등의 합작 경제는 집체 소유제 경제에 속한다고 규정하였던 것을 농가 위탁 경영 조직의 국영과 사영을 인정하는 이중경영체제를 실행한다고 개정하였다.

셋째, 헌법 제11조에서 개체경제·사영경제는 사회주의 공유제 경제의 보완재라고 규정하였던 것을 법률이 규정한 범위 내의 개체경제·사영경제는 사회주의 시장경제의 중요 구성 부분이라고 인정하였다.

그밖에 제15차 전국대표대회에서 장쩌민 당시 국가 주석은 중국특유의 사회주의 정치 건설의 핵심은 '의법치국(依法治國)'이라고 강조하면서 법에 의한 치국을 지향한다고 언급하였다. 1999년 중국의 헌법 개정은 사유화에 대한 당의 규정을 법제화하였다는 데에 중요한 의의가 있다. 개체경제와 사영경제의 합법적 권리와 이익을 보호한다는 규정은 헌법 개정이 중국의 경제적 이해 관계와 연관 있다는 점을 짐작케 한다. 급격한 변화에서 초래되는 이념적 갈등을 피하려는 정책적 고려로 볼 수 있다. 비록 몇 개 조항의 개정에 불과한 것이지만 중국 사회 변혁이라는 측면에서 과거 어느 헌법 개정보다도 중요한 의미를 지니고 있다는 평가를 받는다.

6) 2004년 헌법 개정

2004년 3월에 단행된 제4차 개정의 목표는 현실 정치와 정책의 변화에 따라 헌법과 법률을 개정 보완하여 정책의 합법성을 확보하기 위한 것이었다. 전인대 제2차 회의에서 통과된 헌법 개정안의 내용은 다음과 같다.

첫째, 서언에서 3개 대표 중요사상을 마르크스레닌주의, 마오쩌둥 사상 및 덩샤오핑 이론과 나란히 국가의 지도이념으로 명시하였다. 헌법 제18조에서는 3개 대표의 사상을 강조하며 물질문명과 정치문명의 조화로운 발전을 추진하여 사회주의 국가로 건설시켜 나갈 것이라고 수정하고 있다. 서언 제7단락에서는 물질문명·정치문명·정신문명의 협조와 발전을 촉진한다는 내용을 추가하였다. 서언 제10단락에서는 사회주의 사업의 건설노동자를 새로운 통일전선의 구성요소에 포함시켰다. 이러한 조항이 삽입된 배경으로는 당시 국가 주석인 장쩌민이 일선에서 물러나면서 자신의 이념적 우상인 마르크스레닌주의와 신중국 초대 지도자인 마오쩌둥, 개혁 개방의 선구자인 덩샤오핑과 같은 국부급 반열에 동참하고 싶은 정치적 열망에서 비롯되었다는 평가가 있다.

둘째, 헌법 제10조 제3항은 "국가는 공공 이익의 수요를 위하여 법률의 규정에 따라 토지에 대해 징수 또는 보상을 실행할 수 있다"라고 개정하여 문제가 되고 있는 토지 수용과 보상에 대한 법률적 근거를 마련하였다. 공익상 필요에 따라 토지를 수용 또는 사용하되 법정 절차를 거쳐 보상을 행하는 헌법적 근거를 마련한 것이다.

셋째, 헌법 제11조 제2항은 "국가는 개체경제, 사영경제 등 비공유제경제의 합법적 권리와 이익을 보호한다. 국가는 개체경제, 사영경제 등 비공유제경제의 발전을 장려, 지원 및 지도하고 비공유제경제에 대하여 법에 따른 감독 및 관리를 실행한다"고 개정하여 개체경제 및 사영경제 등 비공유제경제를 장려하고 지원하는 국가 방침을 명확히 하였다.

넷째, 헌법 제13조 1항에서는 "국가는 국민의 합법적 소득, 저축, 주택 및 기타 합법적 재산에 관한 소유권을 보호한다"는 규정을 "국민의 합법적 사유재산은 침해받지 않는다"라고 개정하여 사유재산의 보호에 대한 규정을 개선하였다.

그 외에도 전인대의 구성에 관한 헌법 제59조 제1항의 특별행정구 추가, 헌법 제67조의 전국인민대표대회 상무위원회의 권한에서 긴급사태에 대한 결정 권한의 추가와 헌법 제80조 국가주석의 긴급사태 선포 권한 등을 신설하였다. 헌법 제81조의 국가주석에 관한 권한을 중화인민공화국 주석은 중화인민공화국을 대표하고, 외교사절을 접견하며 헌법 제98조 개정에서는 향·진(鄕·鎭) 인민대표대회 대표의 임기를 3년에서 5년으로 개정하였다. 2004년의 헌법 개정은 국민의 인권과 재산권 보호를 헌법에 명기하였다는 점에서 의의가 있다. 다만 이러한 헌법의 발전적 역사에도 불구하고 여전히 개선해야 할 부분들이 적지 않다고 평가할 수 있다.

〈표 1〉중국 헌법 수정 변천 과정과 내용

정식 명칭	개정 정도	주요 개정 내용
1954년 헌법 (1954. 9. 20.)	헌법 제정	
1975년 헌법 (1975. 1. 17.)	전면 개정	1. 무산계급독재의 견지 및 지속적인 혁명 2. 지방 각급혁명위원회의 설립 3. 국가주석제도의 폐지
1978년 헌법 (1978. 3. 5.)	전면 개정	1. '전면적인 독재'의 폐지 2. 4개 현대화 건설 추가 3. 폐지된 검찰원의 재설치
1979년 전인대 결의 (1979. 7. 1.)	일부 개정	1. 현급 이상 인민대표대회선거에 직접선거제도 도입 2. 지방혁명위원회를 각급인민정부로 변경
1980년 전인대 결의 (1980. 9. 10.)	일부 개정	1. 4대 기본 자유 폐지
1982년 헌법 (1954. 9. 20.)	전면 개정	1. '4항 기본원칙'의 견지 2. 헌법의 최고법규성 확인(헌법전문과 헌법 제5조) 3. 전인대 상무위원회의 권한 확대 4. 국가주석제도의 회복 5. 특별행정구 설치 근거 확립 6. 공민기본권을 헌법 제2장에 규정
1988년 개정안 (1988. 4. 12.)	일부 개정	1. 사영경제의 중요한 보충적 지위 인정 2. 토지사용권의 양도에 관한 규정
1993년 개정안 (1954. 3. 29.)	일부 개정	1. 사회주의 초급 단계 및 국가임무확인 2. 국유기업 소유권과 경영권의 분리 3. 가정연합생산책임도급제 4. 현급 인민대표대회 대표의 임기를 5년으로 변경
1999년 개정안 (1999. 3. 1.)	일부 개정	1. 덩샤오핑 이론의 헌법적 지위 확인 2. 사회주의법치국가 건설 추진 3. 비공유제 경제를 중요구성부분으로 확인
2004년 개정안 (2004. 3. 14.)	일부 개정	1. '3개 대표' 이론의 헌법적 지위 확인 2. 공공이익을 위한 토지수용제도 3. 사유재산권의 보장 4. 사회보장제도 도입 5. 향진 인민대표대회 대표의 임기를 5년으로 변경
2018년 개정안 (2018. 3. 11.)	일부 개정	1. 공산당의 영도 강화 2. 과학발전관, 시진핑 신시대 중국 특색 사회주의사상을 정치 지도이념으로 추가 3. 국가주석의 연임제한 철폐 4. 구를 설치한 시의 지방입법권 인정 5. 국가감찰위원회 신설

출처: 손한기, 「중국의 헌법 개정: 2018년 중국헌법개정의 주요 내용과 그에 대한 평가를 중심으로」, 『법학논고』
61, 2018.

4. 미래 중국을 향한, 2018년 헌법 개정

1) 헌법 개정 내용

현행 중국 헌법은 제11기 3중전회에서 확립한 정책 방안으로 1982년 12월 제5기 전인대 제5차 회의에서 통과되어 실행된 것이다. 1982년 헌법이 공포된 후 개혁 개방과 사회주의 현대화 건설의 실천과 발전에 근거하여 전인대에서는 1988년, 1993년, 1999년, 2004년 까지 네 차례에 걸쳐 1982년 헌법 31개 조문에 대하여 개정을 단행하였다. 네 차례의 개정은 사회주의 현대화 건설을 이루는 과정을 구현하였고 중국 특색 사회주의 정립을 목표로 한 성과로 볼 수 있다.

(1) 과학발전관·시진핑 신시대 중국 특색 사회주의 사상을 헌법에 삽입

2017년 10월 18일부터 24일까지 개최된 제19차 전국대표대회에서 통과된 당장 개정안에는 '시진핑 신시대 중국 특색 사회주의 사상'이 지도이념으로 새로 추가되었다. 이어진 2018년 헌법 개정에서는 과학발전관, '시진핑 신시대 중국 특색 사회주의사상'을 국가의 정치 지도이념으로 추가하여 시진핑 사상의 헌법적 지위를 명확히 하였다.

과학적 발전관은 후진타오 전 국가 주석의 주요 대표 사상이자 마르크스레닌주의를 중국화한 최고의 성과라고 평가되는 사상이다. 구체적으로 4가지 발전관에 해당된다. 사람을 근본으로 하는 발전관, 전면적 발전관, 협조 발전관, 지속 가능 발전관이다. 사회주의 초급단계에 처해 있는 국가적 현실을 바탕으로 과학적으로 분석하며 중국의 발전이 직면하고 있는 새로운 과제와 새로운 모순을 심각히 인식하고 중국 특색 사회주의의 더욱 광대한 발전을 위하여 분투할 것을 요구하는 발전관이다. 과학적 발전관은 중국공산당의 16대 회의 이후 후진타오 총서기를 중심으로 이루어낸 성과로 인식되며 공산당의 18대 회의에서 당장(黨章) 개정을 통하여 당의 지도이념으로 확립되었다.

'시진핑 신시대 중국 특색 사회주의 사상'에서는 국가의 근본 임무가 사회주의 현대화 실현과 중화민족의 위대한 부흥을 통한 전면적 소강사회 건설이라고 명시하고 있다. 21세기 중엽까지 부강하고 민주적이며 조화로운 사회주의 현대화 강국을 건설하는 데 필요한 국가 지도이념으로 이해된다. '시진핑 신시대 중국 특색 사회주의 사상'은 중국공산당의 19대 회의에서 당장 개정을 통하여 당의 지도 이념으로 채택되었다. 기본적인 국가책략으로 모든 국가 사무에서 당의 영도, 개혁의 심화, 주요 모순의 변화, 인민 중심, 사람과 자연의 조화, 총체적 국가 안전관, 군대에 대한 당의 절대적 영도, 일국양제의 수호와 국가 통일의 완수, 인류 운명공동체 구축, 전면적이고 엄격한 당의 관리 등을 제시하고 있다. 전반적으로 기존 사상 및 이론을 집대성한 것으로 평가되어 그 사상이 독자적인 사상체계 내지 이론체계에 이르

조항	개정 전	개정 후
서언 7 단락	……중국의 각 민족 인민은 장차 계속하여 중국공산당의 영도 아래, 막스·레닌주의·마오쩌둥 사상·덩샤오핑 이론과 "삼개대표" 중요사상의 지도에 따라, 인민민주독재를 견지하고, 사회주의노선을 견지하며, 개혁개방을 견지하고…사회주의 법제를 확립하고, 자력갱생하며, …물질문명·정치문명 및 정신문명의 협조 발전을 추동하고, 국가를 부강, 민주, 문명의 사회주의 국가로 건설한다.	……중국의 각 민족 인민은 장차 계속하여 중국공산당의 영도 아래 막스-레닌주의, 마오쩌둥 사상, 덩샤오핑 이론과 "삼개대표" 중요사상, 과학발전관, 시진핑 신시대 중국 특색 사회주의 사상의 지도에 따라, 인민민주독재를 견지하고, 사회주의 노선을 견지하며, 개혁개방을 견지하고 …… 사회주의 법치를 확립하고, 새로운 발전 이념을 관철하며, 자력갱생하며, …… 물질문명·정치문명·정신문명·사회문명·생태문명의 협조 발전을 추동하고, 국가를 부강한 민주문명과 조화롭고 아름다운 사회주의 현대화국가로 건설하고, 중국민족의 위대한 부흥을 실현한다.

기에는 부족하다는 평가도 있다.

(2) 의법치국과 헌법 실시 방침

헌법 개정안 초안은 사회주의 법제를 사회주의 법치로 수정하였다. 신설된 헌법 제1장 제27조 3항의 국가 공무원들은 취임 시 반드시 법률 규정에 따라 공개적으로 헌법 선서를 하여야 한다고 규정하였다. 또한 신설된 제100조 2항의 규정에서도 지방정부의 법률 제 · 개정 체계를 명시하였다. 이것은 국가 공무원들이 헌법에 대한 인식을 명확히 갖고 원칙을 지키며 헌법 정신을 수호해야 한다는 원칙을 강조한 규정이라고 할 수 있다.

조항	신규 제정
제27조 제3항	국가공무원은 취임할 경우 반드시 법률규정에 따라 공개적으로 헌법선서를 한다.
제100조 제2항	구(區)를 설치한 시의 인민대표대회와 그 상무위원회는 헌법, 법률, 행정법규 및 당해 성·자치구의 지방 성(省) 법규와 저촉되지 않음을 전제로, 법률규정에 따라 지방 성 법규를 제정할 수 있고, 당해 성, 자치구 인민대표대회 상무위원회의 비준 후에 시행한다.

(3) 공산당의 영도적 지위 명시

헌법 제1조 제2항에서 "사회주의는 중화인민공화국의 근본 제도이다"라는 조항에 추가하여 "중국공산당의 영도는 중국 특색 사회주의의 가장 본질적인 특징이다"로 수정하였다. 중국적 특색을 가진 사회주의에 담긴 함의는 중국공산당은 국가의 최고 정치세력이며 공산당의 영도는 중국 특색 사회주의의 가장 본질적 특징이라는 것이다.

헌법상 사회주의 제도의 본질적 속성에 근거하여 당의 전면적 영도를 지지하고 강화한다는 규정에 대해서 당과 국정이 올바른 방향으로 항상 나아가도록 하기 위한 조치라고 명시하고 있다.

중국공산당은 2018년 헌법 개정 이전까지 광범위한 인민의 근본 이익을 대표하는 정당으로서의 역할을 강조해 왔다. 하지만 2018년 헌법 개정 이후 과학적 발전관 및 시진핑 신시대 중국 특색 사회주의 사상 등의 지도 이념 채택뿐만 아니라 헌법 제1조 제2항에 중국공산당의 영도는 중국 특색 사회주의에서 가장 본질적 특징이라는 내용을 추가하였다. 중국공산당의 영도적 지위를 헌법 총강에서 명문화함으로써 중국공산당의 역할이 본질적 특징이란 점을 강조하고 있음을 알 수 있다.

조항	개정 전	개정 후
서언 10 단락	사회주의 건설 사업은 반드시 노동자·농민 및 지식인에 의지하고, 일체의 단결 가능한 역량을 결집하여야 한다. 장기간의 혁명과 건설과정에서, 이미 중국공산당이 영도하고, 각 민주당파와 각 인민단체가 참가하는, 전체사회주의 노동자·사회주의 사업의 건설자·사회주의를 옹호하는 애국자와 조국의 통일을 옹호하는 애국자를 포함한 광범위한 애국통일 전선을 결성하여 ……	사회주의 건설 사업은 반드시 노동자·농민 및 지식인에 의지하고, 일체의 단결 가능한 역량을 결집하여야 한다. 장기간의 혁명·건설·개혁과정에서, 이미 중국공산당이 영도하고, 각 민주당파와 각 인민단체가 참가하는, 전체사회주의 노동자·사회주의 사업의 건설자, 사회주의를 옹호하는 애국자와 조국의 통일을 옹호하고 중화민족의 위대한 부흥에 힘을 다하는 애국자를 포함한 광범위한 애국통일 전선을 결성하여 ……
제1조 제2항	사회주의제도는 중화인민공화국의 근본제도이다. 어떠한 단체 또는 개인의 사회주의 제도에 대한 파괴를 금지한다.	사회주의제도는 중화인민공화국의 근본 제도이다. 중국공산당의 영도는 중국 특색사회주의의 가장 본질적인 특징이다. 어떠한 단체 또는 개인의 사회주의 제도에 대한 파괴를 금지한다.

(4) 감찰위원회에 관한 규정

감찰체제의 개혁과 감찰 위원회의 설립에 헌법적 근거를 마련하기 위하여 헌법 제3장 국가기구 제7절에 감찰위원회의 신설을 명시하였다. 감찰위원회 및 그 지방 각급 감찰위원회의 성질, 지위, 명칭, 구성, 임기 등에 관한 규정을 두었다. 감찰위원회는 법률에 따라 감찰권을 행사하고 직무상 위법 및 직무상 범죄사건을 처리한다. 감찰기관과 재판기관, 검찰기관 및 법집행기관은 상호 협조하고 견제하도록 규정하고 있다. 헌법의 개정으로 공직자의 직무상 범죄에 관한 처리권한을 검찰에서 감찰위원회에 이관하게 되었다. 이에 감찰기관의 직무상 위법사건에 대한 구체적 처리는 새로 제정한 중화인민공화국 감찰법이 정한 바에 따르고 형사소송법을 적용하지 아니한다. 헌법 제127조에서 규정한 국가기관 상호 간의 협조와 견제는 감찰기관을 위주로 하는 부패방지 시스템의 구축을 의미한다. 즉, 감찰위원회가 헌법기관으로 신설됨으로써 감찰기관으로서의 헌법적 지위와 영도체제가 확립되었고 이것은 곧 당 내부에 대한 감독과 국가감찰기능을 결합한 공직자에 대한 전면적 부패방지시스템의 구축을 의미하는 것으로 이해된다.

감찰기관과 검찰기관의 관계를 살펴보면 인민검찰원은 감찰기관이 이송한 사건이 형사소송법이 정한 불기소사유에 해당하면 상급 인민검찰원의 비준을 거쳐 불기소 처분한다. 인민검찰원의 불기소처분에 대하여 이의가 있는 경우 감찰기관은 불기소처분을 한 인민검찰원의 상급 인민검찰원에 재심을 청구할 수 있다. 이로써 감찰기관과 검찰기관은 상호 역할의 분담과 상호 보완적 관계를 유지하는 것이다. 궁극적으로 강력한 검찰 조직을 구축하여 법률 감독을 대폭 강화하고 정치 개혁을 완수하려는 정부의 의도가 깔려 있다.

조항	개정 전	개정 후
제62조	전국인민대표대회는 다음 열거한 권한을 행사한다. (1)~(15)	전국인민대표대회는 아래에서 열거한 권한을 행사한다. (1)~(16) (7) 국가 감찰위원회 주임의 선출(추가)
제67조	전국인민대표대회 상무위원회는 다음 열거한 권한을 행사한다. (6) 국무원, 중앙군사위원회, 최고인민법원과 최고인민검찰원의 업무에 대한 감독	전국인민대표대회 상무위원회는 다음 열거한 권한을 행사한다. (6) 국무원, 중앙군사위원회, 국가감찰위원회, 최고인민법원과 최고인민검찰원의 업무에 대한 감독 (11) 국가감찰위원회 주임의 제청에 따라 국가감찰위원회 부주임 및 위원의 임면
제70조 제1항	전국인민대표대회에는 민족위원회, 법률위원회, 재정경제위원회, 교육과학문화위생위원회, 외사위원회, 화교위원회 및 기타 설립이 필요한 전문위원회를 둔다. ……	전국인민대표대회에는 민족위원회, 헌법 및 법률위원회, 재정경제위원회, 교육과학문화위생위원회, 외사위원회, 화교위원회 및 기타 필요한 전문위원회를 둔다. ……
	신규 제정	
제7절	제7절 감찰위원회 제123조 중화인민공화국 각급 감찰위원회는 국가의 감찰기관이다. 제124조 중화인민공화국은 국가감찰위원회와 지방 각급 감찰위원회를 설치한다. 감찰위원회는 다음 열거한 인원으로 구성한다. 주임, 부주임 약간 명, 위원 약간 명 감찰위원회 주임의 매 기 임기는 본급 인민대표대회의 매 기 임기와 같다. 국가감찰위원회 주임은 연속하여 2기를 초과하여 임직할 수 없다. 감찰위원회의 조직과 권한은 법률로 정한다. 제125조 중화인민공화국 국가감찰위원회는 최고 감찰기관이다. 국가감찰위원회는 지방 각급 감찰위원회의 업무를 영도하고, 상급 감찰위원회는 하급 감찰위원회의 업무를 영도한다. 제126조 국가감찰위원회는 전국인민대표대회와 전국인민대표대회 상무위원회에 대하여 책임을 진다. 지방 각급 감찰위원회는 그를 구성한 국가권력기관과 직 상급 감찰위원회에 대하여 책임을 진다. 제127조 감찰위원회는 법률규정에 따라 독립적으로 감찰권을 행사하고, 행정기관·사회단체 및 개인의 간섭을 받지 않는다. 감찰기관은 직무위법 및 직무범죄 사건을 처리하고, 재판기관·검찰기관 및 법집행기관과 서로 협조하여야 하고 서로 견제한다.	

(5) 국가 주석 임기에 관한 규정

2018년 헌법 개정에서는 국가 주석의 연임 제한에 대한 규정을 삭제하였다. 헌법 제3장 국가기구 제79조 3항의 "중화인민공화국 주석, 부주석의 임기는 전국인민대표회의의 임기와 같으며 두 번까지 연임할 수 있다"는 규정에서 "두 번까지 연임할 수 있다"는 규정을 삭제하였다. 연임 제한을 삭제하게 된 데는 중국공산당 제18기 제7차 중앙당 전체회의와 당의 19대 회의 개회 기간 동안 각 위원회 대표들의 주장이 강했기 때문이라고 밝혔다. 현재 중국공산당 당장은 당의 중앙위원회 총서기, 당의 중앙군사위원회 주석에 대하여 연속하여 2기를 초과할 수 없다는 규정을 두고 있지 않다.

헌법에서 국가주석의 연임에 관한 규정을 같은 방식으로 채택하면 시진핑 주석을 핵심으로 하는 당 중앙에 권력을 집중하여 국가 영도 체제를 강화하고 효율적으로 개선하는 데 유익하다는 점을 강조한 것이다. 이러한 개정에 대해 시진핑 주석을 핵심으로 한 중국공산당 중앙위원회 권위와 국가의 통치 체제를 보완하고 강화할 수 있다고 평가받고 있다.

조항	개정 전	개정 후
제79조 제3항	중화인민공화국 주석, 부주석의 임기는 전국인민대표대회 매 기 임기와 같다. 연속하여 2기를 초과하여 임직할 수 없다.	중화인민공화국 주석, 부주석의 임기는 전국인민대표대회 매 기 임기와 같다.

2) 헌법 개정안 평가

한 국가의 헌법은 그 나라의 기본법이고 나라를 다스리는 근거가 되는 법이다. 당과 인민의 의지를 구현하여 최고의 법적 지위와 법적 효력, 법적 권위를 가진다. 1954년 초기 헌법이 탄생한 뒤로부터 많은 수정 과정을 거쳐 왔다. 지금도 사회 발전에 부합하는 발전적인 자취를 이어가야 헌법으로서의 효력과 생명력을 가질 수 있다. 그동안 중국은 사회주의 현대화 건설이라는 국가목표의 실현을 위하여 양적 성장에 주력하였으나 양적 성장은 새로운 모순을 야기하고 있음을 인식하였다. 중국공산당 19대 전당대회에서 제시한 '새로운 시기 새로운 사상'은 어떤 의미에서는 더 이상 기존의 중국적 사회주의 노선을 답습하지 않겠다는 의미로 이해된다.

또한 중국공산당은 국가사무를 영도하는 집권당으로서 중국 특색 사회주의 현대화 국가 건설의 과정에서 발생한 모순을 심각히 인식하였고 그 모순을 해결할 해결능력이 있음을 시사한 것이 공산당 제19차 전당대회라 할 수 있다. 집권 강화를 위하여 새 시대 중국 특색 사회주의사상을 제시하였고 국가감찰위원회를 통하여 부패척결을 지속함으로써 당과 국가의 감독체계를 강화하려는 의지의 표현이 헌법 개정으로 나타난 것으로 볼 수 있다. 종합적으로 2018년 중국의 헌법 개정은 중국공산당의 집권능력 강화로 이해할 수 있을 것이다.

5. 중국 법제에 대한 이해와 과제

중국 헌법의 발전 과정을 개관해 보면 각각 다른 시기에 나타낸 헌정 구조 및 특징이 분명하게 드러난다. 또한 헌법의 제정과 수정을 거치면서 중국사회의 변천 과정과 각 시기의 헌법 제정의 역사 배경 및 역할을 반영하고 있다. 중화인민공화국 성립 후 제정한 헌법이 구현하는 것은 사회주의 법제 형태이며 4번의 제정과 5번의 수정 과정을 겪었다. 하지만 모두 국가가 가진 권력이 정당하게 행사되는지에 대해 감시하고 견제하는 장치를 마련하는 부분은 건드리지 못했다. 이전의 헌법 체제 내에서 개인 권리에 대한 한계와 자유권을 조정할 뿐이었다. 하지만 현행 헌법의 3번에 걸친 수정안은 부분적 수정일

지라도 일정 정도 본질적 영역에 영향을 미쳤다. 개인경제 및 사영경제 재산권의 합법성을 인정한 측면에서는 중국 경제 질서가 양적 변화에서 질적 변화를 하였다는 중요한 지표가 될 수 있다. 법에 따라 국가를 통치하고, 사회주의 법치국가를 건설한다는 조항의 첨가는 시장경제 운영에 있어 법률에 근거한다는 원칙을 제공하였고 이를 위해 필요한 법률 체계를 건립하게 하였다. 그 밖에 현행헌법의 3번에 걸친 수정안은 중국 개혁개방 과정 중 각 발전단계의 성과를 확실하게 반영한 것으로 개혁개방의 성과가 헌법의 개혁을 촉진한 것이라 할 수 있다.

중국 개혁의 지속적인 발전에 따라 국가와 시장의 관계, 사회주의 이데올로기와 비공유제 재산권의 관계는 사법 질서의 정당한 실천으로 확립되어 갈 수 있다. 국가적 상황에서 여전히 법의 계급성 내지 수단적 성질을 부인할 수 없지만 국민과 함께 하는 사회주의 법치국가의 실현을 위하여 국가적 차원의 지속적인 제도개선 노력이 필요할 것이다. 중국 정부는 앞으로 새로운 개혁 성과와 새로 형성된 사회질서를 직면하면서 헌법에 대한 더욱 철저한 개혁은 앞으로도 계속 진행되어 갈 것이다. 새 시대 중국 특색사회주의에 부합되는 적절한 개정이 단행되어야 하고 시대적 발전에 맞게 헌법 개정이 이루어져야 할 것이다.

한편 한·중 FTA 체결은 한국 내 중국법에 대한 관심이 더욱 고조되는 계기가 되었다. 한국과 중국의 교역량이 대폭 증가하면서 2014년 11월 베이징에서 「한·중 자유무역협정(FTA: Free Trade Agreement)」이 타결되었다. 이에 따라 시장개방이 급물살을 타면서 다방면에서 무역교류가 활발히 진행되었다. 그 가운데 각 분야별 통상마찰이 빈번히 발생하게 되고 법률 지원 요청도 많아지면서 중국법 전문가의 수요가 증가하는 추세이다. 이러한 시점에 중국의 관세장벽을 늘 고민하고 있는 대중(對中) 수출기업들을 위한 법률지원서비스체계가 제대로 마련되어 있는지 점검해봐야 한다. 또한 중국법 전문가가 체계적으로 양성되도록 교육 현장의 목소리도 경청해볼 필요가 있다. 미국의 경우 주요 로스쿨이 수료증(Certificate of Study) 프로그램을 운영하여 중국법 전문가 양성을 위한 기본적인 중국법 내용을 교육하고 있다. 우리도 중국법에 관한 교육과 현장실습이 보다 체계적으로 실시될 수 있도록 의견을 모으고 실행방안을 모색해야 할 것이다. 이제까지의 대중(對中) 교류 상황을 감안하면 중국법제에 대한 지식은 국가적 차원을 넘어 관련 종사업계나 개인 사업자에게 상당히 중요한 선제 지식이 될 것이다.

참고문헌

김여선, 「中國法의 特徵과 法源에 關한 考察」, 『법학논문집』 31(1), 중앙대학교 법학연구원, 2007, 449~475쪽.

소준섭, 『중국 법의 이해: 이론과 실제 그리고 역사』, 서해문집, 2016.

손한기, 「중국의 헌법 개정: 2018년 중국헌법개정의 주요 내용과 그에 대한 평가를 중심으로」, 『법학논고』 61, 2018, 27~59쪽.

장명봉, 「共産圈 憲法의 理論과 憲法秩序: 蘇聯憲法과 北韓憲法을 中心으로」, 『법정논총』 3, 국민대학교 법학연구소. 1981, 133~187쪽.

장명봉, 「중국의 1999년 헌법 개정의 분석: 배경·내용·특징·평가」, 『공법연구』 29(1), 한국공법학회, 2000, 79~99쪽.

정이근, 「2018년 중국 헌법의 주요 개정내용과 평가」, 『부산대 법학연구』 59(4), 2018, 1~26쪽.

정연부, 『중국법의 이해』, 대학로서적, 2018.

채영호, 「중국헌법 상의 전국인민대표대회의 헌법적 지위에 관한 고찰」, 『세계헌법연구』 17(1), 세계헌법학회, 2011, 149~173쪽.

한대원, 『현대중국법개론』, 박영사, 2002.

한상돈, 「중국법 교육 현황과 중국법 전문가 양성」, 『중국법연구』 23, 2015, 1~44쪽.

高锴, 「關於黨的領導: 1982年憲法的重要修正」, 『炎黃春秋』 第8期, 2011.

郭文亮 外, 『中國特色社會主義理論與實踐研究』, 中山大學出版社, 2013.

劉蘭蘭, 「我國六十年憲法修改的反思與前瞻」, 『中共貴州省委黨校學報』 第6期, 2014.

劉亮, 「我國憲法修改頻率與時間限制探究」, 『常州工學院學報(社科版)』 第2期, 2013.

劉松山, 「黨的領導寫入1982年憲法的歷史回顧與新期待」, 『河南財經政法大學學報』 第3期, 2014.

范進學, 「論中國特色社會主義新時代下的憲法修改」, 『學習與探索』 3期, 2018.

范進學, 「2018年修憲與中國新憲法秩序的重构」, 『法學論壇』, 上海交通大學凱原法學院, 2018.

楊景宇, 「回顧彭眞與1982年憲法的誕生」, 『黨的文献』 第5期, 2015.

吳家清·寧凱惠, 「論憲法序言的價值構造及其功能」, 『法學論壇』 第3期 第34卷, 華南理工大學 法學院, 2011.

吳家清·杜承铭, 『憲法學』, 科學出版社 2008.

伊士國, 「政法論叢我國現行憲法修改制度的評析及其完善」, 『河北學刊』 第3期, 2013.

李玲, 「關於人大個案監督的思考」, 『湘潭大學社會科學學報』, 2003.

李忠夏, 「中國特色社會主義的憲法結構分析」, 『政法論壇』, 山東大學法學院, 2018.

張晓琴, 「論加强人民代表大會監督制度」, 『寧夏社會科學』, 2005.

張千帆, 『憲法』, 北京大學出版社, 2012.

周葉中, 『憲法』, 高等教育出版社, 2016.

秦前紅, 『憲法變遷論』, 武漢大學出版社, 2002.

秦前紅, 「2018年憲法修改與新时代中國法治的發展」, 『人大研究』, 武漢大學法學院, 2018.

卓力雄, 「我國現有的憲法慣例探析」, 『廣西政法管理干部學院學報』 第2期, 2016.

許崇德, 『中華人民共和國憲法史』, 福建人民出版社, 2003.

胡錦光·韓大元, 『中國憲法』, 法律出版社, 2014.

胡錦光,「中國現行憲法修改方式之評析」,『法商研究』第3期, 2012.

"中國共產黨中央委員會關於修改憲法部分內容的建議"

    https://lrl.kr/KoS

"中華人民共和國憲法(全文)"

    https://lrl.kr/dguj

중화민족 만들기를 강화하는 중국

조윤경

1. 중화민족의 애국, 민족주의

공산당 창당 100주년을 맞이한 오늘날의 중국은 지난 40여 년간 막대한 자본을 축적하여 경제적, 정치적, 군사적 힘을 급격하게 키워 냈고, 이를 바탕으로 2012년에는 중국몽 실현을 기치로 세계의 패권 장악의 야망을 공식 선언하였으며, 경제적으로는 일대일로 정책으로 그 야망의 실현을 구체화했다.

최근 중국은 경제적·군사적인 급부상뿐만 아니라, 민족주의 부활 및 그의 붐 또한 작용을 하여, 세계 질서에 위협 요인으로 등장하고 있다. 이에 중국의 민족주의는 강대국화 이후 중국의 국가 정체성을 이해함에 있어 주요한 논쟁적 주제이다.

시진핑은 집권 초기부터 '중화민족의 위대한 부흥' 및 '부강한 중국'이라는 '중국몽'을 실현하기 위해서 '두 개의 100년'을 강조하고, 민족단결과 애국심을 언급하며 중화민족주의 및 애국주의 또한 강조하였다.

중국몽의 핵심목표는 '두 개의 100년'으로 개괄할 수 있다. 두 개의 백년이란 중국 공산당의 창당후 100년(2021년)까지와 중화인민공화국 건국 이후 100년 뒤(2049년)까지를 가리키며, 중국공산당 창당 100주년인 올해 2021년부터 중화인민공화국 성립 100주년인 2049년까지 차근차근 사업을 진행하여 마침내 순조롭게 중화민족의 위대한 부흥을 실현하겠다는 것이다.

시진핑은 단순하게 '민족의 부흥'이라고 언급하지 않고, 자주 '중화민족의 위대한 부흥'이라고 표현하는데, 이는 단순한 인민이라는 표현이 아닌 중화민족 전체를 강조하는 것으로, 중화민족이라는 용어 자체는 국가주의적이고도 민족주의적인 함의를 담고 있다.

중국이 강조하고 있는 민족단결은 현재 확고히 자리매김한 자국의 국력을 바탕으로 미국의 지배질서에 대항하고, 자국보다 약한 국가 및 자국의 소수민족에 대해서는 고압적 태도를 취하며, 유교의 이념과 문화를 정치적으로 활용하려 한다는 점에서 양 측면에 대한 강조가 모두 극대화된 것이다.

이러한 중국의 민족단결은 근원적으로 민족주의에 기반을 두고 있으며, 중국의 민족주의는 역사적으로는 근대적 민족주의와 전통 중화주의가 결합된 산물이다. 일반적인 민족주의가 근대 민족국가를 형성하기 위한 이념적 기반인 반면, 근대 중국에서의 민족주의는 제국주의 열강의 침략에 맞서는 저항적 민족주의와 소수민족에 대한 지배의 중화민족주의가 복합된 형태로 등장했다.

이 글은 중국의 민족주의를 정리해본다. 56개 민족으로 이루어진

다민족국가인 중국이 소수민족 주요 거주지에 대한 중요성을 인지하고 소수민족에 대하여 통제하고 나아가 왜곡 역사 공정 등을 진행하는 것은 과잉된 애국주의와 민족주의에서 기인한 중국식의 민족주의이다. 뿐만 아니라 최근 우리 한국에 대해서도 김치·한복 기원설이나 대중 연예인의 중국 관련 발언에 대한 지나친 흥분, 역사 인물의 국적 논란 등 왜곡된 문화 공정 등이 빈번히 발생하고 있어, 한·중 양국의 갈등 발생 시 차분한 응대를 깊게 고민해 봐야 할 것이다.

2. 민족과 민족주의

민족과 민족주의라는 용어는 18~19세기에 유럽의 자산계급 민주 혁명 시기에 생겨났다. 민족은 인류가 오랜 역사 속에 동일한 지연·혈연·언어·풍습·문화의 공동체를 자연적으로 형성하여 타 지역과 구별되는 동질성과 특성을 지닌 인간의 공동체를 말한다.

1913년 스탈린은 "민족이란 인간이 역사적으로 형성한 공통언어·공통지역·공통경제생활, 그리고 공통된 민족문화의 특징 위에서 표현되는 공통 심리소질을 지닌 하나의 안정적인 공동체를 말한다."라고 정의하였다. 즉, 민족이란 거주지·혈통·형체·언어·문자·종교·풍속·습관·생계(경제)·전통·기억·정신상태 등이 동일하다고 의식하면서 강한 일체감과 귀속감을 갖게 된 공동체를 가리킨다.

민족주의란 이러한 민족공동체에 대한 자신과의 동일시를 통해 자기 민족을 열렬히 사랑하고, 자기 민족이나 민족국가에 대해 최고의 충성심이나 강렬한 자부심을 갖고, 민족의 힘에 호소하며, 민족의 힘을 동원·응집시켜 위대한 이상을 향해 매진하게 하는 의식·정신·사상을 말한다. 따라서 민족주의는 국가를 걱정하는 의식과 스스로 강해지려는 의식, 타국·타민족보다 나아지고자 하는 추월의식을 포함하기 때문에 자기민족을 중심에 놓고 충성하며, 자기민족의 문화와 이익을 향상시키고 타민족의 문화와 이익에 대항하라고 강조하기 쉽다. 때문에 민족주의는 자민족의 이익을 앞세우는 사상이며, 경제·정치·군사·문화가 발전함에 따라 자민족의 가치관에 정당성을 부여하고, 자부심·자신감·우월감을 갖게 된다.

결론적으로 민족주의는 각 민족에게 자강불식의 생명력을 불어 넣어 주기도 하고, 공동체 의식을 심어주는 무형의 무기가 되기도 하지만, 다른 한편 국내적으로 다민족일 경우 국가의 통일과 안정을 위협하고 파괴하는 분열제가 되거나 국제적으로 각종 충돌과 침략전쟁을 일으키는 원인이 되기도 한다.

이러한 민족주의는 두 가지 성격을 지닌다.

첫째, 한 민족이 약소하여 억압과 침략을 받을 때에는 그 민족이 저항을 하고, 민족의 해방·독립·자결·존엄·통일·이익·부강을 요구하며, 이를 민족 최고의 가치로 삼게 되는데, 이는 민족의 생존본능과 민족 및 조국에 대한 애국심에서 비롯된다.

둘째, 민족이 발전하고 강성할 때에는 타민족·타국가에 대하여 배타주의의 형태로 나타날 수 있다. 이러한 민족주의는 자민족에 대한 강렬한 애정이나 우월감으로 타민족·타국가를 경시하고 차별·배척하는 대국패권주의나 배타적인 민족주의, 애국주의 등으로 나타난다. 이는 제 민족이 타민족·타국가보다 월등하고 우월하다는 자만과 야심에서 비롯된다.

이러한 민족주의의 성격으로 볼 때, 전자는 중국 내 분립 독립을 지향하고 있는 소수민족들의 민족주의 성격이며, 다민족의 전체 민족단결을 지향하는 중국 정부의 민족주의는 후자의 성격을 강하게 띠고 있다.

3. 중국 민족주의의 형성

1840년대 이전까지 중국에서는 서구의 근대 개념인 민족주의가 존재하지 않았다. 민족적 경계를 화이(華夷)사상에 따라 천하의 중심국가인 중국을 제외한 모든 이민족들—남만(南蠻)·북적(北狄)·동이(東夷)·서융(西戎) 등—을 오랑캐로 차별적으로 구분하였고, 이는 곧 중국의 천자가 모든 이민족을 교화하여 세상의 질서를 유지한다는 천하주의(天下主義) 세계관을 만들었다.

중국에서 민족을 구분하는 기준은 혈연과 종족이 아니라 문화적 우월성과 그 영향력이었고, 때문에 과거 중국의 민족의식은 서구적 개념의 민족주의 대신에 문화주의(文化主義)로 칭하기도 하였다.

이후 아편전쟁에서 영국에게 굴욕적으로 패배를 당하며 중국의 전통적인 중화적 세계관 및 중국의 위상은 전면 파괴되었고, 19세기 중엽 중국에서는 국민국가에 바탕을 둔 서구식 민족주의가 서구 제국주의 세력의 침략으로부터 중국 자신을 지키고 대항하기 위한 목적으로 형성되었으며, 붕괴된 중국 중심의 세계질서를 회복하기 위한 노력도 반영되었다. 이후 일본의 침략으로 민족주의는 한층 더 고조되었고, 중국공산당은 이를 적극적으로 활용하여 사회주의 혁명에 성공하였다.

제국주의 열강의 침입을 받으면서 피동적인 반응의 결과로 외세에 배타적인 형태로 발전한 중국의 근대 민족주의는 국가에 대한 객관적 사실보다는 중국 인민들의 심리적 측면에 대한 고려가 더욱 중요한 비중을 차지하였다.

중국의 지도자들과 지식인들은 근대 이후 정권과 체제가 바뀌어도 국가체제의 정의 및 민족주의 내용을 지속적으로 수정하며 민족 정서를 자극하고 중화민족 의식을 강화시켰다.

신중국 성립 이후에도 민족주의 정서는 공산당 정부에 의해 사회주의 국가건설이라는 정치적 목적을 위한 수단으로 활용되었고, 관방(官方) 민족주의의 형태로 애국주의와 결합하여 계승·전수되어 개혁개방 이후에도 여전히 효력을 발휘하고 있다.

이처럼 중국의 근대 민족주의는 서구와 다른 역사적 경험이 복합적으로 작용하여 생성되었고, 이에 외부의 압력에 대하여 저항적 성격의 역사적 특징 또한 포함하고 있다.

이후 1990년대 초반 이후의 중국의 민족주의는 그 이전의 민족주의와는 다른 성격을 가지고 있는데, 이 시대에 새롭게 대두된 민족주의의 가장 중요한 배경은 급속한 경제발전의 성과 때문에 부활한 정치적·경제적 위상으로 인하여 대중이 민족적 자존심과 자신감을 회복한 데에 있다. 피해의식을 자극하는 외부의 견제 및 압력·위협에 대한 반감이나 저항의 표현일 뿐만 아니라 경제발전으로 인한 자긍심과 자신감으로 상기된 강국 정서의 표출이라는 새로운 형태의 민족주의가 등장하였다.

이와 함께 글로벌화가 심화되면서 미국을 중심으로 서구가 세계질서를 주도하고 있다는 현실도 원인으로 작용하여 개혁개방 이후 1980년대 중국은 서방을 학습하는 분위기였고 친미적인 태도까지도 보였지만, 경제발전으로 고양된 대중적 자신감과 지나친 서구문명 동경에 대한 지식인의 반성이 혼합되어 서구를 모방의 대상자에서 현실적인 경쟁 또는 견제의 대상으로 인식하기 시작하였다.

뿐만 아니라, 국내외적인 환경 변화에 대처하기 위하여 중국공산당 정부는 강경한 입장을 고수하였다. 사회주의 국가들의 붕괴와 해체라는 외부환경의 변화를 보면서, 중국공산당 정부는 주도적으로 동유럽식의 급진적인 민주화를 사전에 차단하고 소련식의 국가의 분열을 막기 위해 민족주의를 조장하고 육성하기 시작하였다. 이는 덩샤오핑의 남순 강화 이후 중국이 시장경제 체제 속으로 본격적으로 진입하면서 사회주의 이념의 정체성이 약화된 상황에서 사회통합을 유지하며 체제의 안정을 도모하기 위함이었다. 즉 공산당 정권의 집권 정당성 및 지배권을 강화하기 위하여 정부가 민족주의를 지속적으로 활용할 필요가 있다고 인식했기 때문이다.

중국의 민족주의는 근대의 역사적 경험에 따라 축적된 외부 세력에 대한 반정서와 경제적 발전 및 신장된 국력·향상된 국제적 지위에 따른 자신감, 공산당 정부의 조작적 애국주의 교육운동 등 다양한 요소들이 결합하여 등장한 것이다.

주지하다시피, 중국은 단일의 민족으로 형성된 나라가 아니라, 한족 외, 55개의 소수민족들이 존재하는 다민족 국가이다. 이에 중국은 한족 및 55개의 소수민족들을 모두 포함한 새로운 중국민족, 즉 중화민족을 창조하게 되고, 국가와 민족 간 불일치를 막고 다민족 간의 통합을 위한 내부적인 요인으로 중화민족주의를 탄생시켰다.

이에 반해, 근대의 역사적 경험에 따라 서구 열강들의 침략에 의해서 생성되었고 최근 중국 경제의 급속한 성장으로 인한 서구 국가들의 위협에 의하여 배타적이고도 공격적인 특성의 대중적인 중국 민족주의가 탄생되었으며, 동아시아 주변국들과의 문화 갈등 등으로 인한 외부적 요인들로 방어적 측면의 중국 민족주의 또한 형성되었다.

4. 문화와 민족 확장을 위한 민족주의

중국의 민족주의는 크게 문화주의, 애국주의, 중화민족 만들기로 설명할 수 있다. 문화주의와 애국주의는 중국 민족주의 추진의 기본 방식으로 중국 민족주의의 고유한 특징을 형성하는 것이고, 세 번째 중화민족 만들기는 소수민족 및 주변국의 역사와 문화를 인위적·직접적으로 중국사로 편입시키려는 정책이다.

1) 문화주의

중국은 민족 구분 기준을 혈연보다는 문화를 강조하는 문화주의를 표방하고 있다. 유교를 기반으로 한 중국의 전통문화는 현대중국 민족국가의 전제이며, 한족을 중심으로 다수의 이민족을 흡수·동화하여 중화민족을 형성할 수 있었던 역사적 동력과 기제가 유교문화에 있었음을 강조한다.

이러한 주장은 문화를 기준으로 화(華)와 이(夷)를 구분했던 역사적 현실로부터 기인한 것이며, 오랜 역사에 기반하고 있다는 점에서 중화민족은 기본적으로 종족적 민족주의가 형성되었다. 하지만, 혈연이나 역사 및 전통문화를 기반으로 하는 종족적 민족주의의 특징을 보유하면서도 역사와 전통문화만 강조하고 굳이 혈연을 부정하는 것은 현실절인 이유가 있기 때문이다. 왜냐하면 혈연을 강조하면 각 소수민족의 민족주의를 촉발할 수 있기 때문에, 중화민족주의가 역사와 전통문화에 기반 한 한족 중심의 종족적 특성을 진하게 가지고 있더라도, 혈연 혹은 종족이라는 표현을 직접적으로 사용하지 않고, 문화로 포장을 하는 것이다.

중국의 민족주의 형성 배경에서 민족을 구분하는 기준이 혈연이나 종족이 아니라, 문화적 우월성과 그의 영향력에 있고, 과거부터 중국의 민족의식이 문화주의 용어로 정의되는 것과 부합되는 주장이다.

이에 중국은 유교와 같은 문명적·문화적 요소를 복원하여 중화민족 확대의 매개로 활용하고 있으며, 중화민족주의를 문화 민족주의 혹은 중화 문화민족주의라고 칭하기도 한다.

2) 애국주의

중국의 민족주의는 실질적으로 애국주의와 국가주의를 반영하고 있으며, 이는 '사회주의 중국에 대한 사랑'을 의미한다. 때문에 중국의 애국주의는 경제적 발전, 정치적 안정, 통일을 위해 국가에 대한 충성을 강조함으로써 국가주의와 바로 연결되고, 동시에 다민족국가인 중국의 국가와 민족의 통합을 강조하고 있으며, 이런 의미에서 애국주의는 자연스럽게 중화민족주의로 표현된다.

혈연 중심의 좁은 민족주의의 한계를 넘어서기 위하여, 애국주의는 종족·정체성·문화 등과 관계없이 국민으로서 법적 자격을 부여받은 모든 사람을 포함하며, 이를 통해 '중화민족'을 '중국국민'과 동일시하고 있다.

한편, 애국주의 운동은 1990년대 들어서 전국적인 교육운동으로 전개되면서 강화되었고, 1994년에 발표된 「애국주의 교육실시강요」에서는 애국주의 교육의 주요 목적 중에 하나를 중화의 공동 이상을 위해 단결하고 분투하는 데 두었다. 이를 위해 중화민족의 유구한 역사교육과 중화민족의 우수한 전통문화 교육, 민족단결에 관한 교육 등을 주요한 교육내용으로 강조하였다. 이러한 애국주의 교육은 성인들뿐만 아니라, 대학·초·중·고등학교 등 청소년을 대상으로 집중적으로 실시하고, 이를 통해 55개 소수민족을 중국의 국민이자 중화민족으로 인식시키고자 하였다.

중국의 애국주의 교육운동은 국내외의 상황변화로 야기된 위기 상황이 복합적으로 작용하고 공산당 정부의 인식에 의하여 강화된 것이다. 시장경제의 도입으로 인하여 사회주의 이데올로기가 갈수록 퇴색하는 사회 현실 속에서 변화하는 국제 환경에 적절히 대응하기 위하여 전통주의 의식에서 국가에 대한 애국주의가 사회 공동의 가치를 고양시키고 사회통합을 유지하는 데 더 유리하다는 판단이 섰기 때문이다.

이러한 인식과 판단에 의거하여 중국은 1991년 4월 국가교육위원회에서 「초중고생들의 진일보된 애국주의 교육 활동 전개에 관한 의견(關於在中小學進一步發展愛國主義敎育活動的意見)」을 발표한 이후에 애국주의 교육을 위한 선전운동을 본격적으로 강화하기 시작하였으며, 특히 1994년 8월 중공중앙이 공표하고 중앙선전부가 입안한 「애국주의 교육실시강요」에 따른 구체적인 정책의 실시가 당시 중국 사회에서의 신세대인 바링허우(80後)와 주링허우(90後)들의 애국주의 교육의 바탕이 됐다.

이 강요에서의 애국주의 기본원칙은 중국공산당이 표방하는 애국주의를 사회주의 현대화, 개혁개방, 국가와 민족의 단결과 이익, 중국의 주권과 중화민족의 자존, 민족 단결, 중국의 통일 등과 밀접하게 연관 지어 중국 특색의 사회주의와 동질시하면서, 애국주의 교육이 사회주의 교육보다 더 중요함을 간접적으로 표현하고 있다. 또한 애국주의 교육의 목적 및 지향을 중국인들의 애국 열정을 고취시켜 사회주의 현대화를 실현하고 중화문명의 부흥을 위해 중국 인민을 단결·분투·통일하도록 하는 데 있다고 구체적으로 명시하고 있다.

애국주의 교육의 내용은 전통 및 역사 교육, 국정(國情) 및 공산당의 업적 홍보, 민족단결 및 국가통합, '사회주의 정신문명'의 강조 등 네 개 영역으로 구분하여 정리하고 있다. 전통 및 역사 교육은 중화민족의 우수성과 민족적 자긍심을 고취시키기 위해 과거 비판과 공격의 대상이었던 유학(儒學)을 부각시키는 내용까지도 포함하고 있으며, 국정 및 당의 공산당의 업적 홍보 교육은 반식민·반봉건의 고통에 시달렸던 중국 인민들을 혁명을 통해 해방시킨 업적과 개혁개방의 성과를 과시하여 공산당 집권 정당성 강화를 지향하는 내용이다.

이러한 중국의 애국주의 교육의 가장 큰 특징은 그 기본원칙과 내용에서 보여지듯, 공산당 정부의 정치적 목적에 부합하는 '국가 주도의 민족주의'라는 것이고 국가가 직접 애국주의 교육 강화의 주체가 되어 국가발전·정치안정·사회통합·민족통일의 비전을 강조하며 공산당 정권에 대한 강력한 지지를 강조하고 있다는 점에서 '관제 민족주의' 또는 '국가주의' 성격 또한 띠고 있다.

시진핑 집권 이후 줄곧 중국 정부는 중국 민족주의 및 애국주의를 더욱 강조하면서, 중국 인민들에게 애국심을 요구하고, 민족단결을 기반으로 한 중화민족 정체성을 공고히 하며, 중국공산당이 필요로 하는 인재가 되기를 요구하고 있다.

3) 중화민족 만들기

건국 이래, 중국은 중화민족의 안정된 미래를 위하여, 그 무엇보다도 중화민족 간 통합 문제가 중요한 과제가 되고 있다. 이에 중국 정부는 애국주의 및 민족주의를 강조하며 여러 소수민족들의 역사와 문화를 중국사로 편입시키는 중화민족 만들기 작업을 하고 있다.

2020년 중국의 제7차 전국인구조사에 의하면, 한족 인구는 12억 8,613만 명으로, 전체 인구의 91.11%를 점하고 있으며, 55개 소수민족의 전체 인구는 1억 2,547만 명으로, 중국 전체 인구의 8.89%에 달한다. 제1차 인구조사부터 제7차 인구조사의 현황은 〈표 1〉과 같고, 제7차 인구조사에 의하면, 2010년 제6차 인구조사와 비교하여, 한족의 인구는 4.93%가 증가한 반면, 각 소수민족의 인구는 10.26% 증가하였으며, 소수민족의 인구 비중 역시 제6차의 8.49%에서 8.89%로 약 0.4% 증가하였다.

〈표 1〉 인구조사 시기에 따른 소수민족 현황

(단위: 만 명)

인구조사 시기	인구
1953년	3,532
1964년	4,000
1982년	6,724
1990년	9,120
2000년	10,643
2010년	11,379
2020년	12, 547

다민족국가에서 일반적으로 시행하는 민족정책 중, 중국 정부는 소수민족의 정체성을 상실시키고 지배민족에 흡수시키려는 동화정책과 전통문화를 유지하면서 일정한 수준의 민족적 정체성을 유지해 나가는 융화정책을 시행하고 있다.

구체적인 소수민족 정책 내용은 ① 민족평등견지, ② 민족단결보호, ③ 민족구역 자치실시, ④ 소수민족지역 경제문화사업 발전, ⑤ 소수민족 당간부 배출, ⑥ 소수민족 언어문자 존중 및 발전, ⑦ 소수민족

풍속 문화 존중, ⑧ 소수민족 종교·신앙의 자유와 존중 등이다.

중국 정부는 소수민족에 대하여 극단적인 형태의 '민족말살정책'을 시행하지는 않고 있지만, 인구의 90% 이상인 한족이 정치·경제·사회 등 각 주요 영역에서 중심적인 지위를 점하고 있고 한족 중심으로 이루어진 형태로, 표면적인 동화정책과 융화정책을 시행하고 있다.

전체 인구의 10%도 점하지 못하고 있는 '소수' 민족들이지만, 이들이 거주하고 있는 점유 면적은 전 국토의 60% 이상으로, 베트남·라오스·미얀마·부탄·네팔·인도·파키스탄·타지키스탄·키르기스스탄·카자흐스탄·몽골·러시아·북한 등 13개 국가와 국경을 접하고 있어 전략적인 면에서 중요성을 지니고 있다.

또한 풍부한 천연자원 보유 및 기타 한족 인구의 과잉인구 흡수 가능성, 민족 간 통합·정치안정·경제문화 수준 향상으로 국제적 이미지를 제고시킬 수 있고 지속적인 발전과 대외적 위신 면 등에서 중요성을 지니고 있다.

그 중에서도 티베트·신강·내몽고 지역은 특히나 분리 독립운동이 적지 않게 발생하고 있는 지역으로 한족화를 통하여 중국화를 강요하고 동시에 분리 독립운동을 제지하려 한족의 이주를 장려하고, 역사공정을 진행하고 있기도 하다.

소수민족 지구의 중요성 인식 및 소수민족문제를 해결함과 동시에, 세계무대에서 경제·외교적으로 자신감을 얻으면서 강력한 민족주의를 추진하는 일환으로 여러 소수민족 자치구 및 주변 국가의 역사를 중국사로 편입시키는 중화민족 만들기는 현재에도 진행중이다.

5. 중화의 역사를 확대하다

1) 중화민족만들기 역사 공정

중국의 역사 공정 범위는 중국 전반에 걸쳐 이루어졌는데, 그 내용은 하상주단대공정, 중화문명탐원공정, 국사수정공정, 중화문화전파공정, 서북공정, 서남공정, 동북공정, 북방공정, 남방공정 등이다. 이는 중국의 고대사·시원 연구는 물론 현재 대중문화까지 포함해, 시공간을 광범위하게 확장하여 실시하고 있고, 특히나 변방지역의 역사와 문화를 정리한다는 명목 아래, 소수민족 주요 지역을 대상으로 집중적으로 정책을 펼쳤으며, 현재의 소수민족은 물론 고대민족·역사민족·주변국의 역사와 문화까지도 중화민족의 것으로 만드는 프로젝트를 실행하고 있다.

(1) 하상주단대공정

하상주단대공정은 중화인민공화국의 고대사(하나라·상나라·주나라) 연구 작업이다. 이는 제9차 5개년계획의 공정 중 하나인 역사연구 프로젝트로, 구체적인 연대가 판명되지 않은 중국 고대의 하나라·상나라·주나라의 구체적인 연대를 확정한 공정이다.

중국 고대의 삼대(하·상·주)에 대하여, 기원전 2070년경 하나라가 건국되었고, 기원전 1600년경에 하나라는 상나라로 교체되었으며, 기원전 1300년경에 상나라의 반경(盤慶)왕이 수도를 은허로 천도하였고, 기원전 1046년경에 상나라를 정복한 주나라가 건국되었다고 연대를 확정하였다.

하상주단대공정은 국가적 규모의 연구로서 중화인민공화국의 국가주의 고양과 연관되어 있다고 지적되기도 하며, 후속 공정으로 중화문명탐원공정, 동북공정 등이 중국의 제9차 5개년 계획의 일환으로 진행되었다.

이에 하상주단대공정 및 후속 공정들은 중국 중심의 동아시아 문명론과 중국문명 자생 발전론을 위한 고대 문명에 대한 역사연구로 볼 수 있다.

하상주단대공정은 중국 고대사 연구에 큰 기여를 했지만, 역사학계에서는 비판의 일각도 있다. 학문적 목적에서 고대 문명의 기원을 탐구하기보다는 국가 주도의 민족주의에서 기인된 정치적 목적의 연구 방법 및 결론에 한계를 지니고 있다고 평가되기도 한다.

(2) 중화문명탐원공정

중화문명탐원공정은 2002년부터 2005년까지 중국이 실시한 통일적 다민족 국가론에 입각한 공정 연구의 일환으로 진행되었고, 목표는 중화민족과 주변국가 및 중국 소수민족의 시원을 연구하는 것이다.

중화문명탐원공정은 '중화문명의 시원'을 찾는 프로젝트로서 신화를 모두 역사시대로 만들어 중국의 역사적 실체를 1만 년 전까지 앞당기려는 의도이다. 즉 황하문명보다 빠른 요하문명을 중국문명으로 편입시켜 요하문명을 포함한 중국문명을 이집트문명보다 훨씬 앞서게 하여 세계에서 가장 오래된 문명으로 만들려는 프로젝트이다.

중국의 이러한 공정들은 시간적·공간적인 영역을 광범위하게 확장하려는 프로젝트이다. 그리고 동북·서북·서남공정은 공간적 영토를 확장하려는 프로젝트로 평가받고 있다.

(3) 국사수정공정

1949년 10월 1일 중화인민공화국을 수립한 이후 중국은 한족의 시조를 황제헌원으로 만들었으며, 청나라의 역사까지도 수십 년에 걸쳐 중국사 수정작업을 마쳤다. 20세기부터 21세기 초에 걸쳐 공정이라는 역사 프로젝트를 완료하고, 2010년~2013년 기존의 중국 국사교과서를 대폭 수정하여 새로운 중국사 교과서를 출간한 것이 바로 국사수정공정이다.

국사수정공정은 그동안의 서남공정, 서북공정, 동북공정, 탐원공정 등의 역사 왜곡 프로젝트의 완결판으로 볼 수 있다.

(4) 중화문화전파공정

동북공정을 주도했던 중국사회과학원에서 2016년 '전승발전공정'이라는 명칭으로 정식 발표했으며, 중국 국무원은 "중국 우수 전통문화 전승발전공정은 중국의 위대한 중국몽의 부흥과 새로운 이념으로 인민의 발전을 이끄는 프로젝트이다."라고 설명했다. 이후 '중화문화전파공정'으로 명칭이 바뀌면서, 그 범위를 ① 웹, 드라마, 영화, ② TV와 영화 100 시리즈, ③ 전통축제 프로젝트, ④ 중국 문화 의류 등으로 소개하며, 정부 차원에서 가용할 수 있는 모든 것을 동원하여 가짜 역사 및 문화를 진짜로 확산시키는 프로젝트이다. 2025년까지 진행될 예정이며, 공산당 중앙위원회 지도 하에 각 부서가 조직적으로 총동원되고 유튜버와 청년 조직이 포함되어 있다.

중국의 이러한 일방적인 역사 만들기 프로젝트는 중국 인민들에게 억지 역사인식 및 애국심을 고취시켰으며, 이러한 관점들은 최근 우리 한국에게도 직접적으로 왜곡된 현상들로 나타나고 있다.

2) 소수민족 관련 프로젝트

(1) 서북공정

중국의 서북지방인 신장 위구르의 민족·역사·영토주권을 중국으로 편입시키려는 프로젝트이다. 중국은 기원전 60년에 한나라가 신강에 서역도호부(西域都護府)를 설치한 이래 중국의 역대 왕조가 신강을 군사적·정치적으로 관할했으며, 신강은 본래 중국 영토였다고 밝히고 있다. 2002년에 시작된 이 공정의 목적은 서북쪽 위구르족 지역이 중화문명권임을 주장하며, 동시에 현재에도 발생 중인 위구르족의 분리 독립운동을 탄압하기 위한 것이다.

뿐만 아니라, 신장 지역은 지리적으로 아시아의 중심에 위치하고 있으며 유럽과 연결된 통로 역할을 하는 요충지이다. 이에 중국은 신강의 풍부한 천연 자원 및 에너지 자원 등을 확보하기 위하여 신장 지역의 경제를 발전시켜 중앙아시아 국가들 간의 경제권을 형성하고자 하였다. 이 지역의 주 소수민족인 위구르족의 분리 독립운동을 저지하고, 또한 서부대개발 정책을 통해 위구르족들의 경제적 불만을 해소시키며 위구르족의 한족화를 통하여 중국화를 강요하고 있다.

(2) 서남공정

서남공정은 1986년 덩샤오핑의 지시로 시작되었으며, 티베트의 역사와 문화를 중국의 역사로 편입한 프로젝트를 말한다. 티베트와 윈난 지역을 대상으로 중국과 이들 지역 간 국경을 정리하여 해당 지역의 소수민족들을 효율적으로 관리하기 위함인데, 보다 중요한 핵심 내용은 티베트에 관한 것이다. 중국 정부는 티베트의 역사적 해석을 한족 중심으로 해 왔고, 티베트가 오랜 역사 기간 동안 중국의 지배를 받아온 것으로 간주해 왔다.

티베트는 7세기부터 독립국가를 이루고 당나라 시절 중앙아시아의 패자로 군림하였는데 중국은 티베트를 일개 지방정부로 격하시키며, 한족과 티베트의 장족은 문화와 언어의 뿌리가 같다는 한장동원론(漢藏同源論)을 강조하고 있다.

또한 한족의 이주화를 위하여 티베트로 이주하는 한족에게 주택·일자리 등의 각종 특혜를 제공하는 등 현재에도 분리 독립운동이 일어나고 있는 티베트의 민족운동을 막고, 나아가 티베트의 중국화를 위함이 목적이다.

(3) 동북공정

동북공정은 중국사회과학원 산하 중국변강사연구중심이 동북변강 지역의 역사와 현실 문제를 연구하기 위하여 2002년 2월에 공식적으로 출범시킨 국가 비준 프로젝트이다. 동북공정은 동북변강역사여현상계열연구공정(東北邊疆歷史與現狀系列研究工程)의 줄임말로 「동북 변방의 역사와 현재 상황 계열의 연구 사업」이라는 뜻으로, 중국 동북부 지역의 역사를 연구하기 위한 국가사업이다.

주요 내용은 동북지방사 연구, 동북민족사 연구, 고조선사·고구려사·발해사 연구, 중국과 한반도 관계사 연구, 한반도 정세 및 변화와 그에 따른 중국 동북 변경지역의 안정에 관한 영향 연구 등이다. 이러한 동북공정의 연구 과제 107개 중 절반 이상인 56개의 연구 과제가 한국과 관련된 것으로, 우리 한국의 고대사를 중국사로 편입시키기 위한 의도이다.

본래 2006년까지 5년을 기한으로 진행되었으나, 현재에도 진행 중이며, 중국의 전략지역인 동북지역, 특히 고구려·발해 등 한반도와 관련된 역사를 중국사로 만들어 한반도가 통일되었을 경우 발생 가능성이 있는 영토분쟁을 미연에 방지하는 데에 그 목적이 있다.

(4) 북방공정

북방공정은 만주지역 한민족의 역사를 중국화하는 동북공정의 몽골판 버전이다. 중국의 입장에서 내몽고자치구가 분리 독립한다는 것은 있을 수 없는 일이기 때문이다.

북방공정은 내몽골의 역사에 대하여 광범위한 재해석 작업의 일환으로, 몽골의 역사를 중국의 역사로 만들어 중국의 정체성을 시공간적으로 확대 혹은 심화시켜 북방 변강지역의 정치적 안정을 확고히 하기 위한 목적으로 추진하였다.

몽골은 1921년 이후 몽골과 내몽골로 분리되었는데, 몽골은 소련의 위성국가로서 독립국가의 지위를 획득하였지만, 내몽골은 중국 내 소수민족 자치구가 되고 중국의 소수민족이 되었다. 중화민족의 지위를 부정하고 있는 내몽골에서는 현재에도 적지 않게 분리 독립투쟁이 발생하고 있다.

중국의 북방공정은 몽골족 역사 편찬 작업을 통해 진행되고 있다. 최초의 몽골사 개설서인 『몽고족간사』는 1985년 11월에 '중국소수민족총서'의 하나로 출판되었고, '중국소수민족총서'의 출판은 1956년에 마오쩌둥의 지시로 전국적으로 출판 시행되었다.

이어서 1991년에 『몽고족통사』 3권이 출판되었는데, 여기에서 북방공정의 핵심논리가 처음으로 제시되었다. 이 책에서 몽고 및 대원제국은 중국 최초의 통일적 다민족 국가의 시작이며, 북원과 명나라는 별개의 민족국가가 아니라 원나라의 영토에서 일어난 남북정권이기 때문에 현재의 몽골국의 영토는 중화민족의 영토라고 제시하고 있다. 결론적으로 몽고제국 및 대원제국의 영토는 통일적 다민족 국가의 역사적 영토라는 관점인 것이다.

이후, 2001년에 전자판 『몽고적통사』가 8편 249항목으로 출간되어 북방공정의 3대 논리를 정리하고 있고, 2002년 11월에 내몽고 몽고민족통사위원회는 5권 6책의 『몽고민족통사』를 편찬, 2004년 12월에는 한문 4권, 몽고문 5권으로 구성되어 통칭 10권본인 『몽고족통사』를 발간, 2006년 7월 1일에는 징기스칸 기념 논문집을 출간하였다. 이러한 책들은 모두 몽고민족은 중화민족의 한 구성원이고, 몽고제국 및 대원제국의 영토는 통일적 다민적 국가의 역사적 영토라는 것 등을 강조하고 있다.

(5) 남방공정

베트남이라는 국호는 옛 베트남 지역의 국가 남월(南越)에서 유래하였는데, 베트 혹은 남월의 월에 해당하는 '비엣'은 중국 남부에 살던 민족집단이다.

중국은 남비엣은 독립국가가 아닌 중국 남방지역에 합거한 지방정권으로 베트남사도 일부 중국사에 편입시켜. 베트남이 후세에라도 광동, 광서에 대한 소유권을 주장할 가능성에 대비한 명분 쌓기 일환으로 진행한 프로젝트이다.

3) 한국에 대한 문화 왜곡

중국의 민족주의는 외국에 대한 극단적 배타성을 드러내며, '중국만이 최고'를 맹신하고 있는데 이는 최근에는 한국을 대상으로 여러 왜곡된 현상들로 나타나고 있다. 한국의 대중 스타인 일부 연예인의 사소한 발언에 대하여 공격적으로 즉각 반응을 하는가 하면, 인기 TV 프로그램 내용 등의 대중문화부터 전통문화·역사인물·스포츠 스타 등까지 대상으로 하여, 중국에서의 기원설 혹은 중국 국적 출신이라는 직접적인 왜곡된 사례들의 문화공정·역사공정이 중화문화전파 공정으로 이어지고 있어, 한·중 양국 국민들의 갈등이 이어지고 있으며, 최근까지의 사례는 다음과 같다.

2020년 8월, 한국 가수 이효리가 출연 TV 프로그램에서 활동명을 정하는 과정에서 "'마오'가 어떠냐"라고 발언을 하였는데, 중국 네티즌들이 초대 국가주석인 마오쩌둥을 비하한 것이라고 비난하였다.

2020년 10월, 한국의 세계적인 K-pop 스타인 BTS의 한 멤버가 벤플리트상 수상소감에서 "올해는 한국전쟁 70주년으로 양국(한미)이 함께 겪었던 고난의 역사, 많은 남성과 여성의 희생을 영원히 기억해야 한다"라고 수상 소감을 발언한 것에 대하여, 중국 네티즌들은 한국전쟁 당시 중국군의 고귀한 희생은 언급하지 않았느냐며 분노, 격앙된 반응을 보이며, BTS의 퇴출까지 요구했다.

2020년 12월에는 중화권에서 폭발적인 인기를 누리고 있는 한국 예능 프로그램인 런닝맨에서 출연진들이 부루마블 게임 중에서 대만 국기인 청천백일기와 중국 국기인 오성홍기를 나란히 배치하였다는 이유로 중국 네티즌들이 '하나의 중국' 원칙을 어겼다며 런닝맨을 보지 않겠다고 분노하여 노골적으로 한국 연예계를 깎아내리고 한류에 대하여 부정적인 반응을 보였다.

2020년 11월에는 한복이 한국의 전통복이 아니라 중국 명나라 전통 복장을 가리키는 '한푸(漢服)'에서 유래하였으며, "조선 왕실의 의복은 명나라 황제가 하사한 것이고, 한국에는 자체적인 의관제도가 없었기에 명나라의 복식을 배우고 참고했다"라고 주장하기도 하였다.

뿐만 아니라, 한국의 전통 음식인 김치는 중국 5000년 찬란한 문화유산물로 중국의 파오차이'를 보호해야 한다며 주장하고 있으며, 한국 전통 음식인 삼계탕을 "광둥식 국물요리 중 하나로, 한국에 전파된 뒤 가장 대표적인 궁궐요리가 됐다"라며, 중국 최대 포털사이트 바이두에서 설명하고 있다.

또한, 윤동주 시인을 바이두에서는 '국적은 중국, 민족은 조선족'으로 표기하고 있고, 역사인물 세종대왕과 독립운동가 이봉창, 윤봉길, 김구의 국적은 조선이고 민족은 조선족으로 표기하고 있으며, 한류 스타 이영애와 스포츠 스타 김연아까지도 조선족으로 표기하고 있다.

중국의 이러한 역사·문화공정은 애국주의적 감수성이 강한 중국의 젊은 세대에게 강력한 영향력을 발휘하고 있으며, 국가 차원에서 조직적으로 진행하는 공정으로, 사실상 '현대판 생활문화 동북공정'이라 할 수 있다.

최근까지도 중국은 이렇게 중국 관련 발언 등을 한 한국의 연예인들에 대하여 의도적으로 왜곡된 여론을 형성하고, 한국 전통문화 및 역사 인물 등에까지 민족주의를 적용, 자국화시킴으로써 한·중 양국의 갈등을 야기하고 있다.

6. 중화우월주의의 부상

대내적으로 소수민족 독립문제 방지와 국정안정 및 민족단결을 지향하고, 대외적으로 미국과도 어깨를 나란히 할 만큼의 G2 반열에 오른 중국의 그들 방식의 민족주의는 중국 측 입장에서는 당연하다.

시진핑 주석은 트럼프 대통령 시기 미·중 간의 전략적 경쟁이 격화되자 한층 더 중국의 내부 결속과 당의 정통성 및 중국인들의 충성도를 높이기 위해 애국·민족주의 교육을 강화하고 있다. 이는 바이든 시대에서도 미·중 간의 전략적 경쟁이 심화될 것으로 예측된다. 따라서 중국의 패권적 성향의 애국·민족주의 고조의 흐름도 당분간 더욱 강하게 이어질 것이며 이 과정에서 한·중 간 민족주의적 논쟁도 계속해서 발생할 여지가 보인다.

중국의 과잉된 민족주의로 인하여 우리 한국은 역사와 전통문화, 연예인 등 대중문화까지 심각하게 왜곡되거나 무차별적으로 공격당하고 있다.

이에 우리는 우리의 역사와 전통문화를 꾸준히 학습하여 올바른 역사관을 가져야 한다. 또한 중국의 교육정책 변화와 교육의 주제에 대하여 주의 깊게 관심을 가져야 하고, 최근 중국 내에서 발생하고 있는 우리 문화에 대한 왜곡 현상에 대해서도 일시적인 공분이 아니라 차분히 인식하고 설명하고 이해를 시키는 방법을 취하여야 할 것이다.

현재 중국 정부가 방관하거나 혹은 주도하고 있는 중화 우월주의를 바탕으로 한 패권적 민족주의는 새로운 21세기형 젊은 홍위병을 양성하는 데에는 단기적으로 소기의 성과는 거둘 것이다.

하지만, 현재 미·중 간에 벌어지고 있는 무역전쟁에서 중국이 새로운 시대에 걸맞는 글로벌 리더십을 발휘하려면 타국가·타문화의 부정 및 왜곡 등 공격성향의 패권적 민족주의를 내려놓고, 역사와 문화의 경계짓기 없이 과학과 이성을 바탕으로 한 이성적 민족주의로 전환해야 할 것이다.

참고문헌

공봉진·조윤경 외 5인, 『시진핑 시대의 중국몽』, 한국학술정보(주), 2014.

박범종·공봉진·조윤경 외 5인, 『중국 개혁개방과 지역균형발전』, 한국학술정보(주), 2019.

강준영, 「중국의 동북공정 재론」, 『중국연구』 38, 중국연구소, 2006.

공봉진, 「중국 민족주의가 한국에 미친 영향」, 『국제지역학논총』 5(2), 국제지역연구학회, 2012, 67~92쪽.

공봉진, 「중국 '신시대 애국주의'에 관한 연구: '신시대 애국주의 교육'을 중심으로」, 『국제정치연구』 22(4), 동아시아국제정치학회, 2019, 109~145쪽.

공봉진·김창경, 「시진핑 시대 중국 교육정책에 관한 연구」, 『동북아 문화연구』 65, 동북아시아문화학회, 2020, 285~300쪽.

김성환, 「華夷 너머의 相生" 중화 관념이 해체된 동아시아는 가능한가?」, 『중국학논총』 28, 중국학연구소, 2010, 253~287쪽.

김소중, 「중국 민족주의 역사와 전망」, 『한국동양정치사상사연구』 5(1), 한국동양정치사상사학회, 2006, 83~115쪽.

김현주, 「손문의 '중화주의적' 민족주의의 본질과 한계」, 『동방학』 31, 한서대학교 동양고전연구소, 2014, 73~110쪽.

김희교, 「중국 애국주의의 실체: 신중화주의, 중화패권주의, 민족주의」, 『역사비평』, 역사비평사, 2006, 305~311쪽.

박원길, 「삼몽통일론(三蒙統一論)과 중국의 북방공정에 관한 연구」, 『민족연구』 60, 한국민족연구원, 2014, 158~179쪽.

박양진, 「중국 역사공정의 비판적 검토: 하상주단대공정과 중화문명탐원공정을 중심으로」, 『역사비평』, 역사비평사, 2008, 299~320쪽.

박정수, 「중화(中華) 민족주의와 동아시아 문화갈등: 역사와 문화의 경계짓기」, 『국제정치논총』 52(5), 한국국제정치학회, 2012, 69~92쪽.

윤경우, 「중국의 애국주의 교육과 사이버민족주의」, 『인문사회과학연구』 34, 인문사회과학연구소, 2012, 153~178쪽.

이동률, 「중국 민족주의가 대외관계에 미치는 영향: 중미관계를 중심으로」, 『국제정치논총』 41(3), 한국국제정치학회, 2001, 257~277쪽.

조봉래, 「사상적 연원과 시대적 흐름을 통해 본 시진핑 정부의 중화민족주의 강화」, 『민족연구』 70, 한국민족연구원, 2017, 49~70쪽.

조봉래, 「현대 중화민족주의의 형성과 그 본질: 손문(孫文)과 모택동(毛澤東)의 민족주의 사상을 중심으로」, 『중국학보』 64, 한국중국학회, 2011, 517~535쪽.

조윤경, 「동북공정논쟁 이후의 한중 양국의 인식차이에 대한 비교연구」, 『중국학』 31, 대한중국학회, 2008, 565~585쪽.

황종원, 「20세기 초 양계초의 중화민족주의와 지리: 문명 지식체계의 근대성 구성」, 『중국학논총』 63, 한국중국문화학회, 2019, 275~297쪽.

https://lrl.kr/cqsw (검색일: 2021.4.10)

https://lrl.kr/d6v9 (검색일: 2021.5.10)

https://lrl.kr/bapQ (검색일: 2021.5.10)

http://papersearch.net/thesis/article.asp?key=3280749 (검색일: 2021.5.14)

https://lrl.kr/bAqL (검색일: 2021.5.13)

https://lrl.kr/b0rG (검색일: 2021.5.13)

https://www.sedaily.com/NewsView/22JY1VI9V5 (검색일: 2021.5.13)

https://lrl.kr/b0rH (검색일: 2021.5.13)

https://lrl.kr/dguq (검색일: 2021.5.13)

https://lrl.kr/b0rJ (검색일: 2021.5.13)

https://gdlsg.tistory.com/3213 (검색일: 2021.5.16)

https://jbk1277.tistory.com/708 (검색일: 2021.5.16)

https://lrl.kr/bAqQ (검색일: 2021.6.2)

https://www.jsd.or.kr/b/jsd708/24603 (검색일: 2021.6.3)

신시대 중국! 비물질문화유산과 중화문화력 강화

공봉진

2006년 9월 14일 중국 비물질문화유산 보호센터가 중국예술연구원에 설립되었다. 이 센터는 중앙기구편제위원회 판공실의 비준을 거쳐 성립된 국가급 비물질문화유산보호의 전문기구이다. 이 센터를 설립한 이유로 중국정부는 당대 중국 문화사업발전을 위한 중대한 조치이고, 비물질문화유산의 보호를 위한 중대한 일이라고 밝혔다. 중앙기구편제위원회는 중국공산당 중앙위원회와 국무원 영도 하의 중국 전국행정관리체제와 기구개혁 및 기구편제관리업무를 책임지는 상설의사협조기구이다.

2006년 5월 25일 문화부 부장 쑨자정(孫家正)은 제1차 국가급 비물질문화유산 518개를 국무원에서 비준하였다고 선포하였다. 이때 비물질문화유산으로 춘절, 청명절, 단오절, 중추절 등의 명절이 포함되었다. 중국에서는 2006년에 발표되었던 제1차 국가급비물질문화유산 명단 발표가 비물질문화유산 보호업무의 이정표로 여기고 있다.

1. 중국! 왜 비물질문화유산인가?

1) 한국 강릉단오제에 충격을 받다

중국 정부가 국가급비물질문화유산명단 발표를 하게 된 배경에는 한국의 '강릉단오제'와 관련이 있다. 2004년 중국 매체에서 한국이 유네스코에 '강릉단오제'를 한국문화유산으로 신청한다는 소식을 보도하였다. 이후 중국에서는 중국의 단오절과 관련된 업무를 하기 시작하였다.

전국시대 초나라 시인인 굴원(屈原, BC343?~BC278?)이 멱라수(汨羅水)에 몸을 던졌다고 전해지고 있는데, 이 멱라수가 후난성 웨양(岳陽) 부근에 있다. 그리고 웨양에는 굴원의 위패를 모신 굴자사(屈子祠)가 있다. 웨양 시정부는 2005년 5월 9일 선전, 문화, 문물 등의 부서 주요 책임자를 소집하였고, "보위단오절(保衛端午節)" 전문가 좌담회를 소집하였다. 부시장인 쑤이궈칭(隋國慶)은 "'전민 총동원'으로 '문화유산 신청'에 참여하자"고 제안하였고, "문화유산 신청을 정치적 문제로 제고해야 한다."고 제기하였다.

2005년 6월 11일 단오절 당일, 중국과 한국 학자들은 베이징에서 토론회를 열었고, 중국과 한국이 공동으로 문화유산으로 신청하는 해결방안을 제시하였다. 그러나 2005년 11월 25일, 한국이 신청한 '강릉단오제'가 유네스코에 정식으로 통과되었다.

중국민속학회 부이사장이면서 베이징사범대학 역사학과 교수인

자오스위(趙世瑜)는 후에 기자와의 대담에서 "한국이 신청한 단오제와 중국의 단오절은 완전히 다르다. 게다가 당신들의 물건을 다른 사람이 훔쳐 가더라도 그 물건이 당신의 것이 아닙니까? 이는 중국이 민족문화에 자신감이 결여된 결과입니다."라고 하였다.

한편, 2005년 6월 17일 중앙선전부, 중앙문명판(中央文明辦), 교육부, 민정부(民政部), 문화부는 「전통명절 운용으로 민족문화의 우수한 전통 홍보에 관한 의견」을 발표하였다. '의견'에서 "제16차 전국대표대회와 제16차 3중전회, 제16차 4중전회 정신을 관철하여 실시하기 위해서, '애국주의'를 핵심으로 하는 민족정신을 홍보하고 양성하여, 중화민족문화의 우수 전통을 전승하고, 사회주의 문화의 발전번영을 추진하며, 전통명절을 운용하여 민족문화의 우수 전통을 홍보하자"고 밝혔다.

2) 시진핑(習近平)의 '문화 자신'

중국에서의 중국 문화유산에 대한 정책과 시행은 여러 차례에 걸쳐 체계적으로 진행되었다. 중국 내 소수민족을 포함한 문화유산을 '국가급, 성급, 시급, 현급' 문화유산으로 등록하고, 이후에 체계적으로 유네스코에 등록하는 작업을 시행하였다. 그 결과, 중국에서는 2021년까지 다섯 차례의 국가급 비물질문화유산 목록을 발표하였고, 유네스코에 등록된 비물질문화유산도 2020년 말 42개에 이른다.

2002년에 진행되었던 중국의 동북공정이 2007년에 끝이 났다고 하지만, 동북공정은 다른 형태로 계속 진행되었다. 2020년과 2021년 사이에 발생한 김치와 한복에 대한 중국의 주장에서도 중국에서의 동북공정은 여전히 진행되고 있다는 것을 알 수 있다. 중국에서 진행한 동북공정은 역사와 문화에 대한 해석만의 문제가 아니라 민족정체성의 문제이기도 하였다. 이러한 한족 중심의 역사관과 문화관 및 민족관은 시진핑 정부에 들어와서 더욱 강화되고 있다. 중국은 애국주의 교육을 통해 중국의 역사관과 문화관을 중화민족주의적 관점에서 가르치고 있다.

중국에서는 현재 중국이 차지하고 있는 영토 내에서 발생한 역사와 문화, 특히 소수민족과 과계민족의 역사와 문화는 중화민족의 역사와 문화라고 인식하고 있다. 이러한 인식 속에서 출발한 것이 중국 내 조선족의 문화가 중화민족의 문화라는 것이다. 중국은 조선족의 문화를 국가급 비물질문화유산으로 등록하였다. 그리고 조선족의 문화가 중화민족의 문화라고 세계에 알리고 있는데, 이로 인해 마치 한국 문화가 중국 문화인 것처럼 인식하도록 하고 있고, 일부 문화유산에 대해 의도적으로 논쟁을 일으키고 있다. 대표적인 사례가 2020년에 있었던, 한복과 김치에 관한 중국의 주장이다.

중국의 많은 문화유산 정책과 대책을 살펴보면 한국과 관련이 있음을 알 수 있다. 이는 2020년 유네스코에 등록된 중국의 태극권과 관련하여, 중국에서 소개된 내용에서 중국이 여전히 한국을 경계하고 있음을 알 수 있다.

허난성 원(溫)현 정협 부주석과 원현 태극권 인류 '비물질문화유산 신청 영도소조' 부조장인 옌쌍쥔(嚴雙軍)은 "장삼풍은 요동 제주도인으로 되어 있다. 현재 제주도는 한국에 속한다."라고 말하였다. 또 "한국은 태극권에 대한 야심을 높인지 이미 오래되었다."고 말하였다. 그리고 허난성 비물질문화유산보호 전문가위원회 위원이면서 허난성 사회과학원 자심연구원(資深研究員)인 한위홍(韓宇宏)은 "중국은 다민족 국가이다. 민족단결을 위해, 소수민족문화 보호, 국가의 국외의 영향과 민족단결에 유리한 항목을 먼저 신청하도록 지속적인 노력이 필요하다. 한족의 항목은 뒤로 미루어도 된다."라고 하였다. 이와 같은 내용들은 중국에서 한족보다는 소수민족의 문화유산에 대한 비물질문화유산명록 등록에 더욱 신경을 쓰고 있음을 알 수 있는 대목이다.

이러한 상황 속에서 한국 정부가 중국에서 전개하고 있는 비물질문화유산에 대한 정책과 변해 가고 있는 상황을 아는 것은 앞으로 발생할 중국과의 문화유산과 관련된 갈등을 미리 예방할 수 있다. 특히 시진핑이 강조하고 있는 '4개 자신' 중의 '문화 자신'과 시진핑 정부에서 진행하고 있는 '대외인문교류(對外人文交流)'는 중국의 '중화문화'를 널리 홍보하고 중국인들에게 애국심과 중화민족의 위대한 부흥이라는 민족 자긍심을 갖도록 하고 있기 때문에, 한국에서는 이와 관련된 여러 정책과 문화사업에 경계심을 높여야 한다.

2. 비물질문화유산 정책으로 중화문화 구축

1) 비물질문화유산에 관한 정책과 법률

중국에서는 2005년부터 비물질문화유산과 관련된 정책을 시작하였다. 2005년 1월 22일 국무원은 「국무원 문화유산보호 강화에 관한 통지」를 공포하였다. 이어 「국무원 판공청의 중국 비물질문화유산 보호공작 강화에 관한 의견」을 발표하였다. "의견"은 문화유산보호 업무를 제기한 새로운 강령성 문건이다. 또 중국 문화유산보호를 강화하고, 중화민족의 전통문화를 계승하고 널리 알리며, 사회주의 선진문화 건설을 추진하기 위한 문건이다. 이를 위해 국무원은 2006년부터 매년 6월 두 번째 토요일을 중국의 '문화유산의 날'로 결정하였다. 2017년부터는 '문화와 자연유산의 날'로 조정하였다.

2009년부터 국가문물국이 '주창 도시 활동 시스템'을 만든 이래로, 국가문물국은 매년 문화유산의 날에 도시를 선택하여 문화유산의 날을 주창하도록 하였다. 2021년 6월 12일 "문화와 자연유산의 날"을 맞이하여, 문화 및 여유부는 집중적으로 비물질문화유산 선전과 전시활동을 전개하였다. 2021년의 활동주제는 「인민의 비물질문화유산 인민이 함께 향유하다」였다. 문화와 관광부 판공청은 「2021년 '문화와 자연유산의 날' 비물질문화유산 선전과 전시활동 전개에 관한 통지」를 발표하였다. "통지"에서는 "인민군중의 비물질문화유산 보호 의식을 한층 더 제고하기 위하여, 중화의 우수전통문화를 전승하고 널리 알려야 하고, 비물질문화유산 보호를 위한 사회분위기를 조성해야 한다."고 명확하게 밝혔다.

2006년 4월 27일 중국은 「국무원판공청 국가문화유산보호영도소조 성립에 관한 통지」에 의거하여 '국가문화유산보호영도소조'를 설립하였다. 이 영도소조는 문화유산보호를 강화하기 위해 국무원이 설립을 결정한 기구이다. 영도소조는 일정한 기간 동안 유지되다가 2008년 3월 21일에 폐지되었다.

2006년 5월 8일 국가문화유산보호 영도소조 제1차 회의가 베이징에서 개최되었다. 회의에서 국무위원이면서 영도소조 조장인 천즈리(陳至立)는 각급 정부와 관련 부서에게 "「국무원 문화유산보호 강화에 관한 통지」 정신을 열심히 관철하여 실시해야 한다"고 강조하였다. 그리고 "문화유산 보호공작 강화에 대한 중요성과 긴박성을 충분히 인식하여 공작의 중점을 드러내고, 유력한 조치를 취하며 광범위한 사회 각계 인사를 동원하여 중국의 진귀한 문화유산을 보호해야 한다."고 강조하였다.

2011년 2월 25일 제11차 전인대 상무위원회 제19차 회의에서 「중화인민공화국 비물질문화유산법」이 통과되었고, 동년 6월 1일부터 시행되었다. 그리고 2014년에는 「국무원의 제4차 국가급 비물질문화유산 대표성 항목 명록 발표에 관한 통지」가 발표되었다. 2014년 국무원은 문화부가 확정한 제4차 국가급 비물질문화유산 대표성 항목 명록 153개와 국가급 비물질문화유산 대표성 항목 명록 확장항목 명록 153개를 비준하였고 공포하였다. 그리고 「중화인민공화국 비물질문화유산법」에 의거하여, '국가급 비물질문화유산 명록'이라는 명칭을 '국가급 비물질문화유산 대표성 항목 명록'으로 조정하였다.

2017년에 공포된 「중화 우수 전통문화 전승 발전공정에 관한 의견」은 중공중앙 판공청과 국무원 판공청이 사회주의 문화강국을 건설하고, 국가문화 소프트파워를 증강시켜 중화민족의 위대한 부흥이라는 중국의 꿈을 실현하기 위해 발표된 문건이다. "의견"은 중화의 우수한 전통문화전승발전공정을 어떻게 실시할 것인가에 대한 구체적인 요구이고, 지도성 문건이다. 이 문건은 2017년 1월 25일에 발표된 후 실시되었다.

2) 비물질문화유산 명록 작성

2005년에 국무원 판공청은 「중국 비물질문화유산 보호 강화 업무에 관한 의견」을 발표하였다. 이때 업무의 목표를 "전 사회의 노력을 통해 비교적 완비되고 중국 특색을 가진 비물질문화유산 보호제도를 건립하고, 중국의 진귀하고 위급한 상황에 놓여 있거나, 문화와 과학가치가 있는 비물질문화유산을 효과적으로 보호하여, 전승하고 널리 알리는 데 있다."고 하였다. 또 업무의 원칙을 "정부가 주도하고 사회가 참여하며, 명확한 책임을 갖고 협력이 필요하며, 장기적인 규획과 단계적인 실시하며, 개별과 일반·개별성과 공통성을 결합시키고 실질적인 효과를 가져 올 수 있게 한다."는 것이다.

업무의 지도방침은 "보호가 위주이고, 구하는 게 제일이며, 합리적 이용과 전승발전이다."라고 하였다. 또 「보호와 이용을 처리하는 관계」는 비물질문화유산보호의 진실성과 전체성을 견지하고, 효과가 있는 보호의 전제 하에 합리적인 이용이 필요하다."는 것이다. 그리고 "비물질문화유산에 대한 오해와 왜곡 혹은 남용을 방지하고, 과학이 인정하는 기초 하에 효과 있는 조치를 취하고, 비물질문화유산이 전 사회에 확인과 존중 및 홍보를 얻어야 한다."고 하였다.

중국에서 국가급 비물질문화유산 명록은 국무원 비준을 통해 문화 및 여유부가 확정 공포한 비물질문화유산 명록이다. 중국의 비물질문화유산보호공작의 규범화를 위해 국무원은 「문화유산보호 강화에 관한 통지」를 발표하였다.

중국정부는 '국가+성(省)+시+현'의 4단계 보호 체계를 제정하였다. 각 지방과 각 관련 부서에서는 "보호위주, 구제제일, 합리이용, 전승발전"의 공작방침을 관철하도록 요구할 수 있고, 비물질문화유산의 보호, 관리와 합리적 이용 공작을 잘 하도록 하였다. 국가급은 국가급 비물질문화유산 명록이고, 성급은 장쑤성 성급 비물질문화유산 명록 등 31개 성급 비물질문화유산 명록이 있다. 시급은 양저우(揚州)시 시급 비물질문화유산 명록 등 334개 시급 비물질문화유산 명록이 있다. 현급은 까오이(高邑)현 현급 비물질문화유산 명록 등 2853개 현급 비물질문화유산이 있다.

중국 국무원은 2006년(518개), 2008년(510개), 2011년(191개), 2014년 (153개), 2021년(185개)에 이르기까지 다섯 차례에 걸쳐 국가급 비물질 문화유산 명록을 발표하였다. 2006년 5월 20일에 국무원은 중앙정부 홈페이지에 통지를 발표하였고, 문화부의 비준을 얻어 제1차 국가급 비물질문화유산 명록을 확정하고 공포하였다. 여기에는 백사전 전설, 아스마(阿詩瑪, 이족(彝族)에 전해 오는 아스마라는 처녀에 얽힌 전설), 쑤저우 평탄(蘇州評彈), 봉양화고(鳳陽花鼓), 양류칭 목판연화(楊柳靑木版年畫) 등이 포함되어 있다.

2008년 6월 14일 국무원은 제2차 국가급 비물질문화유산 명록을 발표하였다. 여기엔 맹강녀전설(孟姜女傳說), 동영전설(董永傳說), 산베이민가(陝北民歌) 등이 포함되었다. 그리고 이때 제1차 국가급 비물질 문화유산 확산항목 명록 147개를 발표하였다.

2008년 6월까지 국무원이 공포한 두 차례의 국가급 비물질문화유산 명록 속에는 비물질문화유산을 '민간문학, 민간음악, 민간무용, 전통희극, 곡예, 잡기와 경기, 민간미술, 전통수공기예, 전통의약, 민속' 10개로 분류하였다.

2011년 6월 10일 국무원은 제3차 국가급 비물질문화유산 명록을 발표하였다. 여기엔 미두민가(彌渡民歌), 이청금서(翼城琴書) 등이 포함되었다. 그리고 제2차 국가급 비물질문화유산 명록 확산항목명록 164개를 발표하였다.

2014년 7월 10일 국무원은 제4차 국가급 비물질문화유산 대표성 항목명록 추천항목명단을 발표하였다. 새롭게 선발된 153개와 확산 항목 명록은 147개이다. 153개에 속하는 것은 노구교 전설(蘆溝橋傳說)과 귀곡자전설(鬼谷子傳說), 창힐(倉頡)전설, 노자 전설 등이다. 이때 연변조선족자치주의 조선족 김치 제작기예가 포함되었다.

2021년 6월 10일 국무원은 제5차 국가급 비물질문화유산 대표성 항목 명록을 185개를 발표하였다. 현장(玄裝)전설, 여와(女媧)전설, 장건(張騫)전설, 팔달령(八達嶺)전설, 포공(包公)고사 등이 포함되었다. 또 후이차이(徽菜, 안후이 요리) 요리법, 촨차이(川菜, 쓰촨요리) 요리법, 류저우(柳州) 뤄쓰펀(螺蛳粉: 우렁이 쌀국수) 제작 기예 등 음식의 조리법이 등장하였다. 그리고 국가급 비물질문화유산 대표성 항목명록 확장 항목명록 140개를 발표하였다.

한편, 2019년 11월 22일, '문화 및 여유부' 판공청은 조정된 국가급 비물질문화유산 대표성항목 보호단위 명단을 발표하였다. 「중화인민공화국 비물질문화유산법」을 실시하기 위해서, 「국가급 비물질문화유산보호와 관리 잠행 방법」 등의 관련 규정에 의거하였다. 대표적인 것이 2019년 4월 문화 및 여유부에서 인쇄 발행한 「문화 및 여유부 판공청의 국가급 비물질문화유산 대표성 항목보호단위 검사와 조정 공작 전개에 관한 통지」로, 국가급 비물질문화유산 대표성 항목보호단위 검사와 조정 공작을 전개하였다. 검사에 따라 각 지 신청보고를 거쳐 문화 및 여유부는 793개에 대하여 명칭 변경과 취소, 직능조정의 보호단위에 대해 조정과 새롭게 인정을 동의하였고, 불합격한 14개의 보호단위에 대해 기한 내 조정 개선을 하도록 하였고, 불합격한 38개의 보호단위에 대해서는 보호단위자격을 취소하였다.

3) 비물질문화유산 박물관 건립과 전승인

2011년도에 반포하여 실시한 「중화인민공화국 비물질문화유산법」에 이어 각 성에서는 「비물질문화유산조례」를 제정하였다. 이들 조례는 모두 「비물질문화유산 전시장소」, 「비물질문화유산 박물관」, 「비물질문화유산 주제의 공공문화시설」 등의 유사한 명칭으로, 국내 법률법규 측면에서 비물질문화유산을 전시공간 설립을 명확하게 하였다.

중국 '성, 시, 현' 세 급의 비물질문화유산을 전문적으로 관리하는 박물관이 세워지는 붐 속에서 점차적으로 '비물질문화유산 박물관'으로 명명되는 비물질문화유산과 관련된 전문적인 전시공간에 공통된 인식이 형성되었다.

저장성이 2014년에 비물질문화유산 박물관 내 '4관' 구축을 가장 먼저 제안하였다. 당시에 101개의 시 현에서 이미 443개의 비물질문화유산 박물관을 설립하였고, 5년에서 10년에 걸쳐 건설하기를 희망하였다. 각 시와 현 모두 종합성 비물질문화유산 박물관을 설립하려 하고, 향진(鄕鎭)마다 전문 비물질문화유산 박물관을 설립하려 하였다. 안후이성에는 현재 비물질문화유산류의 박물관 장소가 313개가 있고, 간쑤성에는 비물질문화유산 전람관 87개를 설립하였다. 후베이성의 30%에 해당하는 시와 현은 2020년까지 비물질문화유산 전시관을 설립할 계획을 세웠다.

이러한 비물질문화유산 박물관은 주로 일정한 지역에 하나 혹은 여러 개의 비물질문화유산 관련한 내용이고, 한 종류 혹은 여러 종류의 비물질문화유산 항목자원 및 이러한 전통문화 형태를 갖고 있는 지역 인문역사와 풍토 인정을 배경으로 하는 내용이 주체이다. 그중에서 지역의 종합성 비물질문화유산 박물관은 통상 해당 지역의 비물질문화유산 자원의 주요 항목과 대표성 있는 항목을 전면적으로 전시한다.

중국에서는 19대 정신 및 「중화문화 영향력신장규획(2020~2025)」 문건을 잇기 위하여, 또 비물질문화유산 보호전승을 강화하기 위해서 중화의 전통문화가 함축되어 있는 사상관념, 인문정신, 도덕규범을 발굴하고 있다. 그리고 종합적으로 시대가 요구하는 혁신을 계승하고, 중화문화가 시대적 풍채에 드러나도록 하며, 당대 중국 가치 관념을 전파하도록 하고 있다. 이와 관련하여, 2017~2019년『광명일보』와 광명 인터넷 홈페이지는 제3차「중국비물질문화유산 올해의 인물」을 추천하는 선전활동을 하며, 관련 업계 및 사회 각계의 인가를 얻었다.

한편, 2017년 12월 28일 문화부 판공청이 국가급 비물질문화유산 대표성 항목 대표성 전승인 추천 명단을 공시하였다. 2018년 5월, 문화 및 여유부는「제5차 국가급비물질문화유산 대표성항목 대표성 전승인 명단」총 1082명을 발표하였다. 제5차 국가급 비물질문화유산 대표성 항목 대표성 전승인은 3개의 방면에 주목하였다. 첫째는 국무원이 새롭게 공포한 제4차 국가급 대표성 항목이다. 둘째는 지난 3차에 발표된 국가급 대표성 전승인이 없는 항목이다. 셋째는 현재 국가급 대표성 전승인이 이미 사망한 항목이다. 국가급 대표성 전승인으로 인정한 후에는 문화 및 여유부와 관련 '성, 시, 구 문화청(국)'은「사람(전승인의 표현 등)을 보고 물건(물질 성격을 띤 문화형식)을 보고, 생활을 보다(見人見物見生活)」의 이념에 따라, 전승인들의 활동에 지원하기로 하였다.

2019년에「2020년 국가급 비물질문화유산 대표성 전승인 인정과 관리 방법」을 발표하였다. 본 법은 2019년 11월 12일 '문화 및 여유부' 부서회의에서 심의 통과되었고, 2020년 3월 1일부터 시행하였다.

3. 인터넷 활용과 문화유산보호 활동

1) 인터넷을 통한 홍보

중국에서는 비물질문화유산을 홍보하고 교육하기 위해 다양한 인터넷 플랫폼을 만들어 활용하고 있다. 먼저 중국비물질문화유산망(中國非物質文化遺産網(http://www.chinaich.com.cn/)을 만들어 중국의 비물질문화유산과 관련된 정보를 제공하고 있다. 그러나 홈페이지 정면에 소개되어 있는 항목을 클릭하면 해당 정보를 볼 수 없는 한계를 보인다.

그리고 중국비물질문화유산망·중국비물질문화유산 숫자박물관(中國非物質文化遺産網·中國非物質文化遺産數字博物館)이라는 홈페이지(http://www.ihchina.cn/chinadirectory.html)가 개설되었는데, 이곳에서는 유네스코에 등록된 중국의 비물질문화유산을 소개하고 있다. 중국정부와 유네스코의 비물질문화유산에 관한 정보를 얻을 수 있다. 특히 주요 포럼이나 연설 내용이 포함되어 있어, 중국의 비물질문화유산 관련 정책이나 주요 연설 내용을 확인할 수 있다.

중국비물질문화유산망(中國非物質文化遺産網, http://old.ihchina.cn/)은 법규 문건, 유네스코 명단, 국가 명단, 전승인, 보호 포럼 등 비물질문화유산에 관한 소개를 할 뿐만 아니라 중국 내 비물질문화유산 보호와 관련된 일정 및 현황을 소개하고 있다. 특히 법규는 국가급, 부서급, 지방급 등으로 구분하여 소개하고 있다.

중국비물질문화유산확산센터(中國非物質文化遺産推廣中心)는 국내외 비물질문화유산과 관련이 있는 학술연구, 교류, 선전, 확산, 전시, 연출, 전수, 생산성 보호 등의 업무를 본다. 중국의 일반 인민을 이해시키고, 중국과 다른 국가의 비물질문화유산을 아는 데 있어서 교량역할과 확산하는 역할을 한다. 동시에 전 세계 인민을 위해 중국의 정통 비물질문화유산이 상품에 대한 이해, 접촉, 구매, 소장에 관한 서비스를 제공한다. 비물질문화유산 범위는 "첫째, 구비전통, 문화를 소재로 하여 만든 언어 포함하다. 둘째, 전통 표현예술, 셋째, 민족활동, 예의, 기념일 경축, 넷째, 자연계와 우주와 관련 있는 민간전통 지식과 실천, 다섯째, 전통수공예 기능, 여섯째, 앞에서 설명한 표현 형식과 관련 있는 문화공간"이다.

2) 문화유산 보호를 위한 사업활동

중국 정부는 비물질문화유산보호를 위해 제도와 시스템을 구축하고 있다. 이미 20여 개의 성, 구, 시 문화청에는 비물질문화유산처가 설립되어 있고, 약 30여 개의 성, 구, 시에는 비물질문화유산보호센터가 설립되어 있다. 뿐만 아니라 각 지역에는 보호조례가 제정되어 있다. 중국에서의 비물질문화유산보호는 법에 따라 보호할 수 있는데, 현재에는 법제화로 가고 있다. 오늘날 중국의 비물질문화유산보호 업무는 전면성·전체성·법제화를 강조하고 있고, 생명력 있는 보호와 전승의 새로운 구조에 중점을 두었다.

중국에서는 '국가급 문화생태보호구', '국가급 문화생태보호실험구', '국가급 비물질문화유산 생산성보호 시범기지'를 건설하거나, 소수민족 관련 박람회, 전람회 등을 개최하고 있다. 먼저 국가급 문화생태보호구 건설이다. 국가급 문화생태구 건설 목표는 "유산풍부, 분위기 농후, 특색 선명, 민중 수익"이다.

국가급문화생태보호구는 비물질문화유산 보호를 핵심으로 하고, 문화 및 여유부가 동의하여 설립된 특정구역이다. 2011년 6월 1일에 실시한 「중화인민공화국 비물질문화유산법」 규정에, "비물질문화유산대표성 항목에 집중하고, 특색을 선명하게 하며, 형식과 내용을 완전하게 유지하는 특정 구역에 대해, 당지 문화 주관 부서는 전문적으로 보호 규획을 제정할 수 있다. 본 인민정부에 보고하여 비준을 거친 후 구역성 전체 보호를 실시한다."고 하였다.

다음은 국가급 문화생태보호실험구 건설이다. 2007년 문화부는 중국에서는 처음으로 국가급 문화생태보호실험구인 민난(閩南)문화 생태보호실험구를 설립하였다. 2007년 6월 푸젠성의 민난문화 생태보호실험구가 생긴 이후로, 안후이성과 장시성의 휘저우(徽州)문화 생태보호실험구(2008.1), 쓰촨성과 샨시성(산서성)의 강족(羌族)문화 생태보호실험구(2008.11), 2020년 6월에 성립된 허난성의 하락(河洛)문화 생태보호실험구까지 합쳐서 총 23개가 있다.

2019년 12월 26일 문화 및 여유부는 홈페이지에 「문화 및 여유부의 국가급 문화 생태보호 명단에 관한 통지」를 발표하며 국가급 문화 생태보호구 명단을 공표하였다. 그중 민난문화 생태보호실험구, 휘저우문화 생태보호실험구, 러공(熱貢)문화 생태보호실험구, 강족문화 생태보호실험구, 우링산지(상시)토가족묘족(武陵山區(湘西)土家族苗族)문화 생태보호실험구, 해양어문화(상산)(海洋漁文化(象山)) 생태보호실험구, 제로문화(웨이팡)(齊魯文化(濰坊)) 생태보호실험구 등 7곳이 포함되었다.

세 번째는 국가급 비물질문화유산 생산성보호 시범기지 건설이다. 생산성 보호는 중국의 비물질문화유산보호의 주요 방식의 하나이다. 이 보호 방식은 전통 기예, 전통 미술, 전통의약 약 조제류의 비물질문화유산 영역에서 실시한다.

문화부는 2011년 10월과 2014년 5월에 두 차례에 걸쳐 국가급 비물질문화유산 생산성보호 시범기지 100개를 공포하였다. 제1차 기지는 41개 기업과 단위이고, 제2차 기지는 59개 기업과 단위이다. 그중 전통 기예류(技藝類) 기지는 57개, 전통 미술기지는 36개, 전통 의약류 기지는 6개이다. 동시에 전통 기예와 전통 미술류 기지가 1개이다. 공포된 명단 중에는 기지가 가장 많은 지역이 쓰촨성으로 총 7개이다. 전통 기예류 기지가 가장 많은 곳은 허난성과 장시성으로 각 4개씩 있다. 전통 미술류 기지가 가장 많은 곳은 쓰촨성으로 4개이다.

한편, 중국에서 비물질문화유산 보호를 위해 전람회 등 다양한 방법을 시행하고 있다. 2013년 12월 23일 국가민족사무위원회, 문화부가 주최한 「중국 소수민족 비물질문화유산 전시 주」가 베이징 민족문화궁에서 개막하였다. 이는 중국이 처음으로 소수민족비물질문화유산을 주제로 한 대형 전람회였다. 전람회는 이미 공포한 제3차 국가급 비물질문화유산 명록 중의 소수민족 항목 433항을 전시하였고, 항목과 관련이 있는 20개의 성, 시, 자치구가 참여하였다.

2017년 3월 9일 국가민족위원회 소수민족 고적정리연구실(古籍整理研究室), 민족문화궁, 중공 베이징 시청구위(西城區委) 선전부가 주최하고, 중국민족도서관과 민족문화전람관이 주관한 "중국 소수민족 세계급 비물질문화유산 및 문헌전"이 열렸다. 14개의 항목을 주제로 하였고, 300여 종의 문헌이 전시되었다. 이 전시는 '중앙민족공작회의의 정신'과 「중화 우수전통문화 전승발전 실시 공정에 관한 의견」을 실현하기 위함이었다. 또, 소수민족의 전통문화를 홍보하고, 문화자신감을 증대시키며, "중화민족들이 마음을 모아 중국의 꿈을 실현하자"를 널리 홍보하기 위함이었다.

2019년에는 교육부 인문사회과학원 중점연구기지인 중앙민족대학 중국소수민족연구 센터, 소수민족 사업발전 협동혁신 센터, 소수민족

비물질문화유산 연구센터가 공동으로 「중국 소수민족 비물질문화유산보호와 민족지역 사회발전」이라는 주제의 학술 세미나를 개최하였다. 이 학술세미나는 시진핑이 "중국 소수민족 비물질문화유산 보호와 발전"을 제기한 이후에 개최되었다.

제18차 전국대표대회 이래로 시진핑은 문화건설을 중시하였고, 여러 차례 비물질문화유산보호와 연구공작에 대해 지시를 내렸다. 2019년 7월 15일 츠펑시박물관(赤峰市博物館)에서 소수민족 사시(史詩) "게사르(格薩(斯)爾)" 전승인과의 만남에서 시진핑은 "소수민족문화보호와 전승을 중시해야 한다."고 강조하였다. 그리고 "'게사르' 등의 비물질문화유산을 보호하고 전승하며, 전승인을 양성해서 대를 이어 전해내려 가야 한다."고 강조하였다.

한편, 2018년 9월 13일 제5차 중국비물질문화유산 박람회가 산둥성 지난(濟南)에서 개막하였다. 8개의 주제 전시구와 5개의 활동부스가 있었다. 관중들이 가까운 거리에서 "살아있는 비물질문화유산"을 감상할 수 있게 하였다. "혀끝의 비물질문화유산", "비물질문화유산 사구행(非遺社區行)" 등의 활동이 전개되었다. 전국 각지에서 온 우수한 비물질문화유산 항목 및 전승인이 모였다.

그리고 2020년 10월에는 제6차 중국비물질문화유산 박람회가 산둥성 지난에서 개막하였다. 주요 주제는 「전면 샤오캉, 비물질문화유산 동행(全面小康, 非遺同行)」이었다. 전람 내용은 저장, 허난, 네이멍구, 광둥, 쓰촨, 장쑤, 푸젠, 헤이룽장 등 8개성의 총14개 비물질문화유산 대표성항목이다.

한편, 특정 분야의 보호와 전승을 위한 토론회가 열리기도 하였다. 2018년 8월 문화 및 여유부 비물질문화유산사(非遺司)가 지도하고, 중국요리협회가 주도하여 「중국음식류 비물질문화유산 전승과 보호 과

제조」의 성립식 및 학술토론회를 베이징에서 개최하였다. 전문가들은 중국요리협회가 음식류 비물질문화유산의 전승과 보호에 중대한 역할을 하였다고 보았다. 이때 문화 및 여유부 비물질문화유산사 관련 지도자가 회의에 참가하였다.

2019년 10월 18일, 제1차 전국 음식류 비물질문화유산 보호전승대회가 청두(成都)에서 개막하였다. 대회에서 중국요리협회 회장 장쥔셴(姜俊賢)은 「중국음식류 비물질문화유산보호와 전승 창의서」를 발표하였다. 비물질문화유산 등록센터는 중국비물질문화유산전략발전연맹이 발기하여 성립한 것이다. 베이징국제판권교역센터, 중국인민예술연구원 등의 여러 문화기구가 연합하여 공동으로 조직한 비물질문화유산보호조직이다.

4. 중국 비물질문화유산을 세계에 알리다

1) 유네스코 등재

2020년 12월까지, 중국이 유네스코의 비물질문화유산명록(명책) 항목에 들어간 것은 총 42개로 세계 1위이다. 그 중, 인류 비물질문화유산 대표작은 34개이고, 긴급 보호가 필요한 비물질문화유산 명록에 들어간 것은 7개이며, 비물질문화유산 보호를 위한 프로그램·사업 및 활동(List of Outstanding Practices in Protecting Intangible Cultural Heritage)에 1개이다. 그런데 이곳에 소개되는 것과 다른 부분도 있다. 특히 2008년도에 등록되었다고 하는 4가지 "곤곡예술(昆曲藝術), 고금예술(古琴藝術), 신장위구르 무카무 예술(新疆維吾爾木卡姆藝術), 몽고족 장조

민가(蒙古族長調民歌)"는 다른 자료에서는 2001년, 2003년, 2005년, 2005년으로 되어 있다. 홈페이지에는 2008년부터 2020년까지로 순서대로 소개되어 있고, 항목을 클릭하면 해당 자료를 볼 수 있다.

유네스코 비물질문화유산명록에 등재된 중국의 42개 목록 중 소수민족과 관련이 있는 목록은 11개이다. 위구르족, 몽고족, 조선족, 티베트족, 둥족(侗族), 리족(黎族), 허쩌족(赫哲族) 등의 문화유산이 포함되어 있다. 시진핑이 총서기가 된 이후에 등록된 것은 6개이다. 2012년 푸젠목우희 후계자 인재양성계획, 2013년 중국주산, 2016년 24절기, 2018년 장족의약욕법(藏醫藥浴法), 2020년에 태극권(太極拳)과 쏭왕촨(送王船)이다.

시진핑 정부가 들어선 후에 유네스코에 등록된 중국 문화유산에 대해 살펴보면, 시진핑 정부가 강조하는 비물질문화유산 보호와 전승 과정을 알 수 있다.

2012년 12월 4일 중국이 신청한 「푸젠목우희 후계자 인재양성계획」이 유네스코 비물질문화유산 우수실천명책에 포함되었다. 푸젠 목우희는 중국 목우표현예술을 대표한다고 할 수 있다. 10세기 이래로 촨저우(泉州)와 장저우(漳州) 및 주변 지역에서 광범위하게 전파되었다.

1980년대 이래로 생활 방식의 변화가 생겨남에 따라 푸젠목우희 연기기술이 복잡해지고, 젊은이들이 배우거나 전승하려는 의지가 약해져서 푸젠목우희 후계자가 부족한 상태가 되었다. 2006년부터 사구와 집단 및 대표성 있는 전승인들이 후계자를 양성한다는 주요 목표 하에 2008년부터 2020년까지 「푸젠목우희 후계자 인재 양성계획」을 제정하였다. 계획을 실시한 지 4년이 지난 체계적인 전문 훈련을 통해 새로운 세대의 목우희에 종사하는 사람을 양성하였다.

2013년에 유네스코 인류비물질문화유산에 등록된 주산(珠算, 주산문화)은 2008년에 제2차 국가급비물질문화유산에 포함되었고, 2013년 12월 4일에 유네스코 인류비물질문화유산에 정식으로 등재되었다. 유네스코에서는 "주산은 중국 고대의 중대한 발명이다. 중국인의 1800년이라는 긴 세월 동안, 주산은 간편한 계산공구였고 독특한 수리(數理)가 내포되어 있어서, '세계에서 가장 오래된 계산기'라고 불린다."라고 하였다.

2009년 1월 중국주산은 유네스코 인류비물질문화유산대표작 명록에 신청하였지만 실패하였다. 중국주산협회는 여러 차례 신청서를 수정하였다. 중국주산심산협회(中國珠算心算協會) 부회장 쑤진셔우(蘇金秀)는 유네스코에 등록된 후 신화사 기자와의 인터뷰에서 "컴퓨터 기술의 발전에 따라, 주산으로 계산하는 기능은 점차 줄어들었다. 그러나 고대 주산은 여전히 강한 생명력을 갖고 있다. 오늘 주산이 세계 비물질문화유산 목록에 성공적으로 들어가게 되어, 더욱 많은 사람들이 주산을 인식하고 이해하는 데 도움을 주도록 하고, 민족 자부심을 증진하며, 더욱 많은 사람들이 주산문화를 널리 알리고 보호하는 데 참여할 것"이라고 말하였다. 주산은 중국에서 '제5대 발명'이라고 불린다. 주산은 중국 고대 노동자가 발명한 간편한 계산 도구이다. 주산이라는 단어는 3세기경 한 대 쉬위에(徐岳)가 찬한 『수술기유(數術記遺)』에 최초로 등장한다. 책에 "주산(珠算), 공대사시(控帶四時), 경위삼재(經緯三才)"라는 말이 있다. 하지만 구조는 알 수 없다. 다만, 남북조시대 북주(北周)의 견란(甄鸞)이 주(註)를 달았는데, 여기에서 "5를 나타내는 알 1개, 1을 나타내는 알 4개를 사용해서 셈을 하는 주판을 사용했다"는 사실을 알 수 있다. 이러한 주장에 대해서 일부 학자들은 논고가 불충분하다며 반대하기도 하고, 결론이 완전하게 난 것은 아니다. 주산의 역사와 관련하여 당대설, 송대설, 원대설, 명대설 등 다양하다.

하지만 중국의 많은 자료에는 여전히 한 대 기록을 통해 주산의 역사를 시작한다.

2016년 11월 30일, '24절기'가 유네스코 인류비물질문화유산대표작명록에 들어갔다. 국제기상계에서는 24절기를 '중국의 제5대 발명'이라 일컫는다. 중국에서 신청 대표단으로 참가한 문화부 비물질문화유산 순찰대원 마청더(馬盛德. 撒拉族)는 신화사와의 인터뷰에서 "24절기가 인류 비물질문화유산대표작 명록에 들어간 것은 유네스코가 이러한 유산항목을 인가하였다는 것이다. 동시에 국가 및 사회가 전통 지식과 실천류의 비물질문화유산에 대해 구현하였고, 문화가 사회와 경제 및 환경에 융합하여 지속발전 가능하도록 중시하였음을 인정하였다."고 하였다.

마청더는 "2005~2009년 비물질문화유산 보통조사 통계에서 중국은 87만 건의 비물질문화유산 자원을 갖고 있고, 국가, 성, 시, 현 4급의 명단 체계를 건립하였으며, 중국에서 형성된 주요 비물질문화유산 보호제도는, 마지막에 국가급비물질문화유산 대표성 항목 중에 가장 우수한 중화 전통문화의 대표성과 영향력을 구현하는 항목에서 유네스코에 「인류비물질문화유산대표작」으로 신청을 한다. 24절기의 대표성과 영향력 및 모범성은 의심할 여지가 없이, 이러한 풍부한 함의를 갖고 있다. 고대 사람들은 태양의 그림자를 관측하여 과학성을 갖춘 관측결과로 완전한 24절기가 탄생되었다. 국가의 역법을 형성하여 사회생활을 지도하였다. 24절기는 사람들의 실천 속에서 시령(時令), 물후(物候), 민속(民俗), 가요(歌謠) 등 풍부한 의미와 문화 표현 형식을 만들어냈다. 전국에는 10개의 24절기를 대표하는 전승보호사구가 있다."라고 하였다.

류양(劉洋)은 24절기와 관련하여,"국제기상에서 '중국의 제5대 발

명'이라고 칭해진다고 하였다. 유네스코의 '비물질문화유산보호협약'
의 기준에 따라 '5대류'로 분류되는데, 24절기는 제4류 문화유산 영역
에 속한다. 입으로 전해지는 것이 첫 번째 특징이다. 이러한 전통예술,
사회민속, 풍속예의, 기념일 경축, 자연계를 포함하고 심지어는 우주
지식에 대한 실천이다. 중국인뿐만 아니라 전세계 화교 모두 사용하
고 있고, 세계적으로 영향력이 있는 비물질문화유산이다. 24절기는
비교적 세계비물질문화유산의 조건에 부합한다."고 하였다.

문화부 비물질문화유산사(非物質文化遺産司)의 직접적인 영도 하에,
중국비물질문화유산보호센터는 협조 단위가 되었고, 중국농업박물
관은 주도하는 단위가 되었으며 관련 단체와 모임과 협동하여 2014
년 5월에 "24절기 보호 공작조"를 설립하였다. 그리고 연합하여 "24
절기 5년 보호계획(2017~2021)"을 제정하였고, 공동으로 서로간의 책
임과 의무를 약정하였다. 중국농업박물관과 중국민속학회를 대표로
하는 단체와 모임에서는 오랜 기간 동안 '24절기'의 관련문헌과 전통
지식 및 민속실천의 보존과 연구에 종사하였다. 해당 문화유산항목
의 보호를 위해 지적 지지를 제공하였고, '모집, 보관, 전시'와 '연구,
선전, 홍보' 등의 업무를 나눠 맡았고, 전문기구와 전문학회의 책임
을 맡았다.

2018년 중국이 신청한 '티베트 의약 목욕법'의 "중국 티베트족 생명
건강과 질병 예방 및 치료에 관한 지식과 실천"이 유네스코 인류비물질
문화유산대표작명록에 들어갔다. 티베트 의약 목욕은 티베트어로 '룽
약욕법(瀧沐)'이라고 칭한다. 티베트 사람들은 '토(土), 수(水), 화(火),
풍(風), 공(空)'의 '다섯 가지 기원(五源)'의 생명관과 '륭(隆,
nad-kyiyal-ga), 적파(赤巴, mkhria-pa), 배근(培根, bad-kan)'이라는 '3가지
원인(三因)'의 건강관 및 질병관을 지도로 하여, 천연 온천 목욕이나

약물을 끓인 수즙(水汁) 혹은 증기를 통해 심신의 평형을 조절한다. 생명의 건강과 질병예방의 전통적인 지식과 실천을 실현한다. '륭(隆), 적파(赤巴), 배근(培根)'은 티베트어 음역이다. 한역(漢譯)으로는 "기(氣), 담(胆), 염(痰)"이라고 해석할 수 있다. 즉, 3가지 원인을 말한다. '3인학설(三因學說)'은 티베트 의학의 이론 핵심의 하나이다. 이 전통은 티베트의 일상생활에 자주 이용되고 있다. 하지만 장력(藏曆) 기준으로 매년 일곱 번째 달에 행하는 카르마둘파 축제(Karma Dulpa Festival, '목욕절'), 그리고 두치 만두룹(Dudtsi Mandrub) 등 여러 전통 축제와 종교 활동에서 가장 광범하게 연행된다.

2020년 12월 7일 중국의 2개의 비물질문화유산이 유네스코 비물질문화유산에 등재되었다. 하나는 중국이 단독으로 신청한 '태극권'이고, 다른 하나는 중국과 말레이시아가 공동으로 신청한 '쏭왕촨'이다. 이로써 중국은 42개의 비물질문화유산항목을 보유한 국가가 되었고, 세계 1위가 되었다.

태극권은 1990년 베이징 아시안게임 개막식에서 1500명의 중국과 일본의 태극권 선수들이 선을 보였다. 1992년에는 원(溫)현이 국가체육위원회로부터 처음으로 '전국 무술의 고향(全國武術之鄕)'이라고 명명되었다. 그리고 허난성 쟈오쥐(焦作)시 원(溫)현 동쪽의 5킬로미터 떨어진 진가구(陳家溝)는 중국과 외국의 태극권을 좋아하는 사람들로부터 '태극의 성지(太極聖地)'라고 불렸다.

2020년 12월 17일 중국이 말레이시아와 함께 유네스코에 신청한 「쏭왕촨: 인간과 해양의 지속 가능한 연계를 위한 의식과 관련 실천」 (이하 '쏭왕촨'이라 간칭)이 유네스코 인류비물질문화유산대표작명록에 들어갔다. 쏭왕촨은 중국 민난 지역과 말레이시아 말라카 연해 지역에 재난 안전에 기원을 비는 민속활동이다. 민난 사람들이 해양에 대한 경외와 감사를 표시하는 일종의 제사활동으로 약 600여 년의 역사를 지니고 있다. 제사의식을 통해 "국태민안, 풍조우순(國泰民安, 風調雨順)"을 기원한다.

쏭왕촨은 2011년에 중국 국가급비물질문화유산명록에 들어갔다. 2013년에는 말레이시아 국가급 비물질문화유산 항목목록에 들어갔다. 중국은 말레이시아와 공동의 유산이라 여기고, 오랫동안 관련 집단의 연계를 공고히 하였을 뿐만 아니라 사회응집력을 증강시키는 역할을 하였다고 여긴다. 그리고 해상실크로드의 연선에서의 문화 간의 대화를 입증하고, 지속적인 발전에 순응한 문화창조력을 보여주는 것이라고 여긴다. 게다가 중화문화가 해상실크로드의 연선 국가에서 문화 전파와 교류 융합의 예라고 여긴다.

2) 대외인문교류(對外人文交流)와 해외진출(走出去)전략

2004년 후진타오(胡錦濤)가 제10차 주외교사절회의에서 사용한 것이 '문화외교'이다. 2009년 외교부 부장인 양지츠(楊洁篪)는 제11차 전인대 2차회의의 기자 초대회에서 2008년을 올림픽이 개최되는 '인문외교(人文外交)'라고 칭하였다. 2012년 제17차 전국대표대회 보고에서 사용한 것이 '공공외교와 인문교류'이다. 이때부터 이전에 사용하던 '인문외교' 혹은 '문화외교'를 사용하지 않았다. 2013년 시진핑은 주변외교공작좌담회의 연설에서 '공공외교', '민간외교', '인문교류'라는 용어를 사용하였다. 이후 학술계에서는 '인문외교' 혹은 '문화외교'에 대해서 논하고 있지만, 국가기관에서는 기본적으로 이미 '대외인문교류'라는 용어를 채용하고 있다.

2020년 9월 8일 '일대일로' 전세계 외교관 비물질문화교류포럼이

베이징 국제호텔에서 열렸다. 이번 포럼은 「문명 전승, 브랜드 전파, 가치 전달」을 주제로 하였고, '일대일로' 각국 비물질문화교류협력플랫폼을 구축하는 것이었다.

한편, 「문화선린공정(文化睦隣工程)」을 점진적으로 추진하였는데, 이 공정은 문화부의 '종합문화공향공정'이고, 국경의 디지털 문화 산책로 건설 자원으로, 13차 5개년 규획 초기에 시작한 문화선린, 문화혜민공정이다. 「국경 디지털 문화 트레버스 건설 시범 공정」, 「변경문화교류 웨이신 플랫폼 공정」 등은 문화선린건설 추진으로 현저한 효과를 얻었다. 이밖에 중국과 베트남, 중국과 인도네시아의 사진작가의 상호방문 전시회를 열었고, '일대일로' 연선 국가의 유명한 예술가들이 중국에 와서 창작활동을 전개하였다. 이러한 활동은 「문화부 '일대일로' 문화발전행동계획(2016~2020)」의 "실크로드 문화의 여행"의 주요 내용이다.

문화영역에서 해외진출(走出去) 전략을 실시한 첫 번째 조치는 2003년 10월부터 2004년 7월까지 프랑스에서 개최된 「중국문화의 해」활동이다. 중국–프랑스 문화의 해는 21개월 동안 46개 자매도시가 참여하였고, 문학예술·교육·과학기술·TV방송·도서출판·청년·체육·민족·종교·건축·환보·관광 등의 총 300여 개 항목이 참여하였다. 신중국 건국 이래로 중국최대의 쌍방간의 문화교류활동인 중국 프랑스 문화의 해 활동은 커다란 성공을 거두었고, 기간 내 세계 각 매체에서 보도를 하였다. 문화부 부장 쑨자정은 "'중국–프랑스 문화의 해'와 관련한 기자회견에서 오늘의 중국은 이미 해외진출의 능력을 갖추었다. 프랑스에서 개최된 중국문화의 해는 바로 중국문화의 해외진출을 보여준 것이다. 중국 문화의 해는 중국 해외진출 전략의 주요 구성부분이고, 중국 개혁개방의 배경 하에 생겨난 산물이다. 중국의 개혁개방의 힘을 더한 구체적인 표현이다."라고 하였다.

한편, 2012년 11월 12일, 시진핑은 「부흥의 길」 전람을 참관하면서 "나는 중화민족의 위대한 부흥의 실현은 중화민족이 근대이래로 가장 위대한 꿈이다."라고 하였다. 이때 중국의 꿈이라는 개념이 처음으로 소개되었다. 시진핑은 "전력을 다하여 문화의 해외진출 전략을 추진하고, 전면적으로 세계를 향해 중국의 유구한 역사와 민족문화를 전시하며, 중국 각 민족 인민의 정신 풍모를 전시하고, 중국의 사회제도와 가치관을 전시해야만 비로소 중국의 꿈을 실현하기 위해 양호한 국제환경을 구축할 수 있다."고 하였다.

후베이 대학 고등인문연구원과 중화문화발전 후베이성 협동혁신센터, 후베문화건설연구원, 사회과학문헌출판사 등의 기구는 연합하여 「문화건설청서: 중국문화발전보고(2020)」를 발표하였다. 청서에서는 중국문화건설을 위해서는 장기적인 전략이 필요하다고 하였다. 그리고 문화의 해외진출은 건강한 발전이 지속되어야 하고, 적어도 3가지는 파악되어야 한다고 하였다. 첫째는 해외진출의 여러 방법을 건립해야 한다. 둘째는 효과 있는 구체적 방안을 설계하여, 목표로 삼는 혁신과 방법을 고려해야 한다. 셋째는 중국문화를 홍보하고, 중국 이야기를 잘 말해야 한다는 것이다. 해외진출 전략의 주체는 중국문화이고, '문화 자신'을 기초로 한 중국문화의 주체성은 중국이 문화의 해외진출 전략의 근본적인 목적이고 방향이라고 하였다. 해외진출 전략을 추진하는 과정에서 반드시 충분한 문화적 자각을 유지해야 한다고 하였다.

2020년 5월 18일 시진핑 국가주석은 제73차 세계위생대회 화상회의 개막식에서 「코로나를 극복하기 위해 단결하고 협력하고, 공동으로 인류위생건강공동체를 구축하자」의 주요 연설을 하였다. 현재, 국제표준화조직 중의약기술위원회가 이미 성립하였고, 사무처가 중국에 설립되어 있다. 60여 개 국가와 지역의 200여 개 단체가 총본부가 중국에 설립된 세계침구학회연합회와 세계중의약학회 연합회에 가입하였다. 중의침구(中醫鍼灸)는 이미 인류비물질문화유산대표작명록에 등재되어 있다. 그리고 『황제내경(黃帝內經)』과 『본초강목(本草綱目)』은 이미 세계기억명록에 들어가 있다. 중국에서는 중국의약의 해외진출은 중화문화의 해외진출이라 여기고 있다.

중국의 비물질문화유산의 해외진출 전략은 크게 3가지 방면에서 고려되었다. 첫째는 브랜드화, 둘째는 집결화, 셋째는 관광화이다. 먼저 브랜드화인데, 비물질문화유산의 유구한 역사전통과 풍부한 문화는 중국을 대표하는 주요 브랜드로 보았다. 현대의 안목으로 비물질문화유산을 포장하고 해독함으로써 새롭게 탄생할 수 있다고 여겼다. 두 번째는 집결화이다. 이미 많은 지역이 RD, 생산, 포장, 훈련, 참관, 판매 등 기능을 하나로 묶어 관광, 음식, 공연, 영상, 컨벤션, 출판 등 관련 산업이 융합된 종합산업집약지역을 확장산업체인으로 조성해 나가고 있다. 세 번째는 관광화이다. 비물질문화유산은 중요한 관광자원이 된다고 보았다. 문화유산을 경제가치로 전환시키고자 하고, 관광의 방식에서 비물질문화유산을 보호하고 전승하는 것을 국제화와 관련지으려 한다. 국제적으로 중국이 비물질문화유산의 자원 대국이 될 수 있다고 여기고, 비물질문화유산의 문화자원에 의거하여 관광자원을 개발하고, 비물질문화유산의 파생자원을 이용하여 개발해야 한다는 것이다.

5. 비물질문화유산 정책! 어떤 의미가 있나?

1) 중화민족의 위대한 부흥과 '문화자신'의 강화

중국에서 진행하고 있는 비물질문화유산 정책은 단순히 중국의 비물질문화유산 보호와 전승에 중점을 두는 것이 아니다. 중국의 비물질문화유산 정책을 통해 '시진핑 신시대 중국 특색의 사회주의 사상(시진핑 사상)'을 강화하고, '시진핑 사상'의 주요 내용인 '문화 자신'을 통해 민족단결과 시진핑 정부가 강조하는 '중화민족의 위대한 부흥'과 연결 짓고 있다. 즉, 중국의 비물질문화유산정책은 중국 정부의 정치적·민족적으로 중대한 의의가 내포하고 있다. 이는 2019년 6월 16일에 출판된 제12기 『구시(求是)』에 실려 있는 시진핑은 "문화자신을 견고하게 하여 사회주의 문화강국을 건설하자"라는 글에서 명확하게 드러났다. 이 글에서 시진핑은 "고도의 문화자신이 없으면, 문화의 번영 흥쇠가 없고, 중화민족의 위대한 부흥도 없다."라고 하였다. 시진핑은 그동안 여러 차례 문화자신을 강조해 왔다. 시진핑은 "문화자신은 한 민족, 한 국가 및 한 정당이 자신의 문화가치에 대한 충분히 인정하고 적극적으로 실천하는 것이다."라고 하였다.

시진핑은 이미 2017년 제19차 전국대표대회 보고에서 "문화는 한 국가와 한 민족의 영혼이다. 문화가 흥하면 국운도 흥하고, 문화가 강하면 민족도 강하다. 고도의 문화 자신감이 없으면, 문화의 번영도 없고, 중화민족의 위대한 부흥도 없다."라고 하였다. 또 시진핑은 마르크스주의 역사유물주의를 지도로 삼아, 중화의 우수한 전통문화를 홍보하는 것을 중시하고, 많은 중화의 우수한 전통문화를 계승에 관한 새로운 관점을 제기하였다. 시진핑은 "특히 중화문화의 우수한 전통문화를 민족문화 동질감을 만드는 기초이고, 사회주의문화건설 방면에 관한 중대한 돌파이다. 중화의 우수한 전통문화는 중화민족의 귀한 정신적 재산이고, 중요한 정신 유산이다. 그리고 중화민족 문화의 동질감, 민족 동질감, 국가 동질감의 기초이다."라고 하였다.

2) 시진핑 사상을 지도이념으로 삼다

중국은 국가급문화생태보호구를 건설하는 것에 '시진핑 사상'을 주요 사상으로 삼고 있다. 여기에는 인민 군중의 주체적 지위를 충분히 존중하고, 새로운 발전 이념을 관철시키고, 사회주의 핵심가치관을 홍보하고, 중화의 우수한 전통문화의 창조성 전환과 혁신성 발전을 추진하는 데 있다는 것이다. 국가급문화생태보호구 설립은 문화자각을 높이는 것에 대해 중화민족이 공유하는 정신적 고향을 건설하고, 민족단결을 증진하고 민족자신감과 응집력을 증강시키며, 경제사회의 전면적 협조와 지속 가능한 발전에 대해 중요한 의의를 가진다. 국가급문화생태보호구 설립은 중국의 비물질문화유산보호 진행에서의 보호 이념과 방식의 중요한 탐색과 실천이라 할 수 있다. 또 중국이 비물질문화유산 보호영역에서 처음으로 시도하는 사업이다.

중국정부가 발표하는 비물질문화유산항목 목록을 살펴보면 소수민족의 문화유산이 증가하고 있다. 이러한 현상의 이유는 한위홍이 강조한 "민족단결을 위해 소수민족문화 보호가 필요하고, 민족단결에 유리한 항목을 먼저 신청하며, 한족의 항목은 뒤로 미루어도 된다." 고 한 부분에서도 알 수 있다.

2020년 산둥 지난에서 개최된 제6차 중국비물질문화유산박람회와 관련하여 문화 및 여유부의 비물질문화유산사 관련 책임자는 "시종 시진핑 신시대 중국 특색의 사회주의 사상을 지도로 삼는 것을 견지해야 한다."고 강조하였다. 그리고 "시진핑 총서기의 비물질문화유산 보호 주요 논술과 지시 비평에 관한 정신을 관철해야 한다. '비물질문화유산보호는 인민에게 달려 있고, 보호성과는 인민에게 이익이 된다.'의 공작 지향성을 견지해야 한다. 비물질문화유산의 시대적 가치의 홍보와 시대적 풍채의 체현을 노력해야 하며, 비물질문화유산이 현대생활에 더욱 융합되도록 추진해야 하며, 경제사회발전과 더욱 증가하는 아름다운 생활에 인민이 만족하도록 노력해야 한다."고 강조하였다.

3) 중국 문화유산의 세계화

최근 유네스코에도 중국의 비물질문화유산이 지속적으로 등록되고 있다. 이와 관련하여 중국 환구시보는 "유네스코 비물질문화유산 등재를 적극적으로 추진하는 것은 중국의 비물질문화유산 보호 수준과 이행 능력을 충분히 보여준 것"이고, "이는 중화민족의 혁신 창조력을 보여주고 중화 문화의 국제 영향력을 제고하며, 민심 상통과 문명 교류를 촉진시키는 데 중요한 의의가 있다."고 주장했다.

중국의 유네스코 등재와 관련하여 중국 정부가 한국을 경계하고 있음을 최근 태극권 사례에서 알 수 있다. 2006년 5월, 국무원이 공포한 국가급비물질문화유산대표성 항목에 포함된 태극권을 2008년 허난성 쟈오줘(焦作)시가 정식으로 세계인류비물질문화유산대표작명록에 신청작업을 시작하였다. 하지만, 태극권은 중국문화부가 선발한 명단 중에는 비교적 하위권에 속하였다. 2014년 3월 31일부터 4월 3일까지 『허난상보(河南商報)』에 「태극권의 문화유산 신청과 발전문제에 대하여」라는 내용이 실렸는데, 이때 쟈오쥐 시위 서기인 쑨리쿤 (孫立坤)은 "특별히 태극권을 유네스코에 신청해야 하는 것은 '외부의 압력에 있다'고 하면서, 한국도 적극적으로 태극권을 유네스코에 신청하려 하기 때문에 국가의 관련 부서가 하루빨리 태극권을 유네스코에 신청할 수 있기를 희망한다,"고 밝혔다. 리광위(李光宇)는 "현재 아시아지역에서 특히 일본, 한국, 인도 등이 유네스코 신청 활동이 비교적 활발하기 때문에 중국에서 기원을 두고 있는 우수한 항목에 대한 유네스코 신청을 빼앗겨서는 안된다. 태극권 문화는 중국에서 한국으로 전래되었고 한국도 유구한 역사와 문화가 축적되어 있다. 만약 한국에게 신청을 빼앗긴다면 중국에게는 커다란 손실이다."라고 밝혔다.

2018년 허난성 대표단의 리광위 등의 33명 전국인민대표는 제13차 전인대 1차회의에서 「태극권 문화유산 신청 공작의 진일보된 태극문화 홍보의 빠른 추진에 관한 건의」(이하 "건의"라고 칭함)를 제출하였다. "건의"에서 "태극권은 21세기 인류의 가장 건강한 운동 방식이라 칭해지는 '세계제일건강운동'이다."라고 하였다. 동시에 "태극권은 중국전통문화의 상징적이다. 이미 중국이 대외문화교류의 중요한 교량이고 연결고리가 되었다."고 밝혔다. 리광위 등은 "중화민족의 진귀한 문화유산의 하나인 태극권은 중화민족과 세계 인민이 공유하는 문화유산이고 고귀한 정신적 자신이다. 중화민족 전통문화의 창조력을 보여주고, 체육 건강 미학 철학 등 다방면을 갖춘 대체할 수 없는 가치가 있다."고 강조하였다. 이미 '강릉단오제'의 사례에서 경험했던 중국은 자민족의 주요 문화라고 여기는 비물질문화유산을 다른 국가에 빼앗겨서는 안된다고 여기고 있음을 알 수 있다.

최근 중국에서는 '김치' 기원을 두고 한국 김치 역사를 공격하고 있다. 이러한 점은 중국에서 진행하고 있는 음식류의 비물질문화유산 사업과 연계될 수 있다. 2018년 7월 장퀀셴 중국요리협회 회장은 과제조(課題組) 성립 회의에서 「중국음식류의 비물질문화유산전승과 보호과제조 성립 준비공작에 관한 보고」를 발표하였다. 그는 "중국정부의 주관부서가 지정한 음식업 조직이 되어 중국요리협회가 적극적으로 당의 18대, 19대 정신을 실천하고, 국가의 비물질문화유산 보호 및 전승과 관련 있는 방침정책을 실시하고, 음식류의 비물질문화유산의 보호와 전승을 소임으로 삼고, 전국 음식업의 발굴, 보호, 음식류 비물질문화유산의 기예, 습속을 홍보하고, 중국음식류의 비물질문화유산의 전승과 보호를 위한 일을 할 것이다. 국가급 주관부서의 많은 지지와 인도 하에 각 방면이 함께 노력하기를 희망하며, 많은 군중이 전통음식문화에 대한 의식이 더욱 증강하기를 희망한다. 중국의 우수한 전통음식문화의 사회영향력이 확대되기를 희망하고, 중국음식류의 비물질문화유산이 세계가 함께 누릴 수 있기를 희망한다."라고 하였다. 과제조 책임자인 양밍둬(楊銘鐸) 교수는 회의 석상에서 "중국음식 비물질문화유산전승보호연구 가능성 연구 보고"를 하였다. '보고'에서 과제조 성립의 배경에 대해 간략하게 설명하였고, 음식류의 비물질문화유산의 전승과 보호 공작이 직면에 있는 문제를 분석하였다. 그리고 회의에서 연구내용과 범위, 대상과 방법을 명확하게 하였고 중국의 음식류 비물질문화유산의 발굴, 정리, 보호와 홍보를 위해 방향을 제정하였다.

6. 중화민족주의와 중화굴기

중국은 1994년부터 애국주의 교육을 실시하고 있고, 학교에서 중국 소수민족의 역사와 문화는 중화민족의 역사와 문화라고 가르치고 있다. 이러한 교육을 받은 중국 젊은이들은 중국 소수민족문화와 관련 있는 주변 국가들의 역사와 문화까지도 중국문화라고 인식하고 있다. 이는 한국에도 영향을 주고 있다.

중국의 공격적인 중화민족주의 교육이 학교와 사회에서 이루어지다 보니, 중국 신문이나 네티즌 사이에서 한국의 문화인 김치, 한복 등을 부정하면서, 중국이 기원이라고 주장하고 있다. 2019년에 발표한 신애국주의 교육은 앞으로 중국인에게 애국심과 민족 자긍심을 갖도록 하는 것으로서, 시진핑 정부에서 드러나는 애국주의와 중화민족주의가 더욱 고착화될 것으로 보인다. 이러한 시대적 상황 속에서 시진핑의 '문화 자신'의 강조는 중국 정부를 중심으로 한 비질문화유산에 대한 법적 정치적 민족적 외교적 접근이 더욱 체계적이면서 강화되고 있다. 한국에 대한 경계는 더욱 심화되고 있다.

시진핑은 2017년에 개최된 제19차 전국대표대회 보고에서 "문화에 대한 자신감을 갖고, 중화민족의 위대한 부흥을 일궈 나가야 한다."고 강조하였고, "중화민족의 문화에 대한 동질감은 민족단결을 하는 중요한 기초가 되고, 민족 동질감과 국가 동질감을 가질 수 있다."고 강조하였다. 시진핑이 강조한 문화에 대한 자신은 시진핑 사상의 주요 내용의 하나인 '4개 자신'에 해당되는 내용이다.

2018년 중국요리협회 회장인 장췬셴의 「중국음식류의 비물질문화유산전승과보호 과제조 성립 준비공작에 관한 보고」에서 중국요리협회가 당의 18대, 19대 정신을 실천한다고 한 점에서 중화민족주의적 애국주의적 색채가 농후함을 알 수 있다.

중국 정부는 비물질문화유산의 보호와 전승을 위해 중국 내에서는 '국가급 성급 시급 현급' 비물질문화유산으로 지정하고 있고, 매년 전승인을 발표하고 있다. 그리고 국가급문화생태보호구 건설, 국가급 문화생태보호실험구 건설, 국가급 비물질문화유산 생산성보호시범 기지 건설을 통해 문화유산의 보호와 전승을 확산하고 있다. 뿐만 아니라 이러한 사업을 진행하기 위해 관련 부서를 설립하여 지원하고 있다. 그밖에 소수민족 문화유산 관련 전람회를 개최하고, 문화유산과 관련된 포럼과 학술대회를 개최하여 저변 확대하고 있다.

2018년과 2020년 산둥 지난에서 개최되었던 중국비물질문화유산박람회가 대표적이다. 특히 전면적 샤오캉 사회 건설의 목표로 삼은 해인 2020년 제6차 비물질문화유산박람회에서 중국 정부의 정치적 의도가 나타났다. 비물질문화유산사의 관련 책임자가 강조한 "시진핑 신시대 중국 특색의 사회주의 사상을 지도로 삼는 것을 견지해야 한다."는 부분에서 비물질문화유산을 통해 '시진핑 사상'을 강조하고 있음을 알 수 있다.

중국 정부의 국외적 전략으로는 유네스코 인류비물질문화유산에 등재하는 작업을 시도하고 있고, 대외인문교류를 통해 전 문화외교를 진행하고 있으며 해외진출전략을 통해 체계적으로 중화문화를 해외에 알리고 있다. 중국 정부는 유네스코에 등재하기 위해서 국가급비물질문화유산으로 등재된 문화유산을 대대적으로 홍보하고 관리하고 있다. 그동안 문화외교라 칭하던 것을 대외인문교류라고 명칭을 변경하면서 이전보다는 문화유산을 포함한 중화문화를 세계에 알리고 있다. 특히 '일대일로' 전략을 통해 중국의 비물질문화유산을 공연하거나 전시하고 있다. 2020년에 개최되었던 '일대일로' 전세계 외교관 비물질문화교류포럼에서 "문명 전승, 브랜드 전파, 가치 전달"을 주제로 하면서 "일대일로" 각국 비물질문화교류협력 플랫폼 구축을 언급하였다.

중국은 2005년 11월 한국의 강릉단오제가 유네스코에 등재된 이후, 중국 내 비물질문화유산에 대한 관심이 고조되었고, 비물질문화유산의 보호와 전승을 위해 법적 제도적으로 체계화시켜 나갔고, 중국 내에서뿐만 아니라 해외진출전략을 다양화하면서 확산해 나갔다.

시진핑 정부가 들어선 후 중화민족의 위대한 부흥이라는 중국의 꿈을 강조하면서 중국정부의 문화유산에 대한 관심도는 더욱 높아졌다. 중국은 중화굴기를 진행할 때 중화민족과 중화민족주의를 앞세우고 있다.

중국의 문화유산에 대한 관심의 고조와 한국 문화유산 활동에 대한 경계는 중국이 유네스코에 등재시키기 위한 과정에서 드러나고 있다. 특히 2020년 태극권을 유네스코에 등재시키려는 중국은 한국을 경계하고 있음을 알 수 있다. 이러한 일련의 과정과 최근 중국에서 일고 있는 중국 중심의 문화관은 한국의 문화유산을 위협하고 있다. 이러한 중국을 한국은 늘 경계해야 하고, 중국의 애국주의교육과 중화민족주의를 간과하여서는 안 된다.

참고문헌

김창경, 「중국 무형문화유산과 국가적 정체성 고찰: 소수민족 무형문화유산
　　등재 문제점을 중심으로」, 『동북아 문화연구』 42, 동북아시아문화학회,
　　2015, 185~204쪽.

남근우, 「유네스코 무형문화유산 체제의 성립과 전략적 수용: 한중일의 동아시
　　아 삼국을 중심으로」, 『비교민속학』 63, 비교민속학회, 2017, 115~155쪽.

박성혜, 「중국의 유네스코 무형문화유산에 대한 초탐(初探): 소수민족의 무
　　형문화유산을 중심으로」, 『로컬리티 인문학』 12, 부산대학교 한국민족
　　문화연구소, 2014, 185~208쪽.

정준호, 「중국 무형문화유산제도의 형성과 정책관리체계 연구」, 『한국자치
　　행정학보』 29(1), 한국자치행정학회, 2015, 411~436쪽.

정준호, 「중국 문화유산정책에 대한 애국주의의 영향 분석」, 『한국비교정부
　　학보』 19(1), 한국비교정부학회, 2015, 133~156쪽.

정진선, 「중국 국가급 무형문화유산의 정리 작업과 그 현재적 의미: 神話의
　　祭典化를 중심으로」, 『중국문학』 76, 한국중국어문학회, 2013, 309~329쪽.

허윤정, 「중국 국가급 무형문화유산 목록의 고찰: 소수민족의 목록을 중심으
　　로」 『중국소설논총』 44, 한국중국소설학회, 2014, 351~386쪽.

장의약욕법－중국 티베트족의 생명·건강·질병 예방 및 치료에 관한 지식과
　　실천 https://lrl.kr/dGvn (검색일: 2021.1.31)

"福建木偶戲後繼人才培養計劃"列入UNESCO"優秀實踐名册"
　　https://lrl.kr/bAqS (검색일: 2021.1.26)

"非物質文化遺産"走出去的路径選擇與建議

https://lrl.kr/cqsH（검색일: 2021.1.31）

"二十四節氣"申遺成功　中國已有31個項目列入名錄

　　https://lrl.kr/bap0（검색일: 2021.1.31）

"珠算"被列爲世界非物質文化遺産

　　https://lrl.kr/cqsJ（검색일: 2021.1.26）

"中國少數民族非物質文化遺産保護與民族地區社會發展"學術硏討會在中央

　　民族大學隆重召開　https://lrl.kr/bAqW（검색일: 2021.2.6）

"中國少數民族世界級非物質文化遺産暨文献展"開幕(組圖)

　　https://www.sohu.com/a/128442507_543955（검색일: 2021.2.6）

≪文化建設藍皮書: 中國文化發展報告(2020)≫指出——　應建立多種文化"走

　　出去"渠道　講好中國故事　https://lrl.kr/b0rR（검색일: 2021.1.31）

2013年12月4日中國珠算申遺成功

　　https://www.sohu.com/a/279532444_114813（검색일: 2021.1.26）

2020"中國非遺年度人物"開始推選

　　https://lrl.kr/dGvu（검색일: 2021.1.14）

2020年國家級非物質文化遺産代表性傳承人認定與管理辦法

　　https://lrl.kr/bAqZ（검색일: 2021.1.14）

見人見物見生活　第五屆中國非物質文化遺産博覽會在濟南擧行

　　https://lrl.kr/b0rU（검색일: 2021.2.6）

堅定文化自信　建設社會主義文化强國

　　https://www.sohu.com/a/323565666_120112246（검색일: 2021.1.31）

光明日報: 中國夢的文化內涵與文化走出去戰略

　　https://lrl.kr/bAq1（검색일: 2021.1.31）

國家級文化生態保護區

　　http://www.ihchina.cn/shiyanshi.html#target1（검색일: 2021.1.28）

國家級文化生態保護區 https://lrl.kr/d6ws (검색일: 2021.1.28)

國家級文化生態保護實驗區再添兩處(附23處完整名單)!

　　https://www.sohu.com/a/400755923_99916694 (검색일: 2021.1.28)

國家級非物質文化遺産生産性保護示范基地

　　http://www.ihchina.cn/shifanjidi.html#target1 (검색일: 2021.1.28)

國家文化遺産保護領導小組

　　https://lrl.kr/dGvz (검색일: 2021.1.28)

國務院發布≪關於加強文化遺産保護的通知≫中的4級非遺保護體系是指什麼

　　http://www.2word.com/show.php?id=84755 (검색일: 2021.1.10)

國務院辦公廳關於加強我國 非物質文化遺産保護工作的意見 國辦發(2005)18號

　　https://lrl.kr/dGvA (검색일: 2021.1.10)

"國線"飄香 "一带一路"全球外交官非遺文化交流論壇

　　https://lrl.kr/dguH (검색일: 2021.1.31)

東興市文化睦鄰成效顯著

　　https://lrl.kr/Kpi (검색일: 2021.1.31)

李光宇代表: 太極拳恐被其他國家"搶注", 加快推進申遺工作

　　https://www.sohu.com/a/225379926_260616 (검색일: 2021.1.31)

馬盛德: 非遺是活態的, 是我們的一種生活方式

　　http://www.ihchina.cn/fangtan_details/22116.html (검색일: 2021.1.28)

文化和旅游部辦公廳關於公布國家級非物質文化遺産代表性項目保護單位名

　　單的通知 https://lrl.kr/d6wx (검색일: 2021.1.14)

文化和自然遺産日 https://lrl.kr/d6wy (검색일: 2021.1.28)

保衛中國傳統節日中國新聞週刊|圖書報刊|書刊|

　　http://www.okxyz.com/gu/15/14605-4739-18.html (검색일: 2021.1.27)

福建木偶戲後繼人才培養養計劃

http://www.ihchina.cn/project_details/11956/ (검색일: 2021.1.26)

非物質文化遺産的級別 發表時間: 2019-08-20

　　http://www.hyqwhg.cn/ich/detail/?id=1 (검색일: 2021.1.10)

關於運用傳統節日弘揚民族文化的優秀傳統的意見

　　https://lrl.kr/Kpl (검색일: 2021.1.27)

首屆全國飮食類非物質文化遺産保護傳承大會在蓉召開

　　https://lrl.kr/b0r4 (검색일: 2021.1.28)

首批國家級非物質文化遺産, 中國武术太極拳發源地—陳家溝

　　http://mengmaba.com/?id=2560 (검색일: 2021.1.31)

申遺代表團団團長馬盛德: 憶二十四節氣申遺, 與世界共享中國文化的魅力

　　https://lrl.kr/b0r5 (검색일: 2021.1.31)

我國文化的"走出去"和"請進来"戰略

　　http://www.guayunfan.com/lilun/152350.html (검색일: 2021.1.31)

我國非遺館建設情況及發展趨勢 https://lrl.kr/bArc (검색일: 2021.1.14)

二十四節氣入選≪人類非物質文化遺産代表名錄≫已經4年了!

　　https://www.sohu.com/a/435217414_166075 (검색일: 2021.1.31)

人大代表: 太極拳申遺迫在眉睫 韓日已在"搶報"(2)

　　https://lrl.kr/cqs1 (검색일: 2021.1.31)

人大代表: 太極拳申遺迫在眉睫 韓日已在"搶報"(4)

　　https://lrl.kr/dGvK (검색일: 2021.1.31)

人文交流與新時代中國對外關系發展——兼與文化外交的比較分析

　　https://lrl.kr/Kpr (검색일: 2021.1.31)

藏醫藥中的奇葩——藏醫藥浴法

　　https://www.sohu.com/a/278438278_100137388 (검색일: 2021.1.31)

藏醫的三因學說——隆、赤巴、培根

https://lrl.kr/Kps (검색일: 2021.1.31)

這, 就是送王船! https://lrl.kr/baqn (검색일: 2021. 1.31.)

第六屆中國非物質文化遺産博覽會將在濟南擧辦

　https://lrl.kr/cqs6 (검색일: 2021.1.28)

第五批國家級非物質文化遺産

　https://lrl.kr/Kpv (검색일: 2021.1.14)

周邊文化外交步入新時代 http://www.cfdsc.com.cn/01314968/

　(검색일: 2021.1.31)

珠算 https://lrl.kr/Kpw (검색일: 2021.1.26)

珠算(珠算文化) https://lrl.kr/cqs9 (검색일: 2021.1.26)

中共中央 國務院印發 ≪新時代愛國主義敎育實施綱要≫

　https://lrl.kr/dGvS (검색일: 2021.1.27)

中共中央辦公廳　國務院辦公廳印發≪關於實施中華優秀傳統文化傳承發展工

　程的意見≫ https://lrl.kr/b0sh (검색일: 2021.1.10)

中國非物質文化遺産網·中國非物質文化遺産數字博物館

　http://www.ihchina.cn/chinadirectory.html (검색일: 2021.2.6)

中國非物質文化遺産網 http://old.ihchina.cn/ (검색일: 2021.1.28)

中國非物質文化遺産網

　http://www.chinaich.com.cn/index.asp (검색일: 2021.1.14)

中國非物質文化遺産保護中心 https://lrl.kr/dgu0 (검색일: 2021.1.27)

中國非物質文化遺産推廣中心 https://lrl.kr/bArp (검색일: 2021.1.28)

中國非遺備案中心 https://lrl.kr/bArq (검색일: 2021.1.28)

中國少數民族非物質文化遺産展示周在北京開幕

　https://lrl.kr/dGvX (검색일: 2021.1.28)

中國少數民族的那些 世界級"非遺"項目

http://zxb.jrmznet.org.cn/node/60 (검색일: 2021.1.26)

中國首次舉辦少數民族非物質文化遺産大型專題展

https://lrl.kr/bArs (검색일: 2021.1.28)

中國飲食類非遺課題組成立 https://lrl.kr/cqth (검색일: 2021.1.28)

中國飲食類非遺傳承與保護課題組在京成立

https://lrl.kr/b0so (검색일: 2021.1.31)

中國入選聯合國教科文組織非物質文化遺産名錄(名冊)項目

http://www.ihchina.cn/chinadirectory.html (검색일: 2021.2.6)

中國入選聯合國教科文組織非物質文化遺産名錄(名冊)項目之送王船

https://lrl.kr/b0sp (검색일: 2021.1.31)

中國再添世界非物質文化遺産, 太極拳十二年的堅持, 終於申遺成功

https://www.sohu.com/a/439031151_120754123 (검색일: 2021.1.31)

中國的非物質文化遺産有哪些 https://lrl.kr/KpI (검색일: 2021.1.10)

重讀非遺法規文件: ≪國務院關於加强文化遺産保護的通知≫

https://www.sohu.com/a/393409523_100007546 (검색일: 2021.1.28)

中華文化"走出去"戰略的思考 https://lrl.kr/bArx (검색일: 2021.1.31)

中華人民共和國非物質文化遺産法 中華人民共和國主席令(第四十二號)

https://code.fabao365.com/law_545828.html (검색일: 2021.1.30)

陳至立主持國家文化遺産保護領導小組第一次全體會議

http://www.ihchina.cn/news_1_details/17997.html (검색일: 2021.1.28)

蔡利民, 文化興國運興, 文化强民族强

https://lrl.kr/bAry (검색일: 2021.1.31)

好消息! "太極拳""送王船"申遺成功

https://lrl.kr/dgvb (검색일: 2021.1.31)

지은이 소개

박범종: 부경대학교 지방분권발전연구소 연구교수로 한국정치, 계량분석, 정치외교학을 전공했다. 부산대학교 한국민족문화연구소, 신라대학교 한국재외국민선거연구소, 부산외국어대학교 국제관계연구소 그리고 부산외국대학교 초빙교수를 역임했다. 한국정치, 선거와 정당, 통일 그리고 국제정치에 관심이 많으며, 최근에는 도시재생, 국제이주 및 장소마케팅과 중국의 지역발전 연구에 집중하고 있다. 주요 저서로는『중국 발전과 변화! 건국 70년을 읽다』(공저),『중국 개혁개방과 지역균형발전』(공저),『중국 지역발전과 시진핑시대』(공저),『한중지방외교와 지역발전』(공저),『부산의 정치변동과 지역발전』,『사회문화적 접근을 통한 지역발전』(공저),『지역발전: 정치경제적 접근』(공저) 등이 있으며, 연구논문으로는 「The Influence of Regional Population Demographic Changes on the Composition of Voter Cohorts and Voting Behavior during the Democratic Consolidation Process」, 「한국의 민주주의 공고화와 여성의 정치참여: 국회의원선거와 지방선거 비교를 통한 선거제도 효과분석」, 「신북방정책과 지역발전: 부산의 전략과 과제」, 「근대문화자산을 활용한 문화도시 구축과 지역발전: 인천중구 개항지를 중심으로」, 「이주를 통한 지속 가능한 개발이 가능한가?」, 「장소마케팅을 활용한 지역발전 효

과연구: 인천과 부산의 차이나타운을 중심으로」, 「국제이주와 지역 발전에 대한 함의: 국제이주노동자를 중심으로」 등이 있다.

공봉진: 부경대학교 중국학과, 부산외국어대학교 G2 융합학과 강사로 재직 하고 있으며, 국제지역학(중국 지역학)을 전공하였다. 국제통상지 역학회 회장을 역임했으며, 동아시아국제정치학회 편집위원장과 총무이사 등을 역임했다. 중국 민족, 정치, 사회, 문화 등에 관심이 많고, 중국 민족정체성에 주된 관심을 갖고 있다. 중국 민족, 정치, 문화 등을 주제로 한 책과 논문을 집필하고 있다. 주요 저서로는 『중국지역연구와 현대중국의 이해』, 『중국공산당 CCP 1921~2011』, 『시진핑 시대, 중국 정치를 읽다』, 『중국민족의 이해와 재해석』, 『차이나 컨센서스』(공저), 『중국 대중문화와 문화산업』(공저), 『한 권으로 읽는 중국문화』(공저), 『중국 발전과 변화 건국 70년을 읽다』 (공저), 『키워드로 여는 현대 중국』(공저), 『G2시대, 중국과 미국을 이끈 지도자들』(공저) 등이 있다.

이강인: 현재 부산외국어대학교 글로벌비즈니스대학 소속 교수로서 중국 복단대학교에서 중국 현당대문학의 화극과 영화를 전공하였다. 부 산대학교와 부경대학교에서 연구원으로 중국문학과 영화를 연구 하였다. 그리고 한국시민윤리학회의 이사와 국제지역통상연구원 으로 중국지역 연구에 연구영역을 넓혔으며, 현재 중국영화와 중국 정치에 관한 논문에 집중하고 있다. 주요 저서로는 『중국 대중문화 와 문화산업』(공저), 『중국지역문화의 이해』(공저), 『시진핑 시대의 중국몽: 부강중국과 G1』(공저), 『중국 현대문학작가 열전』(2014), 『21세기 중국! 소통과 뉴 트렌드』(공저), 『중국문화의 이해』(공저),

『중국 문학의 감상』(공저) 외 다수가 있다. 그리고 논문으로는 「학교장치에서 보이는 영화 〈로빙화〉의 교육―권력과 〈책상서랍 속의 동화〉의 규율: 권력의 의미적 탐색」, 「중국문학과 노벨문학상의 의미적 해석: 가오싱젠과 모옌을 중심으로」, 「TV드라마에서 보여 지는 중국 도시화에 따른 문제들에 대한 小考」 외 다수가 있다.

김태욱: 전 부경대학교 국제지역학부 강사로 국제지역학을 전공했다. 현재 한국세계지역학회 이사로 재임 중이며, 동아시아국제정치학회 편집이사를 역임했다. 중국의 정치 특히 민주화와 시민사회에 관심이 많으며, 최근에는 현대 중국에서 시민사회가 어떻게 변용될지를 연구 중이다. 주요 저서로는 『차이나 컨센서스: 중국발전의 실험과 모델』(공저), 『중국문화의 이해』(공저), 『중국 문학의 감상』(공저) 등이 있다.

장지혜: (주)다문화인재양성센터 글로벌문화교육연구소 연구소장 겸 세명대학교 국제언어문화학부 강사로 지역학, 중국 통상을 전공하였다. 경성대학교 중국대학 중국통상학과 조교수를 역임했다. 대중국투자와 통상정책, 중국 산업/기업 및 마케팅 분야에 관심이 많으며, 현재는 중국 e커머스 시장 마케팅과 4차 산업 이후 변화된 중국 교육 정책 및 산업과 관련해 연구 중에 있다. 주요 저서로는 『현대중국사회: 10개의 시선 하나의 중국』(공저), 『통상실무와 BCT학습을 위한 비즈니스중국어』(공저), 『호텔실무 영어&중국어』(공저), 『중국지역발전과 시진핑시대』(공저), 『한중 지방외교와 지역발전』(공저), 『중국 개혁개방과 지역균형발전』(공저), 『중국 발전과 변화! 건국70년을 읽다』(공저) 외 다수가 있으며, 논문으로는 「환경과 사

회변화가 도시인의 기질과 문화형성에 미친 영향: 베이징, 상하이, 광저우를 중심으로」, 「외자의 중국기업 M&A에 대한 산업안전논쟁의 영향과 대응방안」, 「중국의 WTO분쟁사례연구: 중국의 WTO분쟁사안에 대한 종합평가 및 한국에의 시사점」, 「A Comparative Study on the Symbolic Meaning and Metaphors of the Korean, Chinese, and Indonesian 'dog' Proverbs」, 「부산지역의 다문화웨딩디렉터 양성을 위한 교육과정 개발 기초연구」, 「포스트 코로나 시대 중국 신유통 현황과 대응사례 분석: 신선식품 O4O 대표기업 허마셴성과 세븐프레쉬를 중심으로」 등이 있다.

박미정: 부산외국어대학교 글로벌비즈니스대학 소속 초빙교수로 중국 지역학을 전공했다. 중국 사회·지역·환경·에너지 분야에 관심이 많으며, 관련 연구를 진행 중이다. 주요 저서로는 『중국 신재생에너지산업의 발전 동향 및 정책에 관한 연구』, 『중국의 대기오염 감축을 위한 자동차구매제한정책의 실효성에 관한 고찰』, 『중국 속의 작은 나라들: 중국소수민족들의 금기와 생활 예절』, 『韓中수교 20년(1992~2012)』, 『시진핑시대의 중국몽』, 『21세기 중국! 소통과 뉴트렌드』, 『중국 지역발전과 시진핑시대』, 『중국의 성장거점 도시군(群) 육성 전략이 지역경제발전에 미치는 영향 연구』, 『한중 지방외교와 지역발전』, 『중국 개혁개방과 지역균형발전』, 『한중 지방외교와 지역발전』 외 다수 등이 있다.

조윤경: 전 부산외국어대학교, 동서대학교, 경남정보대학교 강사로 중국 중앙민족대학에서 민족학을 전공했다. 중국의 최근 민족주의 현상, 소수민족, 문화 등에 관심을 가지고 책·논문을 집필하고 있다. 주요

논저로 『한 권으로 읽는 중국문화』(개정본, 공저), 『21세기 중국! 소통과 뉴 트렌드』(공저), 『시진핑 시대의 중국몽』(공저), 『중국 지역발전과 시진핑시대』(공저), 『한중 지방외교와 지방발전』(공저), 『중국 개혁개방과 지역균형발전』(공저) 등이 있으며, 주요 논문으로 「동북아시아 곰신화·곰 전설의 연관성에 관한 연구」, 「한국과 몽골의 세시풍속 비교연구」, 「동북공정 논쟁 이후의 한중 양국의 인식차이에 대한 비교연구」 등이 있다.

[지 은 이]

박범종(부경대학교 지방분권발전연구소 연구교수)

공봉진(부산외국어대학교 G2융합학과, 부경대학교 중국학과 강사)

이강인(부산외국어대학교 글로벌비즈니스대학 소속 교수)

김태욱(전 부경대학교 국제지역학부 강사)

장지혜((주)다문화인재양성센터 글로벌문화교육연구소 연구소장 겸 세명대학교 국제언어문화학부
　　　강사)

박미정(부산외국어대학교 글로벌비즈니스대학 소속 초빙교수)

조윤경(전 부산외국어대학교 강사)

중국공산당이 세운 신중국! 중화민족에 빠지다

ⓒ 박범종·공봉진·이강인·김태욱·장지혜·박미정·조윤경, 2022

1판 1쇄 인쇄__2022년 01월 20일
1판 1쇄 발행__2022년 01월 30일

지은이__박범종·공봉진·이강인·김태욱·장지혜·박미정·조윤경
펴낸이__양정섭

펴낸곳__경진출판
　　　　등록__제2010-000004호
　　　　이메일__mykyungjin@daum.net
　　　　사업장주소__서울특별시 금천구 시흥대로 57길(시흥동) 영광빌딩 203호
　　　　전화__070-7550-7776　**팩스**__02-806-7282

값 18,000원
ISBN 978-89-5996-844-2 93000